Elementos de
Filosofia Constitucional

S237e   Santos, André Leonardo Copetti
        Elementos de filosofia constitucional / André Leonardo Copetti Santos.
        – Porto Alegre: Livraria do Advogado Editora, 2009.
        191 p.; 23 cm.

        ISBN 978-85-7348-620-9

        1. Direito constitucional. 2. Filosofia do direito. I. Título.

                                                CDU – 342

        Índices para catálogo sistemático:
        Filosofia do direito   340.12
        Direito constitucional   342

(Bibliotecária responsável: Marta Roberto, CRB-10/652)

André Leonardo Copetti Santos

Elementos de Filosofia Constitucional

Porto Alegre, 2009

© André Leonardo Copetti Santos, 2009

Capa, projeto gráfico e diagramação
Livraria do Advogado Editora

Revisão
Rosane Marques Borba

Direitos desta edição reservados por
Livraria do Advogado Editora Ltda.
Rua Riachuelo, 1338
90010-273 Porto Alegre RS
Fone/fax: 0800-51-7522
editora@livrariadoadvogado.com.br
www.doadvogado.com.br

Impresso no Brasil / Printed in Brazil

À memória de Luiz Benito Viggiano Luisi,
por seu indefectível humanismo e pela
prazerosa amizade que me proporcionou.

Prefácio

Tive o prazer de conhecer o professor André Copetti há muitos anos na Universidade de Cruz Alta, quando terminava de realizar com brilhantismo o seu Doutorado na UNISINOS. Hoje, tenho o prazer de compartilhar com o André, jurista já consagrado, enquanto colega, às responsabilidades de condução dos destinos do novo Mestrado em Direito da URI – Santo Ângelo, nas avançadas linhas do Direito e Multiculturalismo e Cidadania e Novas formas de solução de conflitos.

Desde sua chegada, o André conquistou a todos. Sempre disposto a levar adiante importantes projetos de pesquisa e contatos internacionais na área do Direito, e que são fundamentais para o reconhecimento do nosso Curso junto à CAPES, agora nos brinda com esse maravilhoso livro, que no meu entender é uma jóia para os novos pesquisadores, ao abordar de modo amplo e competente uma série de autores clássicos, abarcando desde a filosofia antiga até a moderna.

De fato, com o ensino jurídico cada vez mais voltado para a dogmática e o dogmatismo, o que em si não é dispensável, mas conduz à produção intensa de manuais pouco reflexivos e que ensejem reflexão, os acadêmicos de Direito e os futuros pesquisadores se ressentem de marcos-teóricos competentemente escritos para enfrentar a complexidade e as transformações do mundo neste terceiro milênio.

Elementos de Filosofia Constitucional, para se ter uma idéia, não só conduz a reflexão jurídica pelos meandros do constitucionalismo, o que por si só é fundamental para os Estados Democráticos de Direito, como, em particular, apresenta digressões muito interessantes sobre um dos debates mais fundamentais da filosofia política moderna: aquele travado entre liberais e socialistas ou comunitaristas.

Nesse condão, a obra de André nos oferece e nos permite, a todos que trabalham com os direitos fundamentais, estabelecer com precisão, por exemplo, os marcos da discussão sobre identidade cultural e diversidade, básico para a realização de uma série de direitos humanos de excluídos, dentre os quais se sobressaem a dos negros, dos índios, dos homossexuais, dos deficientes, etc. Em outras palavras, a obra de André nos permite atualizar a discussão acerca de ser a identidade cultural (que muitas vezes excluía determinados grupos) um problema coletivo, de todos, do Estado, ou um problema individual, de determinados grupos minoritários e atrasados de alguns rincões de nossa pequena aldeia global?

Por outro lado, insistimos na importância do estudo dos clássicos. Sou partidário da não existência de um grau zero das significações, que também parece mover André. Ainda que Thomas khun possa ser criticado em sua proposta acerca da importância das revoluções científicas, é preciso ter presente que ele também defendeu a possibilidade de a ciência se dar em grande parte a partir de pequenas releituras, de novos pontos de vista, de outras interpretações sobre a existente, conceito que não encontraria melhor patamar referencial do que os autores clássicos.

Enfim, como demonstra André, as discussões sobre democracia, sociedade civil e Estado, por exemplo, não começaram hoje. Mesmo que a consciência social tenha atravessado várias fases, desde a mitologia, a filosofia até a ciência, não se pode pensar um momento fora daquilo que foi forjado em outro, não se pode passar ao estudo pretensamente científico daquilo que é, hoje, aqui, agora, desmerecendo ou não percebendo que o muito daquilo que é foi anteriormente forjado pela filosofia do dever ser, da Ética, sobretudo no âmbito das Ciências Sociais.

Muito mais poderia ser dito do livro de André, mas gostaria de não intervir além daquilo para o qual fui chamado. Cabe-me apenas agradecer a deferência do convite, que muito mais me homenageia que qualquer outra coisa, assinalando, isto sim, que neste momento estamos na mesma trincheira de luta contra o dogmatismo nas Ciências Sociais e no Direito, assim como no mesmo lugar de defesa dos direitos fundamentais, principal preocupação da teoria jurídica e constitucional contemporânea.

Prof. Dr. José Alcibíades de Oliveira Júnior

Nota do Autor

O ensino jurídico no Brasil, desde a criação da primeira faculdade de Direito no País – o Largo do São Francisco, em 1827 – tem sido desenvolvido, majoritariamente, sobre bases dogmáticas, normativistas e positivistas. Nos mais de 1.000 cursos hoje instalados, que hoje compõem o sistema de ensino jurídico brasileiro, o que por si só já se constitui num verdadeiro absurdo, predomina um modo de ensinar o Direito completamente defasado, onde o magistério está centrado em processos meramente reprodutivos de saberes muitas vezes desconectados com as necessidades dos destinatários da atividade jurídica. As propostas de projetos político-pedagógicos, os conteúdos abordados, os exemplos dados, as práticas didático-pedagógicas de sala de aula, enfim, a configuração da complexidade do fenômeno do ensino jurídico revela a consolidação de uma "cultura" estandardizada, disciplinar e autoritária, na qual o estudo do texto legal ocupa quase que a totalidade dos cursos.

No quesito dos conteúdos trabalhados nos cursos de Direito, interessa à maioria dos professores e alunos estudar fundamentalmente aquilo que realmente é importante para o dia-a-dia forense, aquilo que vai ser usado nos tribunais, quais as soluções para os problemas práticos mais recorrentes no mundo da vida. Se possível, professores e alunos já saem fazendo petições no primeiro dia de aula, Isto é o nirvana, o paraíso em matéria de ensino jurídico. A máxima instrumentalização para o mercado de trabalho.

A conseqüência disso são profissionais lançados aos milhares todos os anos ao mercado, sem a menor capacidade de reflexão, de intervenção na realidade, de formulação de soluções criativas quando os manuais não apontam um caminho pronto e acabado. O problema que isto revela é muito mais profundo do que simplesmente professores despreprados ou alunos ansiosos para entrarem em sua vida profissional. A questão fundamental está situada num modo de compreender o Direito e a própria vida. O Direito da modernidade, modelo ainda hegemônico em nossas escolas, sempre teve uma pretensão de completude, certeza, de controle da realidade presente e futura através de leis e dogmas. Isto se demonstrou historicamente como uma total impossibilidade, e tal situação ficou ainda mais aguda com as radicais mutações acontecidas com o acontecimento da globalização.

O Direito ensinado de forma dogmática, normativista e positivista, onde a prioridade está focada nas disciplinas tecnológicas como o direito penal, civil, processual etc., está descontextualizado e enfraquecido diante da nova complexidade espacial e temporal do mundo contemporâneo. Precisamos reforçar um processo educacional onde a formação cultural de professores e alunos seja o ponto central. Não precisamos mais de burocratas forenses que saibam unicamente ritos e procedimentos e algumas soluções de direito material, mas, noutro sentido, precisamos formar juristas, cultos, com capacidade reflexiva, criativa e interventiva. Precisamos tornar o Direito muito mais do que uma técnica a ser desenvolvida nos tribunais, uma arte voltada à realização da vida, da dignidade, da cidadania e da democracia.

Para tanto, entendo que se deve abrir um maior espaço curricular às matérias formativas que têm a potencialidade de desenvolver o raciocínio dos alunos, que forneçam a ele os instrumentos para uma visualização diferenciada e mais profunda do seu objeto de manejo. E isto depende, em boa medida, de buscar no ensino da filosofia, da sociologia, da economia, da antropologia, de uma forma multidisciplinar, os aportes que irão sofisticar o modo de fazer o Direito. Creio que não devamos mais falar de filosofia do direito ou de sociologia ou antropologia jurídicas. Com um outro viés, devemos falar, prioritariamente, de uma filosofia no Direito, de uma sociologia aplicada ao Direito, de uma antropologia que nos permita conhecer o ser humano e suas idiossincrasias e, a partir disso, buscar construir soluções a serem instrumentalizadas pelo Direito. Ou seja, devemos buscar elementos dessas matérias a fim de aplicarmos num processo de renovação das instituições e práticas jurídicas, bem como, principalmente, do modo-de-ser dos acadêmicos e operadores.

Diante desse quadro, este trabalho tem a pretensão de constituir-se em uma proposta de estudo da filosofia dentro dos cursos de Direito. A experiência do autor, tanto no exercício do magistério superior quanto no desempenho da função de avaliador *ad hoc* da SESu/MEC para a área das ciências jurídicas, denuncia a existência de um total desprezo pela grande maioria dos bacharelandos em Direito em relação aos conteúdos e disciplinas filosóficos que necessariamente devem ser trabalhados nos cursos jurídicos. Essa situação, entretanto, não pode ser atribuída unicamente a deficiências na formação cultural dos alunos, nem tampouco a interesses eminentemente práticos que os movem em suas trajetórias acadêmicas. Noutro sentido, em boa medida, tal desinteresse é fruto de equívocos dos professores no planejamento e desenvolvimento dos conteúdos filosóficos nos cursos jurídicos, motivados pelas causas remotas antes apontadas. A filosofia, no ensino do Direito, é vista, com raríssimas exceções, de forma fragmentária, sem qualquer organicidade teórica que permita ao aluno, via de regra, estabelecer conexões entre o conhecimento filosófico e o jurídico, e o que é mais grave, com o próprio mundo da vida. A filosofia, assim, é visualizada como um saber meramente especulativo, desprovido de qualquer possibilidade de aplicação a situações concretas e, portanto, sem qualquer relevância para as lides cotidianas do Direito.

Esse engano tem gerado graves e sérias conseqüências na formação dos bacharéis que se refletem em práticas jurídicas superadas, descoladas de um novo paradigma constitucional e das novas funções que deve assumir o Direito num Estado Democrático e Social de Direito.

Assim, a organização de um texto em que individualismo, coletivismo e culturalismo se constituem no mote de tradições de pesquisa que se antagonizam há séculos, pode cumprir essa função de dar um certo sentido ao estudo da filosofia dentro dos cursos jurídicos, afastando a fragmentariedade de abordagens feitas ora por análises de pensamentos de determinados autores, ora de temas isolados.

Passo do Silva, dezembro de 2008.

Sumário

Notas iniciais 15
Parte I
1. Felicidade e Constituição 19
2. Os projetos políticos de felicidade constitucionalizados 25
3. O poder como problema central do constitucionalismo 29
4. O constitucionalismo como resultado histórico de lutas sociais contra o uso ilimitado e irresponsável do poder e como projeção e reflexões filosófico-políticas no campo jurídico 33

Parte II
1. O tensionamento entre individualistas, coletivistas e culturalistas e as constituições contemporâneas 35
2. Indivíduo, coletividade e culturalidade como temas centrais de tradições de pesquisa 39
   2.1. A contribuição do pensamento filosófico grego antigo para a construção do conflito indivíduo x coletividade 44
   2.2. Os sofistas e o atomismo de Protágoras. O início de uma tradição de pesquisa fundada no individualismo e no consensualismo 45
   2.3. A instauração do conflito indivíduo *versus* coletividade no pensamento ocidental pela contraposição da tradição socrático/platônica à sofística 53
      2.3.1. Sócrates: a política e a excelência moral e a submissão às leis da cidade 54
      2.3.2. Platão e o surgimento do constitucionalismo antigo 55
      2.3.3. A contribuição eclética de Aristóteles para o constitucionalismo 61
      2.3.4. A reemergência do individualismo com o epicurismo e o estoicismo 71
3. O legado da escolástica 74
   3.1. Duns Escoto e a preponderância da vontade individual 74
   3.2. Guilherme de Ockham e a transição para o direito moderno 75
4. A versão moderna do conflito entre individualistas e coletivistas: liberais *versus* socialistas 80
   4.1. O individualismo liberal: da negação das tradições à constituição de uma tradição individualista da modernidade 80
      4.1.1. Hobbes. O contrato e o primado dos direitos individuais 90
         4.1.1.1. As relações poder/religião e poder/conhecimento em Hobbes 91
         4.1.1.2. O contrato social 93
         4.1.1.3. Hobbes e a primazia do direito subjetivo 96
      4.1.2. Locke e a fundação do constitucionalismo liberal 97
      4.1.3. Montesquieu, a liberdade política e a separação dos Poderes 101
         4.1.3.1. Sobre a relação entre lei e liberdade 103

    4.1.3.2. A distribuição dos Poderes 104
  4.1.4. O pensamento holista de Rousseau: a soberania do povo e
  a radicalização democrática 106
    4.1.4.1. O holismo rousseauniano e suas conseqüências
    em seu pensamento 106
    4.1.4.2. A vontade geral e o contrato social 107
    4.1.4.3. A democracia direta e a rejeição de mecanismos representativos 108
  4.1.5. A contribuição de Kant para o constitucionalismo contemporâneo 110
    4.1.5.1. Razão e Vontade: a base do individualismo kantiano 110
    4.1.5.2. O Contratualismo kantiano 112
  4.1.6. Friedrich Hegel 114
 4.2. A crítica ao liberalismo e emergência do socialismo 116
  4.2.1. O sistema filosófico geral hegeliano 116
    4.2.1.1. Sobre a sociedade civil e o Estado em Hegel 121
    4.2.1.2. Sobre a Constituição em Hegel 124
    4.2.1.3. Algumas considerações sobre as contribuições de Hegel ao
    constitucionalismo contemporâneo 128
 4.3. O socialismo: uma tradição holística como contraposição à tradição liberal-atomista
 e a base teórica de surgimento do Estado Social de Direito 129

Parte III
 1. O embate contemporâneo entre liberais e comunitaristas 139
  1.1. O sujeito descomprometido e atomizado do Liberalismo e a crítica comunitarista 143
  1.2. Duas concepções antagônicas de bem e justiça distributiva 150
  1.3. O debate entre liberais e comunitaristas em relação aos direitos coletivos 154
 2. Racionalidade liberal-individualista e racionalidade social-coletivista 158
 3. O multiculturalismo e as demandas constitucionais de última geração 167
  3.1. Multiculturalismo e igual dignidade pela diferença 167
  3.2. Multiculturalismo e democracia 171
  3.3. Charles Taylor e a superação da dignidade igualitária pela política da diferença 173
  3.4. Transferências da filosofia multiculturalista para o campo da
  tutela jurídica. O caso da Constituição brasileira de 88 178
Em modo de encerramento do texto 183
Referências Bibliográficas 187

Notas iniciais

Para muitos, por muito tempo, a filosofia foi e continua sendo uma área da reflexão humana que possui universos temáticos nebulosos. Para a esmagadora maioria dos juristas com um modo de ser no mundo mais dogmatista-positivista-normativista, ou para os praticantes de uma política real, a filosofia está mais próxima de alguns especuladores que se dedicam a um ócio criativo descompromissado com os problemas do mundo do que qualquer outra coisa. Lamento informar-lhes acerca de seu profundo engano e lamento destruir suas ilusões técnico-científicas que sempre foram seus portos seguros, distantes das tormentas filosóficas. Os que se ocupam tecnicamente com o âmbito de problemas abarcados por este âmbito do conhecimento sabem o quanto esta afirmação é completamente falsa. Sem qualquer suporte de veracidade são as asserções consistentes em que a filosofia pouco ou nenhuma relevância prática possui para o mundo da vida, sendo um âmbito da atividade humana meramente especulativo. As soluções institucionais mais radicais, mais brilhantes, mais humanizadoras, tanto no direito quanto na política, vieram da filosofia, e certamente todas as próximas grandes rupturas com a visão de mundo moderna e suas instituições, muitas já esgotadas, virão da filosofia.

Basicamente, é possível situar três grandes campos conteudísticos sobre os quais investe a filosofia: o primeiro, que restringe o âmbito da filosofia do conhecimento, refere-se ao entendimento do mundo e todas as conseqüências daí emergentes, tais como o problema da verdade e de como se dá o processo do conhecimento; o segundo circunscreve-se a como devem relacionar-se os seres humanos na organização social, perspectiva que abre todo o leque de construções da filosofia moral ou da filosofia política; por fim, o terceiro plano constitui-se quase que numa projeção na existência dos indivíduos dos dois anteriores e, nesse sentido, tem como objeto principal as reflexões sobre a busca de uma vida boa, da felicidade, a partir de um conhecimento do mundo lançado para aspectos individuais e coletivos.

O presente trabalho situa suas raízes no segundo e no terceiro campos da exploração filosófica tentando trabalhá-los conjuntamente. No plano da filosofia política, busca fundamentalmente investigar as construções mais relevantes que algumas tradições filosófico-políticas realizaram no âmbito do relacionamento social, entre aqueles que detiveram e detêm o poder e aqueles que estão sujeitos à incidência das decisões políticas tomadas e institucionalizadas pelos primeiros.

Ao circuito temático da felicidade arraiga-se este trabalho no sentido de demonstrar que o constitucionalismo e as constituições têm uma estreita aproximação com este conteúdo central da filosofia, na medida em que as soluções buscadas no campo da filosofia política têm como objetivo a criação de espaços vitais que permitam a ocorrência histórica de existências felizes.

Se já de pronto é possível vislumbrar-se que o universo temático da filosofia não é tão enturvado quanto possa parecer, especialmente para aqueles que não dominam minimamente questões técnicas que lhe são cruciais, também é preciso justificar que, muito mais do que se possa imaginar, a filosofia, nas suas diferentes vertentes, possui uma projeção prática fantástica. Dentre muitos campos da razão prática, a política e o direito podem ser considerados como aqueles nos quais as especulações filosóficas ganham seu maior espaço de projeção no mundo da vida, especialmente, no das instituições. As Constituições, por exemplo, nada mais significam que instrumentos normativos utilizados para juridicizar decisões políticas destinadas a regular as relações decorrentes do exercício do poder. Também podem e devem ser analisadas como projeções do campo especulativo da filosofia política, para constituir razões práticas que estruturam o universo de soluções, de engenhosidades que compõem o arsenal de alternativas civilizatórias ao uso desmedido, abusivo e violento do poder.

O que hoje está positivado nos textos constitucionais do mundo todo, especialmente nas Constituições que instituíram o paradigma de Estado Democrático e Social de Direito, é o resultado desses lançamentos institucionais oriundos de reflexões realizadas no plano da filosofia política, ou, repetindo, do campo reflexivo da filosofia voltado a investigar as melhores formas de relacionamento entre os que detêm e os que não detêm o poder. Democracia, Estado, formas e sistemas de governo, separação de poderes, competências, direitos humanos, direitos fundamentais, limites da intervenção estatal, constitucionalismo regional ou cosmopolítico e uma variedades de outros temas que são tratados normativamente nas Constituições, foram e permanecem objetos de reflexão pela filosofia política, anteriormente à sua positivação jurídica.

O recorte dado ao presente trabalho privilegia, por um lado, uma aproximação em relação a três tradições de pesquisa e pensamento que contribuíram/contribuem de forma marcante para a positivação de conteúdos que hoje compõem o universo substancial das Constituições democráticas e sociais de Direito. A referência dirige-se ao individualismo, ao coletivismo e, com uma existência mais recente, ao multiculturalismo. Por outro lado, mais ao final do trabalho, não esquecemos de abordar a dialética estabelecida entre procedimentalistas e substancialistas, debate que também tem se projetado significativamente no constitucionalismo contemporâneo, especialmente no que tangencia a atuação dos poderes públicos na efetivação de direitos fundamentais.

A presença, concomitante, nas Constituições contemporâneas, de positivações institucionais oriundas de construções teóricas dessas tradições tem gerado um processo de tensionamento axiológico que se constitui numa das principais características e numa fonte inesgotável de perplexidades hermenêuticas do constitucionalismo. Tal situação se, por um lado, pode ser interpretada como uma dificuldade, por outro, constitui o combustível vital que elevou o constitucionalismo a patamares de importância nunca antes observados. É da arqueologia destes tensionamentos que se ocupará o presente texto. Para tanto, a estratégia metódica não podia ser outra que não a dialética, utilizada não pelo viés investigativo de um confronto excludente de contrários, mas de um processo de necessariedade e complementariedade histórica desses opostos. Nesta perspectiva, individualismo e coletivismo – as tradições mais antigas – não se excluem, mas, noutro sentido, constituem-se em condições de possibilidade de sua irmã mais nova – o culturalismo.

Parte I

1. Felicidade e Constituição

Cada um dos seres humanos, em sua cotidianidade, vivencia, no âmbito individual ou não, seqüências infindáveis de sensações de confortos e desconfortos existenciais, traduzidas espiritual e somaticamente de diferentes maneiras e intensidades. Parte delas compõe um estado de autoconsciência de bem-estar, de vida boa, que comumente chamamos de felicidade: o princípio fundamental orientador das ações humanas, o fim concebível de todo desejo, o mais legítimo motivo de todas as artes e saberes, a mais sublime manifestação do sentido da vida, o *summum bonum*.

A busca de estados de bem-estar, fugazes ou duradouros, tem sido um dos principais objetivos, um dos traços diferenciadores da humanidade em relação às outras espécies. Um estado significativo, e a serviço deste desiderato suas mais diversas manifestações têm dispendido quase que a totalidade de suas energias. As ciências, a filosofia, a religião criam, incessantemente, saberes, estratégias e instituições, que convergem, ao menos idelisticamente, para a criação de condições de possibilidade de geração de felicidade.

A religião, de forma absoluta, tem como promessa fundamental a existência de uma vida eterna, plena de prazeres e satisfações, distante de qualquer espécie de conflitos. Estabelece uma série de juízos morais que funcionam, terrenamente, como processos seletivos para a eternidade ou como marcadores cármicos que as almas carregarão em seu devir espiritual. Mas também, com um outro olhar, tais juízos morais, quando distanciados dos fundamentalismos, não se pode deixar de observar, compõem um conjunto de prescrições que constituem uma complexidade reguladora da existência, dirigindo-a a caminhos que levam a acontecimentos de bem–estar.

No campo da filosofia, especificamente no da filosofia política, a exploração de fundamentos éticos para a forma como devem se relacionar os indivíduos, leva, sem qualquer dúvida, a uma das questões cruciais do seu universo de preocupações: a felicidade. Conhecer o mundo e ter razoabilidade, proporcionalidade e afetividade nas diversas ações realizadas ao longo da existência, levam efetivamente a uma vida de bem-estar duradouro.

As ciências, por seu turno, são validadas epistemologicamente com tal *status*, somente e na medida em que busquem soluções para o acontecimento histórico de boas existências, que previnam ou curem situações de desconforto que se qualifiquem significativamente como negativas. O que dizer das investigações da medicina, da engenharia, da psicologia, da biologia e de muitas outras ciências, senão que têm acumulado a cada dia conhecimento suficiente e com potencial para melhorar a qualidade de toda a vida no planeta.

E o direito? Seja como ciência, seja como estratégia ligada ao exercício do poder, tem criado saberes, estratégias e instituições que podem ser qualificadas como voltadas à busca de uma vida boa, percebida individual, coletiva ou culturalmente?

Creio que o direito somente pode estar legitimado se simbolicamente estiver referenciado em uma idéia de felicidade. O direito e a justiça devem estar umbilicalmente ligados a uma compreensão de felicidade, de vida boa. Se o direito não estiver a serviço da felicidade, estaremos falando de um simulacro ligado a questões que não mais nos dizem respeito, que já não nos são mais vitais, e que por isso obnubilam a grande questão que ocupa uma posição central no debate filosófico e científico pós-moderno: a indagação, a procura, a busca do sentido da vida e os vínculos que com ela mantemos e que possibilitam nossa contínua projeção em busca da satisfação existencial. Sendo diferente disto em seu propósito principal, o direito passa a ser virtual, indiferente e indeterminado em seu itinerário referencial, pois sofre do esquecimento e do cuidado pela vida.

A permanente procura por uma existência feliz é, sem dúvida alguma, o grande objetivo dos seres humanos. Buscamos prazer, riqueza, honra, poder, liberdade, autonomia e uma infindável série de outras coisas que nos trazem boas sensações quando vivenciadas. Entretanto, é preciso que nos questionemos se essas coisas "valorosas" representam o(s) grande(s) fim(ns) da existência humana, ou, numa perspectiva mais atomizada, o grande fim de cada um de nós, se é que é possível pensarmos assim.

Aristóteles irá responder negativamente a tal questionamento. Se, por um lado, esses objetivos têm valor, por outro, nenhum deles têm as qualidades últimas e auto-suficientes – "aquilo que é sempre desejável em si mesmo, e nunca em nome de outra coisa qualquer" –, qualidades alcançáveis pela razão, que dela fariam o verdadeiro fim da ação humana. A felicidade é o fim que, por si só, satisfaz todas as exigências do fim último da ação humana; na verdade, só optamos pelo prazer, pela riqueza e pela honra porque pensamos que "através da sua instrumentalidade seremos felizes. A felicidade, acima de tudo, parece ser absolutamente conclusiva nesse sentido, uma vez que sempre a procuramos por si mesma, e nunca como meio para se chegar a outra coisa qualquer".[1]

Em primeiro lugar, é preciso delimitarmos que a felicidade, utilizando as palavras de Monique Canto-Sperber, "é um bem propriamente humano, que só é concebível em função de recursos propriamente humanos e só tem sentido na escala da vida humana".[2] Talvez amarrando um pouco mais a idéia de vida humana e felicidade, seja inarredável dizermos que uma vida infeliz é um contra-senso com o próprio vigor imperante em qualquer indício de vida humana. A vida, em sua eroticidade, está umbilicalmente ligada à idéia de felicidade, enquanto ser infeliz conduz a existência humana a espaços e tempos tanáticos. A angústia e a tristeza são os camarins de um grande palco chamado felicidade.

Mas se buscamos constantemente sermos felizes, e temos certeza que queremos ser, não raro temos imensas dificuldades em encontrar ou construir tal bem. Talvez isto ocorra porque temos insuficiências próprias da humanidade para responder a nós mesmos, em nossa individualidade mais recôndita, a pergunta fundamental: o que é a felicidade?

Do que isso se trata? O que é efetivamente a felicidade? Quais as coisas ou estados que possuem alguma relação com este elemento essencial da vida humana? Será, como bem questiona Alice Germain, um objeto (o dinheiro?), um lugar (o paraíso?), um tempo (os dias vindouros?), uma pessoa (Deus, os outros, nós mesmos?), o sucesso, o amor, a saúde, os prazeres, a beleza?[3]

Trazendo esta temática mais proximamente ao objeto do presente trabalho, também precisamos questionar se há alguma relação do direito ou da política com isto? Será que as Constituições e o constitucionalismo têm algo a dar em termos de construção de felicidade?

Para desvencilharmo-nos dessas provocações talvez seja prudente, mais uma vez, utilizarmos Aristóteles, para sabermos que a felicidade não é algo que pode ser verificado momentaneamente, em escassos lapsos sincrônicos, pequenos momentos da existência em outras palavras, mas noutro sentido, é algo diacrônico, que só pode ser aferido ao longo de uma vida. Para o Estagirita, "a felicidade pressupõe não somente excelência perfeita, mas também uma existência completa, pois muitas mudanças e vicissitudes de todos os tipos ocorrem no curso da vida, e as pessoas mais prósperas podem ser vítimas de grandes infortúnios na velhice, como se conta de Príamo na poesia heróica".[4]

---

[1] ARISTÓTELES. *Ética à Nicômaco*. 4. Ed. Brasília: UnB, 1985, 1097b.

[2] CANTO-SPERBER, Monique. Felicidade. In: *Dicionário de Ética e Filosofia Moral*. 2. V. São Leopoldo: Editora Unisinos, v. 1, p. 613.

[3] GERMAIN, Alice. Prólogo. In: COMTE-SPONVILLE, André, DELUMEAU, Jean, FARGE, Arlette. *A mais bela história da felicidade. A recuperação da existência humana diante da desordem do mundo*. Rio de Janeiro: Difel, 2006, p. 7.

[4] ARISTÓTELES. *Ética à Nicômaco*, 1100 a, 7.

Há, concordando com Aristóteles, uma referência a um aspecto temporal mais estendido quando falamos de felicidade. Há um mínimo de estabilidade, dentro de um universo potencial de precariedades, de alterações, de evoluções que a existência nos oferece. Considerando este aspecto, Canto-Sperber refere que "o traço mais característico da felicidade é o sentimento de satisfação experimentado em relação à vida inteira e o desejo de que essa vida prossiga do mesmo modo".[5] A felicidade está relacionada a uma organização do devir do desejo e da possibilidade de acontecimento de projetos como elementos simbólicos de integração de sentido à vida.

Por outro lado, este sentido à vida possui um forte caráter epocal, na medida em que as épocas constituem, utilizando Heidegger, atribuições-destinações do próprio ser feliz. São estilos de vida epocais que nos conferem uma maior capacidade significativa vital, afastando-nos de vazios existenciais pela auto-realização individual e coletiva, o que nos aproxima de uma vida feliz.

Tais estilos de vida constituem-se como projetos de desejos que são marcados por diferentes articulações epocais e tais ligações, na modernidade, constituíram os projetos político-jurídicos de felicidade plasmado nos textos constitucionais.

Se por um lado, parcelas da população independem do Estado e da concretização de textos constitucionais pelas agências públicas para a consecução de seus projetos de felicidade, por outro, uma significativa fatia dos seres humanos não possui autonomia suficiente para não reclamar do Estado tais prestações. Uma considerável parte, talvez a maioria, dos desejos e projetos dos seres humanos, tem sua satisfação profundamente dependente da concretização de propostas que se encontram positivadas nos textos constitucionais. Assim, contemporaneamente, mesmo que o direito e, mais especificamente, o direito constitucional tenham uma grande dívida social com os estratos mais dependentes e menos autônomos da população, especialmente nos países em desenvolvimento, não podemos deixar de lembrar que a maior parte dos desejos e aspirações das classes sociais mais baixas no critério socioeconômico, que uma vez satisfeitos lhes trariam felicidade, são objetos de positivação constitucional, sendo erigidos à categoria de bens jurídicos constitucionais.

E como tem sido tratada a temática da felicidade nos campos político e jurídico? As discussões e decisões políticas que precedem o fenômeno da positivação normativa e o próprio fenômeno jurídico em sua perspectiva objetiva têm se ocupado do bem maior aristotélico, constantemente buscado pelos seres humanos?

No campo político, mais particularmente no âmbito da política real, a problemática da felicidade, pelo menos numa esfera não-individualista, parece ter caído num completo esquecimento, pois, como temos observado, as discussões e decisões que norteiam as ações sociais dos ocupantes do poder dirigidas aos representados políticos não estão nem um pouco orientadas à efetivação de projetos políticos de

---

[5] CANTO-SPERBER, Monique. Felicidade. In: *Dicionário de Ética e Filosofia Moral*. São Leopoldo: Unisinos, 2003, p. 613.

felicidade. Há um significativo distanciamento entre as ações reais perpetradas pela política real e os projetos de felicidade em suas mais diferentes matizes.

Se a problemática da felicidade tem sido pouco considerada no plano da política real, não muito distante está a situação de tal temática no campo jurídico. Bastante ou quase que totalmente esquecida pelos juristas em seus labores cotidianos, talvez por estarem muito preocupados com questões dogmáticas, com cotidianidades processuais ou com sucessos profissionais no âmbito individual, não menos olvidadas têm sido as múltiplas questões que compõem a complexidade do que se chama felicidade, quando se fala em termos de ensino jurídico.

Nas preocupações presentes nas construções científicas da imensa maioria dos juristas e também na maior parte dos projetos pedagógicos que, em tese, deveriam orientar a execução dos cursos de Direito, revela-se um total descaso com discussões e digressões dirigidas ao papel do Direito e a produção de felicidade. Tal temática, na melhor das hipóteses, é algo ser explorado pelos filósofos. Sequer dentre os jusfilósofos encontramos um razoável número de expressões que se ocupam de enfrentar tal conteúdo. Será isso ainda decorrência de uma continuidade da contaminação racionalista-positivista do modo-de-ser dos juristas ou, noutro sentido, um esquecimento do plano ético-moral que deva permear as aproximações que os juristas fazem dos fenômenos que compõem o campo da juridicidade social?

Para tornar um pouco mais palpável essa abordagem, basta que vejamos como é tratado um dos mais relevantes problemas que hoje em dia se ocupa a teoria jurídica, problema este com sérias e profundas repercussões em relação a todas as demais construções teóricas que são feitas no plano dogmático acerca do ordenamento normativo, bem como com graves reflexos na operatividade do sistema jurídico. Coloca-se aqui o problema de como tem a teoria jurídica concebido, contemporaneamente, o que seja uma Constituição, espaço político-normativo fundante de todo o ordenamento jurídico e de toda a organização institucional de um país.

Tal delimitação é de extrema relevância para o que se está sendo objeto do texto, uma vez que ao falarmos em concepções de Constituição estamos falando em diferentes alternativas de realização, ou não, de direitos fundamentais e, portanto, de cidadania; em diferentes concepções de Estado, de Direito e de sociedade. Uma ou outra concepção de Constituição pode importar ou não em uma ruptura paradigmática em relação ao modo-de-fazer Direito e, por conseqüência, em concebermos o Direito como instrumento de manutenção de *status quo*, ou de transformação e equalização social. Diferentes concepções de Constituição induzem a dessemelhantes projetos político-pedagógicos de cursos de Direito, mais ou menos comprometidos com a formação de indivíduos empenhados com a efetivação de ideais de justiça pautados pela concretização da qualidade de vida de todos os cidadãos que estejam sujeitos a um determinado sistema jurídico-político. E o que temos contemporaneamente em termos de concepções teóricas acerca do que seja uma Constituição?

Visualiza-se, dentre as mais importantes: a) numa perspectiva liberal, a Constituição como garantia do *status quo* econômico e social, em Forsthoff; b) também liberal, a Constituição como instrumento de governo, como em Hennis; c) com uma perspectiva mais democrática, Peter Häberle concebe a Constituição como processo público, como resultado de um processo de interpretação conduzido à luz da publicidade; d) em Bäumlin, numa visão mais programática, a Constituição é percebida como conjunto de normas constitutivas para a identidade de uma ordem político-social e do seu processo de realização; e) com uma ótica sistêmica-funcionalista, como em Luhmann, a Constituição como elemento regulativo do sistema política da sociedade; f) com Krüger, a Constituição como programa de integração e de representação nacional; g) em Hesse, a Constituição é ordem jurídica fundamental e aberta de uma comunidade; h) a Constituição como legitimação do poder soberano segundo a idéia de Direito está presente na obra do francês Burdeau; i) de origem na literatura americana, a noção de *procedural constitution*, considerada como mero instrumento de solução de problemas; j) e, por fim, num sentido radicalmente diverso, enfatizando a natureza classista do documento constitucional e o seu âmbito material, apresenta-se a teoria marxista-leninista.[6]

Se a Constituição pode ser tudo o que acima se elencou, sem discutir o mérito ou as críticas que mereçam cada uma das concepções antes expostas, antes de tudo a Constituição é, numa perspectiva filosófico-política, um projeto de felicidade. E aqui se usa o termo *projeto* considerando-o etimologicamente como algo em estado de lançamento para o futuro. Constituição também, e antes de tudo, é isto: uma concepção de felicidade, estruturada objetivamente através de enunciados postulatórios, principiológicos ou regradores de determinadas situações, que traduzem uma visão presente e futura de um modelo de sociedade, de um modelo de Estado e de um paradigma de Direito, todos voltados para a efetivação histórica de melhores condições de vida para toda a população em comparação com modelos concretos experimentados anteriormente.

---

[6] Sobre essas diferentes concepções de Constituição, ver: CANOTILHO, José Joaquim Gomes. *Constituição Dirigente e Vinculação do Legislador*. Coimbra: Coimbra Editora, 1994; MOREIRA, Vital. *Economia e Constituição. Para o conceito de constituição económica*. 2. ed. Coimbra, 1979; MODUGNO, F. *Il concetto di constituzione*. In: Scritti in onore di C. Mortati. Vol. 1. Milano, 1977; POSSONY, S. *The Procedural Constitution*. In: Festscrift für Ferdinand Hermens. Berlim, 1976; HESSE, Konrad. *A força normativa da Constituição*. Porto Alegre: SAFe, 1991; HÄBERLE, Peter. *Hermenêutica Constitucional*. Porto Alegre: SAFE, 1997.

2. Os projetos políticos de felicidade constitucionalizados

O grande salto civilizatório dado pelo Direito moderno em relação aos paradigmas antigo, medieval e absolutista consistiu na criação de uma série de técnicas destinadas ao enfrentamento dos mais diversos problemas decorrentes do exercício monopolizado do poder e da utilização injustificada da força por instâncias superiores que não reconheciam nenhuma outra em plano algum. Tal processo marcou o surgimento do constitucionalismo, movimento histórico que alterou os fundamentos culturais, políticos e jurídicos da sociedade européia, modificando, conseqüentemente, o seu modelo de organização institucional e reposicionando social e simbolicamente os indivíduos, os quais deixaram a condição de súditos para ocuparem os espaços da cidadania.[7]

Ao longo da história da humanidade, com raríssimas exceções, o exercício monopolizado do poder, ainda hoje presente em muitas sociedades, foi e continua sendo uma fonte inesgotável de vida qualitativamente ruim, de infelicidade, em razão do distanciamento das ações sociais efetivadas pelo ocupantes dos espaços de poder em relação às necessidades existenciais básicas dos indivíduos, para o gozo de uma vida minimamente boa.

O que hoje conhecemos como direitos fundamentais, coisas e estados indispensáveis para uma vida boa, são conquistas que percorrem o imaginário e ocupam as esferas de demandas dos indivíduos há aproximadamente duzentos e cinqüenta anos. Antes disso, os indivíduos praticamente só tinham deveres e obrigações para com os detentores do poder.

Contra as mazelas do exercício monopolizado do poder em relação à qualidade de vida e à felicidade é que surgiram as lutas que culminaram com a construção de uma série de técnicas políticas e jurídicas contra impérios autoritários. Tais técnicas, como bem demonstra Mateucci em seu "Organización del Poder y Libertad",[8] consistiram em alternativas de organização e limitação do poder e

---
[7] Ver a respeito CAPELLA, Juán Ramón. *Fruto Proibido. Uma aproximação histórico-teórica ao estudo do Direito e do Estado*. Porto Alegre: Livraria do Advogado, 2002; FLEINER-GERSTER, Thomas. *Teoria Geral do Estado*. São Paulo: Martins Fontes, 2006.
[8] Ver MATEUCCI, Nicola. *Organización del Poder y Libertad*. Madrid: Trotta, 1998.

concessão de liberdades em diferentes momentos históricos ao longo da modernidade.

Mas onde entram, nesse processo civilizatório, os textos constitucionais na construção de alternativas de progresso no tocante à melhoria da qualidade de vida dos seres humanos?

É preciso entender a evolução do constitucionalismo como um progresso na construção civilizatória moderna de diferentes concepções de felicidade, que têm um marco inicial com a superação de idéias de felicidade totalmente fragmentadas que marcavam a configuração do imaginário social europeu que precedeu o século XVIII. Antes da consolidação de um ideal revolucionário de felicidade, num mundo real – onde os princípios igualitários orientam modelagens de justiça e virtude –, vislumbravam-se projetos de felicidades particularizados e diferenciados para a aristocracia, para a burguesia, para os pequenos artesãos e para os campesinos. Neste quadro fragmentado, o não-assujeitamento a um monarca já era considerado um avanço em direção a um projeto mais universalizado de felicidade. Ilustrativas, neste sentido, são as palavras de Arlette Farge, para quem "a partir do momento em que se tornou soberano, o povo passa a ser sujeito de si mesmo, o que limita consideravelmente as ocasiões de infelicidade ou de injustiça". E complementa a historiadora francesa, Diretora de Pesquisa do CNRS, dizendo que

> 'A felicidade é uma idéia nova', afirmava Saint-Just. Ele sabia que no passado, sob o Antigo Regime, qualquer situação social ou econômica dependia primeiramente da boa vontade do rei, depois do direito comum e da vontade dos senhores. Para homens e mulheres, o fato de terem eliminado o rei indica uma felicidade possível, capaz de permear a vida cotidiana.[9]

Num primeiro momento, o constitucionalismo liberal, através da consolidação do espaço público, buscou a proteção dos indivíduos contra os abusos por parte dos ocupantes do poder. Nesse percurso de inspiração individualista, mas de instrumentalização coletiva, vamos observar a criação de técnicas de limitação da atuação estatal, tais como modelos constitucionais parlamentaristas ou presidencialistas, separação e cooperação de poderes, sistemas de freios e contrapesos, concessão de direitos políticos, estabelecimento diferenciado de atribuições e competências a cada um dos poderes, vinculação à lei, *writs* constitucionais, além de todo um sistema positivo de direitos fundamentais que fortaleceram o espaço da individualidade frente às potestades.

Tais conquistas tiveram um primeiro momento já no século XVII, prosseguiram pelo século XVIII e encontram-se positivadas historicamente nos mais destacados textos constitucionais contemporâneos. Representaram e ainda representam uma parte fundamental em qualquer projeto de felicidade, pois é impossível falarmos em vida boa sem as mais diferentes formas de manifestação da liberdade, sem igualdade, sem autonomia, sem poderes públicos limitados, enfim,

---

[9] FARGE, Arlette e outros. *A mais bela história da felicidade*, p. 143-144.

sem todas as garantias que compõem a esfera jurídico-constitucional de proteção dos indivíduos.

O projeto de felicidade liberal-individualista pode ser caracterizado como um projeto absenteísta, uma vez que impunha e impõe, nas partes que se perpetuaram nas Constituições contemporâneas, negações de ação para o Estado e *erga omnes*, em relação ao titular do direito fundamental. O que se pode dizer, em suma, do projeto Ilustrado de felicidade é que o mesmo constitui-se a partir da consideração da felicidade como um objetivo político a ser perseguido, inclusive com a utilização de técnicas jurídicas que garantissem a tutela das coisas importantes para a concretização deste desiderato.

Para a execução histórica desse projeto constitucional de felicidade, construiu-se um conjunto teórico adequado, de cariz racionalista-individualista-positivista-normativista, que deu sustentação ao processo de consolidação de uma cultura político-jurídica liberal-iluminista. Tal cultura ainda permanece fortemente incrustrada no imaginário jurídico da maior parte dos operadores, funcionando como pré-juízos inautênticos que não se confirmam na reelaboração de uma teoria jurídica que se pretende conformada ao Estado Democrático de Direito, impedindo, assim, a concretização, pela via jurídica, de boa parte de uma série de novos direitos fundamentais positivados no novo paradigma constitucional.

Num segundo momento, compreendido pelo último quarto do século XIX e pelo início do século XX, em decorrência, no campo fático-social, de um processo de lutas perpetrado pelos proletários, e no campo teórico, pelas inspirações socialistas, construiu-se, no ambiente constitucional, a idéia do Estado social, como um propósito de bem-estar calcado em satisfações de necessidades materiais, cuja responsabilidade, em sua maior medida, tocava ao Estado. Surgia a idéia de um Estado atuante, compromissado e dirigente na realização de um projeto social constitucionalizado de felicidade.

Num terceiro momento, particularmente no período pós-Segunda Grande Guerra, com o surgimento de uma série de problemas que passaram a afetar o bem-estar da população mundial em função de avanços tecnológicos e de outros fatores ligados a reorganização geopolítica mundial, surgiram os modelos constitucionais denominados Estado Democráticos de Direitos, com redefinições fundamentais em relação aos modelos anteriores. Não foram simplesmente agregações de gerações de direitos, mas rearticulações conceituais fundamentais como a idéia de democracia, de cidadania, de dignidade etc.

Transferindo este processo evolutivo constitucional para o campo da relação entre Constituições e projetos políticos de felicidade, podemos dizer que, em primeiro lugar, a concepção de vida boa, de felicidade, que era lastreada unicamente em possibilidades de exercício de uma autonomia individual, atomizada, a partir da imposição de exigências de abstenção, em relação ao Estado e a todos os demais cidadãos, de prática de ações que pudessem macular direitos individuais, foi suplantada historicamente por uma compreensão coletiva de qualidade de vida que passou a demandar a satisfação de necessidades materiais, dentre as quais estava a educação. Tal mudança teve reflexos imediatos em relação às funções do Estado, que não mais apenas devia garantir espaços de segurança e certeza que permitissem o mais amplo gozo de direitos individuais, mas devia agir para, por exemplo, proporcionar a educação aos seus cidadãos.

Em segundo lugar, a cidadania já não mais estava restrita a direitos de participação política ou ao âmbito dos direitos individuais de origem burguesa, mas, noutro sentido, orientava-se por uma concepção mais substancialista, onde a educação passou a assumir um papel fundamental na formação do indivíduo, na estabilidade social e no equilíbrio das instituições. Esculpiu-se, assim, conseqüentemente, um novo modelo democrático, onde a educação assumiu uma função primordial, criadora de múltiplas e inesgotáveis possibilidades de inclusão efetiva.

Hodiernamente, nos projetos de felicidade constitucionalizados, denominados democráticos e sociais de Direito, a diferença, juntamente com a solidariedade, assumem lugares até então nunca ocupados nos projetos de Estado social do começo do século passado. Talvez nos tempos atuais a grande democratização que se busque seja a da diferença, juntamente com outros direitos não-individuais, como fator imprescindível para a concretização de todas as demais demandas para uma vida boa.

Não podemos mais pensar em felicidade unicamente na perspectiva libertária-iluminista, ou igualitária-social, mas devemos conjeturar a felicidade contendo tudo isto e ainda mais: devemos refletir acerca da felicidade desde uma concepção antropológica que nos permita visualizar os seres humanos como parte de um imenso equilíbrio que a todo momento se desfaz e que precisa constantemente ser refeito, numa permanente consulta a uma ética vital. E, para tanto, precisamos pensar que somos iguais em dignidade na medida em que somos reconhecidos como diferentes. Não podemos mais pensar projetos constitucionais de felicidade cunhados numa perspectiva histórica de uma moral unidimensional. Precisamos pensar princípios de gerenciamento de bens públicos, planos estratégicos e ações dos poderes públicos a partir de cânones que busquem uma unidade na multiplicidade, como poder de uma ética da solidariedade, sustentada no reconhecimento da alteridade absoluta do outro.

Aqui talvez estejam os primeiros passos de um novo constitucionalismo, de uma nova democracia, de uma nova cidadania. Ou talvez, dizendo de outra forma, seja esta a única saída para um modelo de organização e regulação social que se mostra cada vez mais esgotado, na medida em que os problemas do poder aos quais se propôs resolver ainda permanecem bastante vivos e intensos.

3. O poder como problema central do constitucionalismo

Hoje, nos primórdios do século XXI, quando se fala em Constituição, nos mais variados aspectos que a sua complexidade comporta, o assunto assume uma normalidade bastante grande, especialmente se restringirmos o interesse ao campo político e jurídico. Assim, juristas das mais variadas classes e categorias profissionais, políticos e outros cidadãos que vivam a vida política e jurídica do país, manipulam um instrumento de alto valor civilizatório que cotidianamente é conhecido como Constituição. Mas nem sempre Constituições existiram para proteger os interesses dos indivíduos, de grupos de interesses ou da comunidade como um grande grupo. Nem sempre houve documentos normativos como as Constituições que hoje são tão comuns no imaginário de uma nação para organizar e limitar os poderes do Estado. Qual a origem desta engenhosidade político-jurídica humana de criar um conjunto de normas supremas sobre todas as demais que estabelecem os fundamentos da vida e da organização de uma determinada sociedade?

Uma razoável compreensão do fenômeno do constitucionalismo está necessariamente ligada a uma diversidade de perspectivas que compõem um universo epistemológico e hermenêutico multidisciplinar e transdisciplinar. Uma das conexões inexoráveis para a compreensão desse fenômeno cultural, político e jurídico – talvez a germinal e principal articulação temática –, sem dúvida alguma, aponta para o esclarecimento do fenômeno do exercício do poder. Tentar compreender o constitucionalismo sem compreender o fenômeno do poder e as múltiplas facetas que o seu exercício assumiu ao longo da história da humanidade constitui-se em tarefa científica de impossível execução. O fenômeno do poder é, longe de qualquer hesitação, concordando e parafrasenado Russel, não só o conceito fundamental da ciência social, no mesmo sentido em que a energia é o conceito fundamental da física,[10] mas o conceito fundamental para a compreensão do constitucionalismo, das funções das Constituições, do Estado e da sociedade, bem como do direito constitucional. Foi em razão do uso ilimitado, irresponsável, violento e autoritário do poder ao longo da história que surgiu o constitucionalismo, as Constituições, o direito constitucional e, como conseqüência de tudo isto, os modelos de Estado de Direito constitucionais.

---
[10] RUSSEL, Bertrand. *O poder. Uma nova análise social*. São Paulo: Companhia Editora Nacional, 1957, p. 4.

Num primeiro plano, a compreensão do fenômeno social de produzir documentos escritos com uma funcionalidade político-jurídica fundante pode ser estruturada em dois planos fundamentais: um de natureza histórica; outro com um viés teórico. Mas ambos, frise-se, com uma ligação inevitável com o fenômeno do poder. O constitucionalismo consiste, em outras palavras, numa projeção de soluções que convergem para o enfrentamento do problema do exercício não racional, desumanizado, histórico e secularizado do poder.

Nesse sentido, o constitucionalismo, se observado em seus diferentes aparecimentos históricos originários – afastadas quaisquer análises ideológicas, o que se constitui em tarefa um tanto quanto difícil, senão impossível – possui um único fundamento e um único objetivo ideais: a racionalização civilizatória de diferentes manifestações históricas de exercício do poder, mediante sua organização e limitação. Sejam as técnicas de divisão e controle de um poder público pelo outro, sejam os sistemas positivos de direitos fundamentais, ambas as técnicas normativas revelam-se como alternativas ao exercício desmesurado do poder. E hoje talvez já possamos falar, pelo avançado estágio do processo civilizatório, bem como pela tradição empírica em relação aos diferentes fenômenos de manifestação do poder, em constitucionalismo como opção de aniquilação do poder. Talvez isso seja um tanto quanto utópico, mas necessário se faz mencionar um objetivo como este, um escopo de eliminação de todas as possibilidades de excessos, de violências, de irracionalidades que historicamente tem-se conhecimento em relação ao fenômeno do poder.

Diante dessa sucinta introdução, impõe-se uma primeira e inafastável lição como condição de possibilidade, como fator de pré-compreensão, como universo de projeção, enfim, como lugar hermenêutico do constitucionalismo, qual seja, a compreensão do fenômeno do poder em âmbitos que necessariamente precedem a manifestação da ação social de positivação de regras jurídicas consideradas como elementos indispensáveis à convivência social.

A primeira pergunta a ser investigada, assim, situa-se num plano de pesquisa ontológica (qual o vigor imperante num determinado fenômeno que o qualifica significativamente como uma manifestação de poder?). Será o poder uma relação de posse ou propriedade; será o poder uma relação a ser compreendida no plano comportamental ou será um fenômeno explicável comunicativamente?

Hobbes refere que "o poder de um homem (universalmente considerado) consiste nos meios de que presentemente dispõe para obter qualquer visível bem futuro. Pode ser original ou instrumental".[11] Com a mesma concepção que Hobbes, Gumplowicz afirma que a essência do poder consiste na posse dos meios de satisfazer as necessidades humanas e na possibilidade de dispor livremente de tais meios.[12]

---

[11] HOBBES, Thomas. *Leviatã*. Tradução de João Paulo Monteiro e Maria Beatriz Nizza da Silva. 2. ed. Lisboa: Imprensa Nacional/Casa da Moeda. 1999, p. 83.

[12] Ver a respeito BOBBIO, Norbeto; MATEUCCI, Nicola; PASQUINO, Gianfranco. *Dicionário de Política*. 6. ed. Brasília: UnB, 1994, v. 2, p. 934.

Definições como a de Hobbes ou Gumplowicz compreendem o poder como uma relação de posse ou propriedade, objetificando-o, ou, com outras palavras, circunscrevendo o campo de observação a uma relação sujeito-objeto. Tais posturas são completamente insuficientes para uma boa compreensão do fenômeno do poder, pois podem englobar situações em que figurem apenas um só ser humano no exercício do seu domínio de algo (objeto ou substância), independentemente de qualquer outra manifestação de vontade.

Para as finalidades propostas pelas ciências sociais, mais especificamente para ramos das ciências sociais aplicadas como o Direito, não é possível conceber-se a fenomenologia do poder sem considerar-se que não existe poder se não houver, ao lado do indivíduo ou grupo que o exerce, outro indivíduo ou grupo que é induzido/impelido a comportar-se tal como aquele deseja. As proposições de Hobbes ou Gumplowicz chegam apenas ao âmbito compreensivo da instrumentalização do exercício do poder, pois, com certeza, o poder somente poder ser exercido através de algum meio, material ou não, como por exemplo, o dinheiro, posições sociais, argumentos fortemente estruturados, carisma etc.[13] Posso possuir dinheiro e utilizá-lo para modificar o comportamento de alguém conforme meus interesses, mas também posso não utilizá-lo para esse fim. Posso simplesmente ser rico sem ser poderoso, basta que não utilize minha fortuna para obter/modificar resultados comportamentais de terceiros.

Assim, necessariamente, para os fins investigatórios nos campos jurídico e político, devemos compreender o poder numa perspectiva relacional, onde, inevitavelmente, existem dois pólos envolvidos: um dominador e um dominado. Poder (do latim *potere*) é, literalmente, o direito de deliberar, agir e mandar e também, dependendo do contexto, a faculdade de exercer a autoridade, a soberania, ou o império de dada circunstância ou a posse do domínio, da influência ou da força.

A sociologia define poder, geralmente, como a habilidade de impor a sua vontade sobre os outros, mesmo se estes resistirem de alguma maneira. Existem, dentro do contexto sociológico, diversos tipos de poder: o poder social, o poder econômico, o *poder* militar, o *poder* político, entre outros. Alguns filósofos tiveram em suas obras um lugar destacado para a problemática do poder, dentre eles, particularmente, podemos citar Maquiavel, Marx, Nietzsche, Weber, Foucault dentre outros.

No universo teórico sociológico inúmeras construções reflexivas debruçaram-se sobre a temática do poder, podendo ser destacados, exemplificativamente, a teoria dos jogos, o feminismo, o machismo, o marxismo, o especismo etc.

Já no campo da Ciência Política, o poder é definido, genericamente, como a capacidade de impor algo sem alternativa para a desobediência. O poder político, quando reconhecido como legítimo e sancionado como executor da ordem estabe-

---

[13] Ver a respeito no ponto que se refere ao poder e à dominação WEBER, Max. *Economia y Sociedad*. Mexico D.F.: Fondo de Cultura Económica, 1998.

lecida, coincide com a autoridade, mas há poder político distinto desta e que até se lhe opõe, como acontece na revolução ou nas ditaduras.

Assim, o que é preciso reter com referência ao até aqui exposto é que o poder é indubitavelmente uma relação de dominação entre indivíduos, indivíduos e grupos ou entre grupos. E é justamente neste ponto que é possível estabelecer uma estreita ligação entre o problema do poder e o surgimento do constitucionalismo, das Constituições e do direito constitucional como processos históricos, cuja principal finalidade foi combater o uso arbitrário, ilimitado, irresponsável e reiteradamente violento.

É fato incontestável ao longo da história da humanidade que os casos de mau exercício do poder, com conseqüências trágicas para o bem-estar e para a felicidade de populações inteiras, superaram em muito as manifestações de bons governantes, com efetivo espírito público/solidário. O que dizer dos regimes escravagistas que marcaram a Antiguidade, como, por exemplo, o Império Romano, onde seus imperadores caracterizaram-se mais pela loucura do que propriamente pela razão? O que pensar dos processos de dominação perpetrados através do feudalismo, que marcaram uma completa derrocada civilizatória e cujas principais características foram a violência, a incerteza e o desrespeito completo pelas mais básicas necessidades de felicidade da grande maioria dos seres humanos? Como compreender os despotismos e absolutismo que vicejaram na Europa e que consistiam em verdadeiros processos de dominação, pela hegemonia da força e da violência de alguns reis, em detrimento da qualidade de vida do restante de populações européias inteiras? Como caracterizar, senão como contundentes manifestações de abuso de poder as ditaduras autoritárias e totalitárias que perduraram durante boa parte do século passado na Europa e América e ainda hoje persistem em muitos países do mundo?

Pois foi como alternativa prática e reflexiva a todas estas manifestações de mau uso do poder que o constitucionalismo aconteceu historicamente, como um movimento cultural, político e jurídico que teve como principal objetivo o enfrentamento dessas situações desumanas de manifestação do poder, através de alternativas, de engenhosidades políticas e jurídicas voltadas à organização e limitação do poder e a concessões paulatinas de liberdades aos indivíduos.[14] O constitucionalismo aconteceu como uma resposta civilizatória a manifestações de abuso de poder. E o que hoje encontramos positivado nas Constituições contemporâneas (sistema positivo de direitos fundamentais, regras de organização e limitação do poder, mecanismos de garantia processual etc.) são técnicas de controle e organização do exercício do poder e mecanismos de garantia dos indivíduos frente a possíveis abusos de poder por parte de agentes políticos.

---

[14] Ver a respeito a clássica obra de MATEUCCI, Nicola. *Organización Del poder y libertad*. Madrid: Trotta, 1998.

4. O constitucionalismo como resultado histórico de lutas sociais contra o uso ilimitado e irresponsável do poder e como projeção e reflexões filosófico-políticas no campo jurídico

Genericamente, é possível situar a origem da idéia de Constituição, de constitucionalismo e de direito constitucional em dois distintos campos de manifestação da humanidade: a) primeiro, no campo teórico, como decorrência de reflexões de diferentes tradições/correntes de pesquisa sobre o problema do indivíduo e da sua vida em sociedade; b) segundo, como conseqüência de uma série de lutas sociais acontecidas desde a Idade Média e que avançaram durante os séculos XVII, XVIII, XIX e XX.

Sob o aspecto teórico, a idéia que permeia todo acontecimento do constitucionalismo pode ser compreendida como um processo evolutivo de idéias elaboradas no campo da filosofia-política, num primeiro momento, por duas diferentes tradições de pesquisa, a saber: o individualismo e o coletivismo, e, posteriormente, a elas agregou o culturalismo como fonte de reconhecimento de minorias

Pelo viés fático-histórico, a produção de Constituições foi uma decorrência de lutas acontecidas na Europa, com a finalidade de limitação do poder dos reis absolutistas, e nos Estados Unidos, cujo objetivo principal foi a independência das colônias americanas da metrópole Inglaterra.

A aproximação que se pretende no presente livro está ligada à historicidade das reflexões realizadas no âmbito filosófico-político, a partir do desenvolvimento das tradições de pensamento e pesquisa já mencionadas. A abordagem fático-histórica já conta com maravilhosos trabalhos que demonstram, com minúcias, múltiplas facetas do acontecimento do constitucionalismo mundial. Assim, por exemplo, a já clássica obra de Nicola Mateucci, *Organización Del Poder y Libertad*, detalha com precisão os fatos marcantes que determinaram o surgimento do constitucionalismo na Inglaterra, na França e nos Estados Unidos, constituindo as três matrizes fundamentais do que hoje conhecemos como Estado constitucional de Direito. A este clássico soma-se uma gama imensa de outras obras que detalham os fenômenos sociais que levaram ao surgimento dos modelos constitucionais europeu e americano. A saber, sem pretensão de exaustão: De Lolme,

"Constitution de l'Anglaterre"; Walter bagehot, "The English Constitution"; Antonio Pereira Menaut, "El Ejemplo Constitucional de Inglaterra"; David Lindsay Ker, "The Constitutional History of Modern Britain since 1485"; Garcia Pelayo, "Derecho Constitucional Comparado"; João Soares Carvalho, "Antecedentes da História Parlamentar Britânica"; Anne Pallister, "Magna Carta – The Heritage of Liberty"; Lorenzo d'Avack, "Del 'Regno' alla 'Republica'- Studi sull sviluppo della coscienza costituzionale in Inghilterra"; Hamilton, Madison e Jay, "o federalista"; Alexis de Tocqueville, "A democracia na América"; James Brice, "The Amercian Commonwealth; Edward S. Corwin, "American Constitutional History"; Ana Martins, "As origens da Constituição Americana"; Léon Duguit, "Traité de Droit Constitutionnel"; Marcel Prélot, Georges Burdeau, André Hauriou, Maurice Duverger, Jacques Cadart e Pierre Pactet, "Institutions Politiques et Droit Constitutionnel"; António José Fernandes, "Os sistemas político-constitucionais francês e alemão"; além de outras obras de autores como Tocqueville, como "L'Ancien Regime et la Révolution", ou até mesmo as de Montesquieu e Rousseau.

Por outro lado, não esquecendo do constitucionalismo brasileiro, seria a consumação de uma grave injustiça não mencionar a obra de Paulo Bonavides e Paes de Andrade, "A História Constitucional do Brasil", como o mais célebre e completo compêndio sobre a historicidade da vida constitucional brasileira, além de outras como "Formação Constitucional do Brasil", de Agenor de Roure; "História Constitucional do Brasil", de Aureliano Leal; "Introdução à História do Direito Político Brasileiro", de Galvão de Souza; "História do Direito Brasileiro" e "História do Direito Constitucional Brasileiro", ambas de Waldemar Ferreira; "História das Instituições Políticas do Brasil", de Hamilton Leal, além da obra de Vitor Russomano sobre o constitucionalismo na República Rio-Grandense.

Assim, a empreitada aqui proposta consiste na elaboração de um trabalho que possa dar um suporte reflexivo-histórico aos estudiosos do direito constitucional, focando nossa atenção ao plano da filosofia-política e da repercussão de suas elaborações sobre a estruturação do direito constitucional contemporâneo, pois não resta qualquer dúvida que a evolução histórica, no campo da filosofia política, das tradições individualista, coletivista e culturalista, em temas como o exercício do poder e suas implicações na constituição de modelos de sociedade, Estado e Direito, foi acompanhada por construções de uma série de soluções e engenhosidades que hoje compõem o universo constitucional.

Parte II

1. O tensionamento entre individualistas, coletivistas e culturalistas e as Constituições contemporâneas

Nas últimas cinco décadas, o constitucionalismo tem condensado, no mundo todo, um amplo debate, entre individualistas e coletivistas, que se apresenta como um fenômeno histórico das civilizações ocidentais. Este embate emergiu, com mais intensidade, a partir da positivação constitucional de modelos de sociedade, cidadania, Estado, Direito e democracia, consistentes em Estados Democráticos de Direito, os quais, pela complexidade e pelo paroxismo ôntico-axiológico que encerram em suas estruturas normativas, revelam um enorme potencial de controvérsias, discussões e disputas teóricas, cujas perspectivas de reflexo no mundo da vida são enormes. Nas últimas três décadas, a este tensionamento entre individualistas e coletivistas agregou-se uma outra vertente de pesquisa e pensamento que hoje, pela magnitude e profundidade de suas investigações, já pode ser considerada uma outras tradição científica: o culturalismo.

Na medida em que convivem simultaneamente nos textos constitucionais, nas partes relativas à concessão de liberdades, direitos individuais e não-individuais de diferentes gerações, destinados a atenderem demandas totalmente diversas, surgidas em função de problemas concretos peculiares a períodos e vivências históricas bem delimitados, disto há, como decorrência, uma enorme potencialidade de conflitos axiológicos que se refletem na composição de todo o sistema normativo infraconstitucional, bem como, principalmente, na própria efetivação da justiça política.

Esse choque de concepções, cujos primórdios, na modernidade, estão situados na emergência do socialismo, como alternativa política ao liberalismo, colocou uma série de interrogações sobre certezas liberais-individualistas, até então inquestionáveis para os juristas. A passagem de certezas liberais-individualistas a incertezas sociais e democráticas igualitárias serviu de argumento até mesmo para colocar-se em debate a própria derrocada da democracia, o que, com o passar do tempo, se constituiu em absoluta inverdade, pois, lançando mão da lição de Przeworski, *una de las primeras cuestinoes que deben resaltarse en torno a la democracia es la existencia de una incertidumbre condicionada, y en la democratización dicha incertidumbre se manifiesta de manera referencial.*[15]

Nesse aspecto, a complexidade ôntico-axiológica do texto constitucional e as potencialidades a ele intrínsecas revelam uma única convicção: a de que ninguém pode estar seguro de que seus interesses terão a certeza do triunfo. Há uma série de condicionamentos históricos que podem, inclusive, levar a novas configurações institucionais que possibilitem o atendimento de demandas e interesses até então não atendidos, criando condições concretas de redistribuição do poder político e econômico, dentro dos marcos do Estado de Direito, de forma nunca potencializada em nenhum dos projetos constitucionais normatizados anteriormente. É possível assim dizer-se que a amplitude axiológica presente na Constituição de 1988, constituída a partir da positivação de direitos fundamentais individuais e não-individuais, criou um complexo de possibilidades sociais e institucionais muito superior aos que emergiiram dos outros projetos constitucionais.

Todo esse debate, imanente ao constitucionalismo contemporâneo, traduz, pelas potencialidades de modificações institucionais e transformações sociais que encerra, um processo de democratização em andamento,[16] em função de um enfrentamento que remete a duas grandes situações hermenêuticas de compreensão e interpretação do mundo: o atomismo, segundo o qual indivíduos isolados constituem o valor supremo, ou o holismo, em que o valor está na sociedade como um todo. Estes universos antitéticos têm marcado a construção do pensamento ocidental através da estruturação de tradições de pesquisa[17] e, por via de conseqüência, do Direito.

Tanto o individualismo como o coletivismo ou o culturalismo podem representar duas estruturas ônticas ao mesmo tempo: um objeto fora de nós e um valor. Entretanto, o coletivismo, constituindo um paradoxo, representa, concomitantemente, algo fora e algo dentro de nós. Se por um lado, nesta perspectiva dual,

---

[15] PRZEWORSKI, Adam. La democracia como resultado contingente de conflictos. In: ELSTER Jon; SLAGSTAD (org.). *Constitucionalismo y Democracia*. México: Fondo de Cultura Económica, 1999, p. 91.

[16] A partir da concepção de Przeworski de que a democracia possui um incerteza referencial, consistente numa incerteza eleitoral, mas não institucional, de modo que para ele a democracia é um sistema de alta incerteza no sentido de quem vá encarregar-se do governo, mas não, no que tange às instituições, é possível construir a idéia de que em países em que a democracia ainda não está institucionalmente consolidada, o processo de democratização apresenta incertezas institucionais. Assim, as possibilidades hermenêuticas de construção de um modelo de Direito e a potencialidade de alteração institucional nelas presente, a partir de um complexidade constitucional estruturada sobre direitos individuais e não-individuais, indicam a ocorrência de um processo de democratização que se manifesta nos mais diferentes ramos do Direito, dentre eles o penal. O que dizer dos debates em torno do modelo de direito penal tributário, acontecidos por ocasião das ADIns 1.571 e 3.002, senão que está a guardar um embate sobre um modelo de democracia que se pretende consolidar desde a Carta de 1988, e cujo embate principal versa sobre individualismo e coletivismo?

[17] No presente trabalho, uma das acepções conceito de tradição utilizada é a que está presente na obra de MacIntyre, para quem "uma tradição é uma argumentação, desenvolvida ao longo do tempo, na qual certos acordos fundamentais são definidos e redefinidos em termos de dois tipos de conflito: os conflitos com críticos e inimigos externos à tradição que rejeitam todos ou pelo menos partes essenciais desses acordos fundamentais, e os debates internos, interpretativos, através dos quais o significado e a razão dos acordos fundamentais são expressos e através de cujo progresso uma tradição é constituída". Ver a respeito MACINTYRE, Alasdair. *Justiça de Quem? Qual racionalidade?* 2. ed. São Paulo: Loyola, 1991, p. 23.

temos o sujeito empírico, o exemplar individual da espécie humana, por outro, também temos o fenômeno singularizado sistemicamente do acontecimento do mundo social e suas inúmeras manifestações culturais. Se, em determinados momentos históricos, observamos um ser atomisticamente designado, independente e autônomo, também, em outros, constatamos a ponderação axiológico-política pender para uma valorização predominante da sociedade em detrimento do indivíduo, de grupos culturais em prejuízo de individualidades. Estamos falando, ora do atomismo, ora do holismo.[18]

Para autores como Dumont, o problema das origens do individualismo e, podemos agregar, o problema do embate entre as tradições atomista e holista, está em saber como, a partir do tipo geral das sociedades holistas, pôde se desenvolver um novo tipo contradizendo fundamentalmente a concepção comum.[19] Como foi possível a passagem, a transição entre dois universos ideologicamente inconciliáveis?

A idéia fundamental que norteia tal compreensão baseia-se na premissa de que o surgimento do individualismo numa sociedade perspectivada tipologicamente como tradicional/holista, é de que tal fenômeno deu-se em oposição à sociedade e suplementarmente a ela.

Esse embate se faz sentir nos mais diversos âmbitos de juridicidade, tanto no plano constitucional quanto infraconstitucional, uma vez que neles se refletem, inexoravelmente, as interseções entre o campo de liberdade dos indivíduos e os limites e necessidades de intervenção das diversas potestades.

Nesse contexto de um evidente e inafastável paroxismo ôntico-axiológico, que precisa ser enfrentado por via de um processo hermenêutico de construção de sentido, histórica e contextualmente situado, há uma questão fundamental que necessita ser permanentemente destacada: a focalização dos argumentos e ações, por diferentes tradições de pesquisa, ora no indivíduo, ora na coletividade, ora em grupos com marcada identidade cultural e, conseqüentemente, a compreensão dos desdobramentos e efeitos históricos, no âmbito político-jurídico, deste embate travado no plano filosófico-político. Razões históricas atomistas, holistas e culturalistas estão constantemente interpelando políticos e juristas em suas práticas diárias e, a partir desses assaltos, engendram-se racionalidades práticas que direcionam as ações político-jurídicas num ou noutro sentido.

A construção legislativa e a efetivação judicial de um sistema político-normativo deve, necessariamente, levar em consideração estes sítios hermenêuticos, estes lugares de situação dos intérpretes no mundo, pois são eles pólos catalisadores de racionalidades práticas políticas e jurídicas.

---

[18] Em alguns momentos estamos falando em individualismo *versus* holismo, o que pode levar o leitor a concluir que estamos esquecendo o culturalismo. Isto não procede. Optamos por, em determinadas passagens do texto, fazer a referência à antítese entre individualismo e holismo, incluindo o culturalismo dentro de uma visão holística do mundo.

[19] DUMONT, Louis. *Ensaios sobre o Individualismo. Uma perspectiva antropológicva sobre a ideologia moderna*. Lisboa: Publicações Dom Quixote, 1992, p. 35.

O percurso que se segue, por momentos cruciais da constituição histórica das tradições de pesquisa e pensamento atomista, holista e culturalista, tem, fundamentalmente, nos limites do presente trabalho, algumas funções bem delimitadas. Como função primordial, possibilitar a construção de uma postura crítica que permita aos juristas a identificação dos pré-juízos que os abordam cotidianamente e que, não raras vezes, os impedem de desvelar um novo momento histórico do constitucionalismo, com novas funções e determinações de ações sociais, quando a conspiração histórica para este sentido parece ser inevitável. Também a incursão em momentos cruciais do debate filosófico-político visa a abrir possibilidades de compreensão e aceitação de referenciais teóricos de uma tradição por outra, como forma de estabelecer diálogos e simbioses hermenêuticas que permitam respeitar a liberdade dos indivíduos sem descurar do atendimento das demandas e responsabilidades igualitárias que tocam ao Estado e à sociedade em tempos de democracia social.

A caminhada pelo individualismo, pelo coletivismo e pelo culturalismo atende a dois critérios bem específicos: a) primeiro, o enfrentamento de temas que se constituem em objetos reiterados de reflexão em diferentes tempos e que constituem pontos de alta relevância na reflexão constitucional; b) segundo, a constituição de tradições de pensamento, com profundos reflexos prático-institucionais no direito moderno e contemporâneo, sobre esses pilares temáticos.

2. Indivíduo, coletividade e culturalidade como temas centrais de tradições de pesquisa

O conflito entre indivíduo e coletividade foi construído através de argumentações que se desenvolveram, no modo de ser ocidental, ao longo de aproximadamente dois mil e quinhentos anos, nos quais certos acordos e dissensos fundamentais foram definidos e redefinidos, constituindo, assim, partes importantes do processo histórico, em que tradições de pesquisa foram forjadas no ocidente, com reflexos, em não raros momentos, diretamente incidentes sobre sistemas jurídicos.

A compreensão dos efeitos e incrementos históricos, processualizados por essas tradições de pensamento em torno de inferências e refutações que constituíram o debate que envolveu e continua a envolver indivíduo e coletividade, ao qual, contemporaneamente, aproximou-se o universo de preocupações emergentes do reconhecimento cultural, manifesta-se como ponto fundamental para qualquer aproximação hermenêutica que se pretenda fazer sobre modelos normativos, particularmente a partir das relações sociais e institucionalizações possíveis desde a positivação, em diferentes textos constitucionais, do paradigma constitucional de Estado Democrático de Direito. É exatamente sobre esses três pólos argumentativos que se situa o principal conflito presente nas indicações axiológico-normativas constitucionais.

O estudo dessas pré-compreensões historicamente construídas, que tiveram relevância na modelagem das mais importantes e antagônicas estruturas e funções do direito ocidental, depende de um total afastamento de qualquer postura que se restrinja a uma mera historiografia descritiva da sucessão de fatos, uma vez que esta não é suficiente para a aquisição desta consciência histórica.[20]

Partindo da percepção de que o homem é um ser histórico, que se constitui como tal *estando-junto-ao-mundo*, esta postura teórica de resgate de uma consciência histórica não pode ser reduzida a uma simples tarefa de descrição de uma

---

[20] Gadamer é enfático quanto a isso. Diz o pensador germânico que querer *sustraer a la historiografia y a la investigación histórica a competencia de la reflexión de la historia efectual significaria reducirla a lo que en última instancia es enteramente indiferente. Precisamente la universalidad del problema hermenéutico va con sus preguntas por detrás de todas las formas de interés por la historia, ya que se ocupa de lo que en cada caso subyace a la "pregunta histórica"*. GADAMER, Hans-Georg. *Verdad y Metodo*. Salamanca: Sigueme, 1999, v. I, p. 14.

sucessão de fatos sociais, os quais, pelas próprias possibilidades da mera descrição, permanecem em uma inércia pretérita. Não se trata de uma visita a um museu de idéias que nenhuma potencialidade de projeção mais possui, mas, isso sim, sob outro viés, de compreender as condições filosóficas históricas de acontecimento deste debate, de extrema relevância para uma compreensão dos modelos normativos ocidentais.

Assim, em tempos de tanto avanço tecnológico, em que os processos de comunicação alteraram as próprias noções de espaço e tempo, lançando-as ao plano da instantaneidade, infere-se uma demanda quase aflitiva dos juristas de ampliar o espectro de suas compreensões dos fenômenos sociais a diversos campos do conhecimento. Os recursos cognitivos dos acontecimentos abordados pelo direito constitucional devem ser buscados, pela complexidade que os compõem, não só na seara da economia, da sociologia, da ciência política ou da história, mas também, necessariamente, no âmbito da filosofia política, numa perspectiva voltada à reflexão que foi entregue aos tempos atuais por diferentes tradições de pesquisa. Esta é uma condição de possibilidade de reflexões críticas, de erros e acertos históricos, que privilegia a própria historicidade do direito constitucional em sua vertente mais teórica.

Trata-se, também, de buscar criticamente as condições filosófico-políticas do direito constitucional em sua (con)formação histórica pela ação do homem, dentro de uma perspectiva constitucional democrática de Direito. Tal busca, destarte, deve ser caracterizada, utilizando o pensamento de Stein, por uma *temporalidade radical como historicidade que emerge do passado, presente e futuro numa totalidade, na medida em que o homem, ao ser para a morte, volta-se permanentemente ao passado para a construção do presente e futuro.*[21]

Esta busca visa ao estabelecimento de condições de possibilidade para o acontecimento de um direito constitucional contextualizadamente brasileiro, conforme as demandas dadas pela realidade e pelos indícios formais constitucionais, numa equação dialética entre sistema normativo abstrato e problemas concretos, os quais, conjuntamente, compõem a fatualidade do momento histórico em que se situa a sociedade e o Direito brasileiros.

Parece não haver dúvida de que uma boa parte das soluções esboçadas pela tradição liberal-individualista não mais pode ser aplicada de forma incontestável à realidade brasileira. Inobstante isso, o que se observa é, em grande parte, uma repetição oitocentista, tanto no plano dogmático quanto nos expedientes forenses que diariamente são concretizados pelos operadores, o que tem inviabilizado, nas diferentes esferas temáticas jurídicas, a realização/concretização de uma nova materialidade constitucional que caracteriza o novo paradigma de sociedade, Estado e Direito positivado a partir de 1988.

A opção teórica aqui esboçada tem como ponto de partida o fato de que, como bem já observara Bobbio, toda a história do pensamento político, ao que

---
[21] STEIN, Ernildo. *História e Ideologia.* Porto Alegre: EdiPUCRS, 1993, p. 28.

por ora se agrega também o pensamento jurídico, está dominada por uma grande dicotomia: organicismo (holismo) e individualismo (atomismo).[22] Mesmo que esse movimento dicotômico não seja retilíneo e permanente, havendo até mesmo momentos históricos em que ele encontra lapsos de arrefecimento, é possível dizer que, em encruzilhadas marcantes da vida social e institucional do ocidente, ela se fez notar de forma marcante.

Essa dualidade holismo/atomismo compõe um conflito de tradições de pesquisa intelectual com reflexos nas mais variadas construções culturais ocidentais. Cada uma delas foi e continua sendo parte da elaboração de um modo de vida social e moral do qual a própria pesquisa intelectual foi e continua sendo parte integrante. Em cada uma delas, as formas dessa vida permanecem incorporadas às instituições sociais, econômicas, políticas e jurídicas. Assim, emerge a tradição atomista a partir da doutrina fundada por Leucipo, passando pelas rupturas institucionais e lingüísticas propostas pelos sofistas a partir de uma postura desconstrutivista e constestadora da ordem da *polis*. Dentro dessa mesma lógica oferecida pelas pesquisas das e nas tradições, surgiu, como contraponto ao individualismo sofístico, o holismo aristotélico, carregando, consigo e em todos os seus produtos culturais, a organicidade da *polis* como o lugar vital para o desvelamento do ser.

Nesse panorama das tradições, reedita-se a tradição atomista no individualismo liberal que, como se verá adiante, inicialmente repudiando a tradição em nome dos princípios universais e abstratos da razão, se tornou um poder politicamente incorporado, cuja inabilidade em concluir debates sobre a natureza e o contexto desses princípios universais, teve o efeito não intencional de transformar o liberalismo em tradição. Da mesma forma, surgem, na esteira holista, as pesquisas socialistas que, contrapondo-se ao liberalismo em suas mais diversas acepções, constituem, juntamente com ele, uma reedição do conflito de tradições de pesquisa e pensamento iniciado com Leucipo, sofistas e aristotélicos.

Essas tradições, utilizando o pensamento de MacIntyre, diferem entre si muito mais do que suas concepções conflitantes de racionalidade prática e justiça: elas diferem nos catálogos de virtudes, nas concepções do eu e nas cosmologias metafísicas; diferem também no modo como, em cada uma delas, se chegou às concepções de racionalidade prática e justiça.[23]

A partir de debates, conflitos e pesquisas, realizados desde tradições de pesquisa que privilegiam ou o indivíduo ou a coletividade, socialmente materializadas e historicamente contingentes, as disputas referentes à racionalidade prática e à justiça são propostas, modificadas, abandonadas ou substituídas. Essas tradições de pesquisa, nesse sentido, surgem como base de justificação racional e de crítica de concepções de racionalidade prática e justiça.

Tais tradições diferem radicalmente em relação a uma gama numerosa de assuntos, que se constituem como categorias fundamentais de cada uma delas. Di-

---

[22] BOBBIO, Norberto. *Liberalismo e Democracia*. São Paulo: Brasiliense, 1999, p. 45.
[23] MACINTYRE, Alasdair. *Justiça de Quem? Qual racionalidade?*, p. 375-6.

vergem, por exemplo, atomistas e holistas, visceralmente quanto às questões que dizem respeito ao grau de permissividade para a intervenção estatal na sociedade civil, quanto à propriedade, quanto às matérias tributárias, quanto ao direito econômico etc. Por outro lado, convergem harmoniosamente para a solução de outros problemas, pois não resta qualquer dúvida de que individualistas e coletivistas concordam que o homicídio, o estupro e o tráfico de entorpecentes são condutas que merecem ser reprimidas mediante a imposição de sanções penais, ou, por outro lado, que alguns parâmetros mínimos de direitos sociais devem ser concretizados. Nessas áreas, em que há questões ou assuntos comuns a mais de uma tradição, uma delas pode estruturar suas teses através de conceitos tais que impliquem necessariamente a falsidade das teses sustentadas por uma ou mais tradições, embora, ao mesmo tempo, não exista nenhum padrão comum, ou só existam padrões insuficientes, para que se possa julgar os pontos de vista adversários.

Muitas vezes, considerações exigidas no interior da tradição atomista só podem ser ignoradas pelos que conduzem a pesquisa ou o debate na tradição holista, à custa de, segundo seus próprios padrões, excluir boas razões para crer ou descrer em algo, ou para agir de uma forma, e não de outra. Inobstante, não raro acontece que, em outras áreas, o que é afirmado por coletivistas pode, aprioristicamente, não encontrar nenhuma equivalência entre individualistas, ou vice-versa. Esta última situação surge de forma bastante clara, por exemplo, em relação à concretização dos direitos fundamentais da segunda geração em diante, dentro de uma estrutura normativa e institucional predominantemente especializada para a efetivação de direitos individuais. A forma de construção do direito liberal-individualista e, particularmente, de algumas de suas ramificações, faz com que surja uma série de obstáculos quase intransponível quando se pensa na efetivação de novas funções do Direito num projeto constitucional com vertente social-democrática, fundada, de forma inovadora, em direitos fundamentais de segunda e terceira gerações, pois estes têm uma gama de idiossincrasias, que exige um outro modelo normativo, uma outra forma jurídica que se distancia, em vários pontos, da liberal-individualista.

Se a complexidade da dialética estabelecida entre individualistas e coletivistas já era bastante grande, gerando situações hermenêuticas que sobre determinados temas da vida parecem quase insolúveis, o labirinto ficou ainda mais enredado com o surgimento, ao final do século passado, das abordagens culturalistas, com alguns redutos temáticos contra os quais insurgem-se tanto individualistas quanto coletivistas. Assim, ilustrativamente, há individualistas e coletivistas que se posicionam contrariamente a políticas de cotas, casamento de homossexuais, proteção e estímulo de idiossincrasias culturais dentro de Estados multiétnicos.

Diante dessa complexidade cotidianamente encontram-se juristas, legisladores e aplicadores da lei que não podem evadir-se da tarefa de concretizarem projetos de vida boa. Esse dédalo construiu-se historicamente ao longo de 2.500 anos em circunstâncias históricas bem definidas. Vejamos algumas de suas principais manifestações, sem pretensões de detalhamento historiográfico.

Três são os momentos históricos de maior afluência de manifestações teóricas que caracterizaram esta divergência de tradições, com não desprezíveis efeitos práticos na humanidade: o primeiro, há aproximadamente 2.400 anos, surgido a partir da contraposição socrático/platônica ao pensamento sofista; o segundo, acontecido com o embate entre liberais e socialistas, o qual marcou a pesquisa e a vida ocidental a partir do século XIX; por fim, o último, contemporaneamente estabelecido entre neokantianos ou neoliberais e comunitaristas, desencadeado no início da década de setenta do século passado, a partir da obra de John Rawls, "Uma Teoria da Justiça".[24] Nesse momento, é preciso fixar o surgimento do culturalismo ou do multiculturalismo conforme pontuam alguns autores, como uma nova tradição científica, cujas investigações centram-se no reconhecimento de identidades culturais e cuja projeção no universo político e jurídico tem redundado numa crescente proteção constitucional e infraconstitucional dos direitos destas minorias ou grupos.

A fixação, num primeiro momento, desses grandes conflitos históricos entre tradições, a partir da díade temática indivíduo/coletividade, e a demonstração da sua continuidade ao longo século XX e sua permanência no século XXI, bem como a ampliação da complexidade para uma tríade, com o surgimento no universo científico do culturalismo e sua projeção prática nos âmbitos sistêmicos da política e do direito, tem como objetivo demonstrar a permanência e a atualidade das discussões e pesquisas realizadas contemporaneamente no universo das ciências sociais e, especificamente, no âmbito do Direito, e neste campo, mais particularmente no campo do direito constitucional, envolvendo perspectivas atomistas e holistas. Em particular, buscar-se-á demonstrar, ao longo deste trabalho, a recorrência e a pertinência da análise desta complexidade no âmbito do direito constitucional brasileiro e a importância do resgate permanente dessa discussão para estruturação de uma ontologia filosófico-política do direito constitucional situado no marco histórico-paradigmático de um Estado Democrático de Direito, especialmente uma função de que este é um dos debates fundamentais que exsurge da complexidade normativo-axiológica existente na Constituição Federal brasileira. Em suma, parte-se, nesta empreitada teórica, do pressuposto de que subjaz à concretização dos direitos fundamentais – individuais ou coletivos –, em função do antagonismo que por vezes encerra a realização conjunta dos mesmos, uma inevitável e histórica complexidade construída no perímetro da filosofia política por individualistas, coletivistas e culturalistas.

---

[24] A situação desse terceiro momento significativo do debate entre individualistas e holistas a partir da obra de John Rawls, "Uma Teoria da Justiça", deve-se ao acontecimento intelectual excepcional representado pela edição deste livro, em função do estatuto de clássico por ela adquirido num curto espaço de tempo que pode ser medido pela literatura secundária por ela suscitada, bem como pelo seu lugar em inúmeros programas universitários do mundo todo. Os seus argumentos e conclusões estão longe de serem unanimemente aceitos, entretanto, como bem escreve Robert Nozick, "Uma Teoria da Justiça" é um trabalho vigoroso, profundo, sutil, amplo, sistemático sobre filosofia política e moral como nunca se viu igual desde as obras de John Stuart Mill. É uma fonte de idéias esclarecedoras integradas em um belo conjunto. Os filósofos políticos têm agora ou de trabalhar com a teoria de Rawls ou explicar porque não o fazem. NOZICK, Robert. *Anarquia, Estado e Utopia*. Traduzido por Ruy Jungmann. Rio de Janeiro: Jorge Zahar, 1991, p. 201-2.

2.1. A CONTRIBUIÇÃO DO PENSAMENTO FILOSÓFICO GREGO ANTIGO PARA A CONSTRUÇÃO DO CONFLITO INDIVÍDUO X COLETIVIDADE

Inobstante alguns autores demonstrarem, com suficiente fundamentação, a existência de contribuições filosóficas do pensamento oriental que influenciaram os primórdios do pensamento jurídico ocidental,[25] particularmente através do confucionismo, do hinduísmo e do budismo, não será feita a abordagem deste recorte histórico, uma vez que as raízes do universo hermenêutico jurídico ocidental remete, mais remotamente, ao pensamento grego antigo.[26] Também não será objeto de análise o pensamento helênico mítico, substanciado nos poemas homéricos e no trabalho dos poetas gnômicos, apesar de, já nesses períodos culturais, observarem-se, manifestações que questionavam o tema da justiça. Por fim, a abordagem não irá se estender tampouco à parcela cosmológica do pensamento grego. Cabe esclarecer quanto a isso que a preocupação cósmica dos gregos foi constante, mas não gratuita. Sempre que se perguntaram pelo "que" e pelo "como" do cosmos, faziam-no para compreender o "que" e o "como" do homem. A reflexão grega sobre a natureza tinha um propósito de busca antropológica, do que surge o antropomorfismo das primeiras cosmogonias.[27]

---

[25] PADOVANI, Humberto; CASTAGNOLA, Luís. *História da Filosofia*. 7. ed. São Paulo: Melhoramentos, 1967, p. 63-90. No âmbito mais estrito da fundamentação filosófico-política do direito penal, é do mesmo entendimento Zaffaroni, quando busca fundamentos antropológicos no pensamento oriental distante, inclusive relacionando alguns legados intelectuais de Confúcio, Hang Tse, do hinduísmo e do budismo com algumas manifestações filosóficas modernas. Ver a respeito ZAFFARONI, Eugenio Raúl. *Tratado de Derecho Penal*. Buenos Aires: Ediar, 1981. t. I, p. 14-8.

[26] Alguns autores chegam até mesmo a posicionar-se acerca da impossibilidade da origem oriental da filosofia, inobstante reconhecerem a plausibilidade da hipótese de que algumas idéias dos filósofos gregos podem ter antecedentes precisos na sabedoria oriental, como, por exemplo, as derivações dos egípcios de alguns conhecimentos matemático-geométricos e dos babilônios, de algumas cognições astronômicas. Para a sustentação desta hipótese, são enumerados basicamente três argumentos: o primeiro, o fato de que nenhum filósofo ou historiador grego fez sequer um mínimo aceno à pretensa origem oriental da filosofia; o segundo, a demonstração histórica de que, apesar de os povos orientais com os quais os gregos tinham contato possuírem verdadeiramente uma forma de "sabedoria", feita de convicções religiosas, mitos teológicos e "cosmogônicos", não possuíam uma ciência filosófica baseada na razão pura; e, por fim, a não utilização, por parte dos gregos, de qualquer escrito oriental ou de traduções destes textos. Ver para tanto REALE, Giovanni; ANTISERI, Dario. *História da Filosofia*. 5. ed. São Paulo: Paulus, 1990. v. 01, p. 12-3.

[27] Ver, para tanto, ZAFFARONI, Eugenio Raúl. *Tratado de Derecho Penal*,t. I, p. 23-4. Este direcionamento antropológico do pensamento naturalista grego foi malpercebido ou distorcido por grande parte do pensamento ocidental. Um bom exemplo desta confusão nos é dado por Heidegger, e diz respeito à delimitação do termo *physis*. Segundo o pensador alemão, "no tempo do primeiro e decisivo desabrochar da filosofia ocidental entre os gregos, por quem a investigação do ente como tal na totalidade teve seu verdadeiro princípio, chamava-se o ente de *physis*. Essa palavra fundamental, com que os gregos designavam o ente, costuma-se traduzir por 'natureza'. Usa-se a expressão latina, 'natura', que propriamente significa 'nascer', 'nascimento'. Todavia, já com essa simples tradução latina se distorceu o conteúdo originário da palavra grega *physis*; destruiu-se sua força evocativa, propriamente filosófica desta palavra". Para Heidegger, a palavra *physis* evoca o que sai ou brota de dentro de si mesmo, o desabrochar, o que se abre, o que nesse despregar-se se manifesta e nele se retém e permanece; em síntese, o vigor dominante (*walten*) daquilo que brota e permanece. Segundo ele, o vigor dominante não se identifica com esses fenômenos naturais. Tal sair e sustentar-se fora de si e em si mesmo não se deve tomar por um fenômeno qualquer, que entre outros observavamos no ente. A *physis* é o Ser mesmo em virtude do qual o ente se torna e permanece observável. O que é relevante, nesse breve percurso explicativo, é o destaque antropológico e humanista, próprio do pensamento grego, arraigado à palavra *physis*, que não se pode observar ou atribuir à versão latina deste vocábulo. Ver a respeito HEIDEGGER, Martin. *Introdução à Metafísica*. 4. ed. Rio de Janeiro: Tempo Brasileiro, 1999, p. 43-4.

Ainda que sem uma preocupação direta com os problemas ligados ao exercício do poder, o surgimento do pensamento político que se constitui no alicerce de toda a reflexão homônima contemporânea é atribuída, com freqüência, aos filósofos jônicos de Mileto e Éfeso. Mais do que propriamente o desenvolvimento de conteúdos ligados à problemática do poder, a importância destes pensadores reside no papel que desempenharam no nascimento da razão, concebida como um instrumento de compreensão do mundo e da natureza. Neste sentido, Tales, Anaximandro, Anaxímenes e Heráclito são os primeiros a tentar decifrar o enigma do universo buscando um princípio "primordial" fora das explicações cosmológicas difundidas pelos mitos religiosos. Não se pode esquecer que uma diferença fundamental distingue o pensamento jônico do século VI e a filosofia que se desenvolve em Atenas nos séculos V-IV. Enquanto a filosofia jônica busca compreender o mundo a partir de uma perspectiva física, a filosofia que se desenvolve a partir dos sofistas e depois se agudiza com Sócrates e seus epígonos renova a interrogação filosófica tomando por objeto o homem e a sociedade. Enquanto a primeira está, pode-se dizer, presa a determinismos cosmológicos, a segunda busca escapar destas inevitabilidades para interessar-se pela organização política da cidade a partir das manifestações humanas.

Num campo de reflexão que muito se aproxima do pensamento filosófico-político, Heráclito, em um de seus 126 "fragmentos", estabelece um interessante paralelo entre a visão do cosmos e da cidade. Para Heráclito, assim como o universo físico é um equilíbrio entre elementos em confrontação, a sociedade humana pode buscar a ordem e a justiça (*dikê*) no equilíbrio de seus componentes. Assim como o universo é comandado por uma razão universal (*logos*), que associa o espírito e a natureza, a sociedade pode encontrar a paz na defesa da lei civil (*nomos*). Nesta perspectiva, a justiça da cidade se apóia no equilíbrio encontrado entre as classes sociais e no respeito, por parte do povo, das leis e das convenções. A injustiça está no reinado do excesso, como recorda a sentença heraclitiana: "é preciso combater mais a desmedida (*hybris*) do que o incêndio".

É possível observar-se já aqui em Heráclito algumas reflexões preambulares sobre fundamentos inconfudíveis da organização político-jurídica moderna, tais como: a idéia de convencionalismo e de Estado de Direito, que estão totalmente expressas, e, também, mas um pouco mais ligada a seus preconceitos cosmológicos, a concepção de equilíbrio social, ancestral remota, por que não, dos contemporâneos princípios da proporcionalidade e da razoabilidade.

2.2. OS SOFISTAS E O ATOMISMO DE PROTÁGORAS. O INÍCIO DE UMA TRADIÇÃO DE PESQUISA FUNDADA NO INDIVIDUALISMO E NO CONSENSUALISMO

A afirmação inicial deste trabalho de que a estruturação histórica da formação de tradições de pesquisa que estabeleceram um embate a partir da contradição entre individualismo e coletivismo já teria ocorrido no pensamento grego antigo pode ser corroborada com a investigação de Sabine, em sua obra *História do Pensamento Político*.[28] Entretanto, divergindo um pouco deste autor, entendo que a formação deste embate entre atomistas e holistas se dá em momento anterior ao embate entre a Escola Socrática e os individualistas da Escolas de estóicos, cínicos e epicuristas. Vinculo-me à tese de que este processo dialético se iniciou com a percussão estabelecida entre o pensamento sofístico e a tradição socrático-platônica.

O primeiro momento do pensamento grego antigo, dentro já de uma perspectiva não cosmológica, no qual é possível identificar traços de um atomismo antropológico está nos sofistas, especialmente em função de que os representantes desta longínqua escola operaram uma verdadeira revolução espiritual, ao centrarem o eixo da reflexão filosófica no homem e para aquilo que concerne à sua vida como membro de uma sociedade. É com eles que, pode-se dizer, se inicia, de forma manifesta, o período humanista do pensamento ocidental. Com esse mesmo entendimento manifesta-se Ruiz Miguel, quando afirma que

> entre el período cosmológico y Aristóteles se suele situar el llamado período antropológico de la filosofia griega, que abarca los siglos V y IV a.C. y se inicia con los sofistas y Sócrates (469-399, seguidos por Platón y por los llamados socráticos menores (cínicos como Diógenes y cirenaicos como Aristipo), debiendo tenerse en cuenta que Aristóteles, que vive en el siglo IV a.C. y es contemporáneo de Diógenes, puede ser incluído también dentro del final de ese mismo período.[29]

Os sofistas podem ser apontados como um conjunto de pensadores que deu início a uma série de disputas entre tradições de pesquisa a partir da focalização do homem e da razão como pontos fundamentais de qualquer análise dos fenômenos sociais e culturais.

Em suas origens, na antiga Grécia, o vocábulo sofista foi utilizado para designar quem se mostrava experto em alguma atividade. Podia ser a filosofia, a poesia, a música ou a adivinhação, mas sempre um sofista era um mestre de sabedoria, alguém que se propunha a fazer sábio quem recebesse seus ensinamentos. Homens célebres como os míticos *Sete Sábios* foram chamados sofistas, implicando com isso um profundo reconhecimento à sua condição de homens de exceção.

Mestres da eloqüência e da retórica, os sofistas ensinavam os homens ávidos de poder como consegui-lo. Diversamente dos filósofos gregos em geral, o ensinamento dos sofistas não era ideal, desinteressado, mas sobejamente prático e retribuído. Fizeram do saber uma profissão e, com isso, romperam um esquema social que limitava a cultura só a determinadas camadas sociais.[30]

---
[28] SABINE, George H. *A History of Political Theory*. 3. ed. Londres: Cambridge, 1963.
[29] MIGUEL, Alfonso Ruiz. *Uma filosofia del derecho em modelos históricos. Da antiguidade a los inícios del constitucionalismo*. Madrid: trotta, 2002, p. 20.
[30] Inobstante a vinculação que é feita dos sofistas ao individualismo e ao relativismo ético-prático pela maioria dos pesquisadores que se dedicam a investigar esta corrente do pensamento ocidental, resultam no mínimo apressadas as manifestações que identificam a sofística simplesmente como uma "habilidad brillante, de inmediata utilidad y fácil cultivo". Ver a respeito, por exemplo, TOVAR, Antonio. *Vida de Sócrates*. Madrid: Revista de Occidente, 1966, p. 231. É bem provável que haja muito mais do que isso no pensamento desses filósofos pré-socráticos. Há, no projeto

Em coerência com o ceticismo teórico, destruidor da ciência, a sofística sustenta o relativismo prático, destruidor da moral. Como é verdadeiro o que aparece tal ao sentido, assim é bem o que satisfaz ao sentimento, ao impulso, à paixão de cada um em cada momento. Ao sensualismo, ao empirismo gnoseológicos correspondem o hedonismo e o utilitarismo ético: o único bem é o prazer, a única regra de conduta é o interesse particular. A moral – como norma universal de conduta – é concebida pelos sofistas não como lei racional do agir humano, mas como um empecilho que incomoda o homem. Nesse aspecto, é relevante destacar que os sofistas estabelecem uma oposição especial entre natureza e lei, quer política, quer moral, considerando a lei como fruto arbitrário, interessado, mortificador, uma pura convenção e entendendo, por natureza, não a natureza humana racional, mas a natureza humana sensível, animal, instintiva.[31]

É importante destacar que os sofistas podem ser considerados como os primeiros pensadores da teoria do contrato social. Apesar de ainda restarem opiniões diversas a respeito de quanto a teoria do contrato social, tal como se estendeu nos séculos XVII e XVIII, foi antecipada por esta corrente do pensamento grego, não resta dúvida de que os sofistas imaginaram, muito antes de Hobbes, Locke, Rousseau ou Kant, a necessidade de um acordo de associação entre iguais para a superação de um estado caótico inicial.

educacional dos sofistas, a implicação de uma noção de futuro, que com Protágoras passa a ter um sentido mais sólido e profundo quando formula as bases para uma formação cidadã. Surge uma concepção social da educação. Protágoras não se limita a fazer um bom discurso com estas idéias. Ele as põe em prática. Sabemos que Péricles o encarrega da tarefa de redigir uma constituição para a colônia helênica de Turios, recém-criada no sul da Itália. Nela o sofista, no entendimento de Nestle, *no se limita a hacer un buen discurso con estas ideas. Sabemos que Pericles le encarga la tarea de redactar una constitución para la colonia pan helénica de Turios, recién creada en el sur de Italia. En ella el sofista define una democracia que garantiza la existencia y conservación de la clase media, mediante un límite que establece una extensión máxima en la propiedad de la tierra. Sin embargo, el aspecto medular de esa constitución es la incorporación de un nuevo concepto de responsabilidad social en la educación. La carta fundamental creada por Protágoras incorpora la instrucción escolar obligatoria para todo hijo de ciudadano, financiada enteramente con cargo al Estado.* Ver a respeito NESTLE, Wilhelm. *Historia del Espíritu Griego.* Barcelona: Ariel, 1987. cap. IX. Werner Jaeger, nesse sentido, vai mais longe em sua interpretação, convertendo Protágoras no criador de um humanismo de grande força atual: "No todos los sofistas alcanzaron una alta concepción de su profesión. El término medio se daba por satisfecho con trasmitir su sabiduría. Para estimar con justicia el movimiento en su totalidad es necesario considerar sus más vigorosos representantes. La posición central que atribuye Protágoras a la educación del hombre caracteriza al designio espiritual de su educación, en el sentido más explícito, de 'humanismo'. Esto consiste en la sobre ordenación de la educación humana sobre el reino entero de la técnica en el sentido moderno de la palabra, es decir, la civilización. Esta clara y fundamental separación entre el poder y el saber técnico y la cultura propiamente dicha, se convierte en el fundamento del humanismo" (1967, p. 274-5). Concordamos com estas posições que identificam, no projeto sofístico de educação, um caráter social e humanista. Entretanto, isso não afasta a sua ligação com a iniciação de uma tradição de pesquisa arraigada ao individualismo. Os liberais também entendem que o seu individualismo representa, no campo da filosofia política, uma forma de construção do humanismo. Os liberais até mesmo entendem que arraigado ao seu pensamento há um concepção de bem comum.

[31] Segundo Padovani e Castagnola, a realização da humanidade perfeita, segundo o ideal dos sofistas, não está na ação ética e ascética, no domínio de si mesmo, na justiça para com os outros, mas no engrandecimento ilimitado da própria personalidade, no prazer e no domínio violento dos homens. Esse domínio violento é necessário para possuir e gozar os bens terrenos, visto estes bens serem ilimitados e ambicionados por outros homens. É essa, aliás, a única forma de vida social possível num mundo em que estão em jogo unicamente forças brutas, materiais. Seria, portanto, um prejuízo à igualdade moral entre os fortes e os fracos, pois a verdadeira justiça, conforme à natureza material, exige que o forte, o poderoso, oprima o fraco em seu proveito. Cf. PADOVANI, Humberto; CASTAGNOLA, Luís. *História da Filosofia*, p. 109-110.

Dessa forma intelectual, decorreu necessariamente, em termos de concepção de Direito, uma passagem da visão religiosa de lei para uma secular, da atividade de Deus à do homem. E, nessa perspectiva, a antítese entre *nomos* e *physis* traduz a idéia referente à função da lei no contrato social como forma de superação da barbárie de um estado de natureza, em que prevaleceria o mais forte. Isso aparece, por exemplo, no pensamento de Protágoras.[32]

Concretamente, estão os socráticos menores, juntamente com os sofistas – estes em maior expressão –, num dos pólos de protagonismo da introdução de uma revolução em relação ao pensamento cosmológico que os precedeu, uma vez que suas reflexões tenderam a separar o natural e o legal, como contraste entre o fático e permanente e o artificial ou convencional ou variável. Essa dicotomia surge manifestamente em marcantes passagens de Antígona, a terceira das peças tebanas de Sófocles, escrita em meados do século V a.C. A protagonista, que dá nome ao texto, ao desobedecer a proibição, dada por seu tio Creonte, de enterrar seu irmão Polinice, interpela-o com as seguintes palavras:

> Não foi Zeus de modo algum que decretou isto, nem a Justiça, que coabita com as divindades de lá de baixo; de nenhum modo fixaram estas leis entre os homens; e não pensava eu que tuas proclamas tivessem uma força tal que sendo mortal pudesse passar por cima das leis não escritas e firmes dos deuses. Não são de hoje nem de ontem, senão de sempre estas coisas, e ninguém sabe a partir de quando puderam aparecer. Não havia eu, por temer o parecer de homem algum, de pagar ante os deuses o castigo por isto.

Em Antígona percebe-se a justaposição de dois conjuntos de obrigações e leis. Sente-se obrigada pelas leis divinas a sepultar o irmão, ao mesmo tempo que as leis de Tebas impõem-lhe uma obrigação contrária de deixá-lo insepulto. Antígona dá ao irmão um sepultamento simbólico. Quando os guardas o descobrem e vão contar a Creonte, este desconfia imediatamente que se trata de obra de algum homem. A tempo, porém, os guardas prendem Antígona e trazem-na perante o Rei. De modo compreensível, dado o fato de que ele é agora seu guardião oficial e ela está noiva de seu filho, Creonte oferece a Antígona a oportunidade de negar que tivesse conhecimento da determinação, ou de afirmar que o havia entendido mal. Antígona, porém, abre mão da oferta:

> Conheci-a, sim. Era do conhecimento de todos.
> CREONTE: E ainda assim tiveste a ousadia de transgredi-la?
> ANTÍGONA: Sim, essa ordem não veio de Zeus. A justiça que emana dos deuses não conhece essa lei. Não considero que tuas leis sejam fortes o bastante para revogar as leis não escritas e inalteráveis dos deuses, uma vez que não passas de um homem. Elas não são de ontem nem de hoje, mas eternas, ainda que ninguém conheça suas origens. Nenhum mortal poderá culpar-me por transgressão perante os deuses. Por certo sabia que teria que morrer, como ou sem o teu decreto. E, se minha morte é iminente, tanto melhor para mim. Quem, como eu, vive em meio a tantos tormentos, só tem a ganhar com ela.

---

[32] Ver a respeito GUTHRIE, W. K. C. *Os Sofistas*. São Paulo: Paulus, 1987, p. 127 e ss.

Dentre tantas tensões perceptíveis no texto da peça de Sófocles (*v.g.* Amor e poder, família e Estado, público e privado), a que mais se destaca e a tensão dominante entre as obrigações diante das ordens legítimas de Creonte – leis de Tebas – e obrigação com as leis divinas.[33]

Nessa perspectiva da separação entre leis naturais e leis humanas está, sem dúvidas, a origem sofística de uma primeira concepção jusnaturalista que desempenhou uma função crítica em relação às leis existentes na época. Tal atitude crítica, a partir desta polarização entre o natural e o convencional, pode ser verificada, com um viés igualitário, no diálogo Protágoras de Platão, onde a Hípias é atribuída a seguinte idéia:

> Amigos presentes, digo, considero eu que vós sois parentes e familiares e cidadãos, todos por natureza (*phisis*), não por convenção legal *(nómos)*. Pois o semelhante é parente dos semelhantes por natureza. Mas a lei, que é o tirano dos homens, força-lhes a muitas coisas contra o natural.[34]

Também na mesma direção igualitária, reflexiva e crítica, caminha Antifonte ao dizer que

> La mayor parte de los derechos que emanan de la ley están en oposición a la naturaleza. Por nacimiento somos todos naturalmente iguale en todo, tanto griegos como bárbaros. Y es posible observar que las necesidades naturales son igualmente necesarias a todos los hombres. Ninguno de nosotros ha sido distinguido, desde el comienzo, como griego ni como bárbaro. Pues todos respiramos el aire por la boca y por las narices, y comemos todos con las manos.[35]

Essa mesma função crítica, porém, com um sentido um pouco diverso do igualitarismo de Hípias e Antifonte, pode ser observada na seguinte fala de Cálicles, no diálogo platônico Górgias, ao criticar o igualitarismo democrático introduzido pelas leis positivas de algumas cidades gregas:

> Según mi parecer, los que establecen las leyes son los débiles y la multitud [...] Pero, según yo creo, la naturaleza misma demuestra que es justo que el fuerte tenga más que el débil y el poderoso más que aquel que no lo es. Y lo demuestra que esa sí en todas partes, tanto en los animales como en todas las ciudades y razas humanas, el hecho de que de este modo se juzga lo justo: que el fuerte domine el más débil y posea más. [...]. pero yo creo que si llegara a haber un hombre con índole apropriada, sacudiría, quebraría y esquivaría todo esto

---

[33] Morrison, identificando uma série de tensões legais em Antígona, faz a seguinte enumeração das mesmas: a) as exigências do direito natural *versus* positivismo; b) um exemplo da imperatividade da norma jurídicas; c) um exemplo primitivo e incipiente de desobediência civil; d) o dever de um indivíduo com a sua família *versus* seu dever para com o Estado; e) a irracionalidade do subjetivismo arbitrário das mulheres *versus* a razão fria do Estado masculino, expresso através do dever abstrato para com o direito formal; f) as exigências de razão prática que enfrenta com determinação um dilema imediato *versus* as exigências de uma racionalidade teórica (o utilitarismo de Creonte) que se volta para uma categoria dos interesses do Estado; g) os primórdios de uma racionalidade individual – a subjetividade – contra a concepção de justiça que prega a obediência às regras objetivas do corpo social.Ver a respeito MORRISON, Wayne. *Filosofia do Direito. Dos gregos ao pós-mdernismo.* São Paulo: Martins Fontes, 2006, p. 28-30.
[34] PLATÃO. *Protágoras,* 337 c-d.
[35] SOFISTAS. *Testimonios y fragmentos.* Madrid: Gredos, 1996, fragmentos I-A e I-B, col. II.

y, pisoteando nuestros escritos, engaños, encantamientos y todas las leyes contrarias a la naturaleza, se sublevaría y se mostraría dueño este nuestro esclavo, y entonces resplandecería la justicia de la naturaleza.[36]

A idéia de que o germe das teses do contrato social pode ser encontrado nos sofistas também é dividida por Michel Villey, em sua obra "A Formação do Pensamento Jurídico Moderno". Para este autor francês, a crise sofrida por Atenas, a partir do século VI, com grandes reviravoltas sociais, econômicas e políticas, propiciou o desenvolvimento de uma filosofia do Direito. Ao costume tradicional – ao *nómos* de Atenas, a seu Direito – opõe-se a *justiça (díke)* ou então a *natureza* e sua ordem *(phisis)*, e dessas dissociações aponta, como provas significativas, os exemplos de Antígona e de diversos sofistas, nos quais encontra suficientes demonstrações do caráter subjetivo e/ou convencional da justiça e das idéias reinantes sobre o Direito.[37]

Da mesma forma, em relação ao conflito construído historicamente entre indivíduo e coletividade, os sofistas podem ser situados como os precursores daquilo que viria a ser o cerne moral de correntes filosóficas modernas, especialmente do liberalismo: o indivíduo.[38] Se Lêucipo e Demócrito podem ser apontados como os primeiros atomistas na perspectiva mecanicista, os sofistas, por outro lado, podem ser eleitos os primeiros atomistas do pensamento filosófico-político ocidental.

Protágoras, de postura mais democrática e humanista, considerava que não é a mais alta sabedoria, mas a predisposição moral, idêntica em todos os homens, o que determina a intervenção na vida pública. A partir desse argumento, o referido sofista defende uma teoria democrática da sociedade e da *pólis*. Foi o principal teórico sofista sobre o convencionalismo e o idealizador da teoria do *homo mensura*, que conduziu os passos iniciais da tradição individualista e do relativismo axiológico. O único critério é somente o homem, o homem individual: "Tal como cada coisa aparece para mim, tal ela é para mim; tal como aparece para ti, tal é para ti". Para Protágoras, portanto, tudo é relativo: não existe um "verdadeiro" absoluto e também não existem valores morais absolutos ("bens absolutos"). Existe, entretanto, algo que é mais útil, mais conveniente e, portanto, mais oportuno.[39] Pode-se dizer, assim,

---

[36] PLATÃO. *Górgias*. Tradução castelhana de J. Calonge. Vol. II, 1983, 483b – 483a. Ao que parece, segundo Menzel, Cálicles não foi um sofista histórico, mas um personagem fictício através do qual Platão personifica seu tio Crítias, sofista ateniense e cruel dirigente do partido oligárquico, Daí, muito provavelmente, a origem desta crítica, atribuída à Cálicles, ao igualitarismo. Ver a respeito MENZEL, Adolf. *Calicles. Contribución a la história de la teoria del derecho de lo más fuerte*. Tradução castelhana de Mario de la Cueva. México: UNAM, 1964, p. 113 e segs.

[37] VILLEY, Michel. *A Formação do Pensamento Jurídico Moderno*. São Paulo: Martins Fontes, 2005, p. 18-19.

[38] MacIntyre refere que uma série de utilitaristas, positivistas e pragmatistas reconheceu nos sofistas seus predecessores. Segundo ele, os sofistas anteciparam seus apologistas modernos ao negar que se possa encontrar qualquer padrão de ação correta que seja independente das necessidades, satisfações e preferências dos seres humanos individuais. Todas estas correntes convergem com os sofistas em pontos fundamentais. Inobstante o grande número de discordâncias existentes entre todas elas sobre como tal padrão é ou deve ser construído, a partir de materiais tirados das necessidades, satisfações e preferências humanas, todas requerem por outro lado, conjuntamente, a rejeição da visão de que há ou poderia haver algum padrão de ação correta que pudesse ser contrário àquilo que os seres humanos desejam em geral. Ver MACINTYRE, Alasdair. *Justiça de Quem? Qual racionalidade?*, p. 86.

[39] Ver a respeito REALE, Giovanni; ANTISERI, Dario. *História da Filosofia*. v. 01, p. 76-7.

que os sofistas, especialmente Protágoras de Abdera, inauguram a tradição filosófico-política atomista com uma concepção utilitarista-individualista.

Outra contribuição de Protágoras decorre de uma releitura do mito de prometeu. Nesta passagem, ele sustenta que os deuses se esqueceram de dotar os homens de certos talentos naturais concedidos aos animais (particularmente a capacidade de viver sem conflito). Então os homens tiveram de inventar a arte política a fim de viverem juntos. Por isso, a invenção da cidade é, para Protágoras, o resultado da intervenção dos homens que não podiam agir de modo diferente senão forjar leis e convenções para se governarem livremente.[40]

A idéia de medida constante no teorema máximo de relativismo ocidental deve ter sido entendida por Protágoras como a norma do juízo, enquanto por "coisas" deve ter entendido todos os fatos em geral. Gomperz, em sua obra *Pensatori greci*, II, p. 268-284, tentou interpretar o princípio protagoriano sustentando que o homem do qual ele fala não é o homem individual, mas a espécie homem, fazendo, assim, de Protágoras um precursor de Kant. Entretanto, como bem assevera Reale, todas as fontes antigas que se referem ao *homo mensura* excluem quase que absolutamente esta interpretação. O homem referido por Protágoras é o homem individual,[41] idéia que anuncia ou qualifica o surgimento do pensamento individualista.

Para Ruiz Miguel, apontando a idéia de contrato social, e agregando a ela a concepção individualista, a organização político-social já então foi vista não como natural, mas como o produto de uma convenção ou acordo para salvaguardar os interesses dos homens. Neste sentido, ilustrativas são as seguintes palavras que Platão atribui ao sofista Glaucón, em sua obra República, num questionamento sobre a essência e a origem da justiça:

> Dizem que um a injustiça é, por natureza, um bem, e sofrê-la, uma mal, mas que ser vítima de injustiça é um mal maior do que o bem que há em cometê-la. De maneira que, quando as pessoas praticam ou sofrem injustiças umas das outras, e provam de ambas, lhes parece vantajoso, quando não podem evitar uma coisa ou alcançar a outra, chegar a um acordo mútuo, para não cometerem injustiças nem serem vítimas delas. Daí se originou o estabelecimento de leis e convenções entre elas e a designação de legal e justo para as prescrições da lei. Tal seria a gênese e essência da justiça, que se situa a meio caminho entre o maior bem – não pagar a pena das injustiças – e o maior mal – ser incapaz de se vingar de uma injustiça. Estando a justiça colocada entre estes dois extremos, deve, não preitear-se como um bem, mas honrar-se devido à impossibilidade de praticar a injustiça. Uma vez que o que

---

[40] Ver NAY, Olivier. *História das Idéias Políticas*. Petrópolis: Vozes, 2004, p. 36.

[41] Platão, em seu *Teeteto*, 151 e-152 a, referindo-se ao teorema do *homo mensura* refere o seguinte, confirmando a compreensão de que o homem compreendido por Protágoras é o individual: *E não que dizer com isso que, tal como as coisas individuais me aparecem, tais são para mim, e tais a ti, tais para ti, porque és homem como eu sou homem? [...] mas não acontece às vezes que, soprando o mesmo vento, um de nós sente frio e o outro não? E um sente pouquíssimo, e o outro muito? [...] E então, como chamaremos este vento: frio ou não-frio? Ou deveremos acreditar em Protágoras, que para quem sente frio é frio, para quem não sente não é?* Também Aristóteles, em sua Metafísica, K 6, 1062 13ss, confirma essa concepção de singularidade presente em Protágoras ao referir que *Protágoras só admite o que aparece aos indivíduos singulares, e assim introduz o princípio da relatividade.* Ver também REALE, Giovanni. *História da Filosofia Antiga*. v. 1, p. 200-201.

pudesse cometê-la e fosse verdadeiramente um homem nunca aceitaria a convenção de não praticar nem sofrer injustiças, pois seria loucura.[42]

Também no individualismo sofista pode ser identificada, anunciando a idéia de autonomia kantiana, uma moral que chega a aparecer como um critério subjetivo, isto é, como critério próprio do sujeito individual que ultrapassa as opiniões sociais dominantes. Bem ilustra tal concepção sofística, o ensinamento de Sócrates, no diálogo platônico Críton, onde arrazoa, assim, sobre a obrigação de obedecer a sua sentença de morte:

> Porque yo, no solo ahora sino siempre, soy de condición den o prestar atención a ninguna otra cosa que razonamiento que, al reflexionar, me parece el mejor. Los argumentos que yo he dicho en tiempo anterior no los puedo desmentir ahora porque me ha tocado esta suerte, más bien me parecen ahora, en conjunto, de igual valor y respeto.
>
> [...] no debemos preocuparnos mucho del o que nov aya a decir la mayoría, sino del o que diga el que entiendes obre las cosas justa se injustas, aunque sea uno sólo, y del o que la verdad misma diga.
>
> [...] no se debe responder ni hacer mala ningún hombre, cualquiera que sea el daño que se reciba de él. Procura, Críton, no acepta resto contra tu opinión, si lo aceptas; y osé, ciertamente, que esto lo admiten y lo admitirán unas pocas personas. Noe s posible una determinación común paral os que han formados u opinión de esta manera y paral os que mantienen lo contraria [...]. Examina muy bien, y si debemos iniciar nuestra deliberación a partir de este principio, de que jamás es bueno ni cometer injusticia, ni responder a la injusticia con la injusticia, ni responder haciendo el mal cuando se recibe el mal. ¿O bien tea partas y no participas de este principio? En cuanto a mí, así me parecía ante se me lo sigue pareciendo ahora [...].[43]

Por fim, é preciso concordar novamente com Ruiz Miguel no sentido de que, prefigurando formas modernas do individualismo como a despreocupação pelos assuntos coletivos em favor do interesse pelo individual, cabe também recordar as propostas de isolamento da vida privada que, em versão hedonista, fizeram os cirenaicos e, em versão ascética, os cínicos, como fica bem refletido na anedota de Diógenes quando respondeu ao imperador Alexandre – que havia se aproximado ao seu tonel para perguntar-lhe se desejava algo –, que se apartasse porque não lhe deixava ver o sol.[44]

O que precisa ser retido dos sofistas, como contribuição à construção e compreensão do conflito indivíduo *versus* coletividade e ao processo evolutivo do direito político-jurídico ocidental, resume-se aos seguintes pontos:

a) os sofistas inauguram uma nova fase do pensamento grego no qual o questionamento sobre a organização social da cidade passa a ter um lugar destacado, surgindo, assim, uma razão política liberta do plano mítico-religioso cujo objetivo

---

[42] PLATÃO. *República*. 8. ed. Tradução de Maria Helena da Rocha Pereira. Lisboa: Fundação Calouste Gulbenkian, 359a, p. 55.

[43] PLATÃO. *Críton*. Tradução castelhana de J. Calonge. Madrid: Gredos, vol. I, 1981, 46b, 48a, 49c-e.

[44] MIGUEL, Alfonso Ruiz. *Uma filosofia del derecho em modelos históricos. Da antiguidade a los inícios del constitucionalismo*, p. 23.

fundamental era a busca de um bom governo, dando, com isso, as bases do que hoje constitui o plano de reflexão da filosofia-política e, no campo das ciências sociais aplicadas, do direito constitucional. Assim, se antes dos sofistas pouco ou nada havia de razão no pensamento erudito que teorizasse sobre a organização da vida pública, a partir deles este tema passa a ser visceral para o confinamento dos mitos no plano estritamente religioso e, paralelamente, para uma paulatina laicização das representações sociais sobre o problema do poder e dos governos;

b) deve-se reconhecer no pensamento dos sofistas uma ambição comum que contribuiu vigorosamente para a evolução do pensamento e, contemporaneamente, para o estabelecimento de novos caminhos para a interpretação jurídica: mostrar que linguagem e a palavra, propriedades que distinguem o ser humano do animal, constituem instrumentos de ação particularmente potentes, que permitem agir sobre o mundo e transformá-lo;

c) as concepções individualistas e convencionalistas expõem idéias que, ainda que de modo bastante incipiente, constituem antecipações de vários aspectos do jusnaturalismo racionalista ou protestante, que aconteceria aproximadamente dois milênios depois e que representam importantes avanços na consolidação do constitucionalismo, particularmente na estruturação histórica dos sistemas positivos de direitos fundamentais. Mesmo estando no pensamento sofista os primórdios da estruturação de uma racionalidade individualista, é preciso esclarecer que neste tempo o imaginário político era dominado pela idéia de que o mundo somente existia na *polis*. O indivíduo inseria-se no mundo somente na cidade. O indivíduo fora da cidade era um ser fora do mundo;

d) a superação dos modelos legais e políticos divinizados por um modelo secularizado;

e) a idéia inicial de um pacto social como fundamento da legitimidade e exigibilidade da lei, da limitação do poder e da concessão de liberdades;

f) a instituição do homem atomizado como medida de todas as coisas, primeira manifestação de um antropocentrismo que viria a ser de fundamental importância para os acontecimentos fáticos, filosóficos e políticos que determinaram o acontecimento histórico da primeira fase do constitucionalismo – a liberal-individualista.

2.3. A INSTAURAÇÃO DO CONFLITO INDIVÍDUO *VERSUS* COLETIVIDADE NO PENSAMENTO OCIDENTAL PELA CONTRAPOSIÇÃO DA TRADIÇÃO SOCRÁTICO/PLATÔNICA À SOFÍSTICA

Em virtude principalmente da intervenção de Sócrates, que viveu contemporaneamente, e Platão, que, sem conhecê-los pessoalmente, recolhe esta experiência em seus diálogos, o nome sofista passa a formar parte da controvérsia e termina sendo uma categoria infamante. Uma boa palavra foi-se transformando gradualmente até chegar a ser una expressão indesejável. Um termo de censura segundo a expressão de Xenofonte.

Foram censurados por ser nômades, desrespeitando o apego à cidade, que, para o grego de então, era uma espécie de dogma ético.[45] Mas esse mesmo aspecto, visto de um enfoque oposto, se mostrava altamente positivo, uma vez que revelava a compreensão dos sofistas de que os estreitos limites da *pólis* não tinham mais razão de ser. Fizeram-se portadores de instâncias *pan-helênicas*: mais do que cidadãos de uma simples cidade, sentiam-se cidadãos da Hélade. Isso repercutiu de forma contundente na postura dos sofistas consistente numa liberdade de espírito até então jamais observada. Manifestavam um total desapego à tradição, às normas e aos comportamentos codificados, mostrando uma confiança ilimitada nas possibilidades da razão, chegando, por isso, a serem chamados de "iluministas gregos".

Se Platão e Aristóteles, no campo da filosofia do conhecimento, deram início a duas grandes tradições que podem ser consideradas como bastante distintas – a dialética e a analítica –, o mesmo não pode ser dito em relação aos resultados de suas reflexões no campo da filosofia política. Ambos, nesse campo, partindo de uma perspectiva não individualista, e, portanto, de crítica aos sofistas, dirigiram suas investigações e seus escritos a problemas que se circunscreviam à *pólis*, a suas constituições, a questões éticas envolvendo seus governantes, a princípios de justiça, a funções de instituições públicas, além de um variado espectro temático até hoje desenvolvido por diferentes tradições de pesquisa e pensamento.

É fundamentalmente no campo da filosofia política que a tradição platônico-aristotélica, com suas origens em Sócrates, opõe-se visceralmente contra as construções sofistas.

2.3.1. Sócrates: a política e a excelência moral e a submissão às leis da cidade

"Conhece-te a ti mesmo" é a célebre fórmula de Sócrates que expressa o entendimento desta figura emblemática do pensamento ocidental acerca da necessidade da ordenação do conhecimento si como caminho para o discernimento e a apreciação justa. Só assim os indivíduos poderão libertar-se do "parecer" (distante do "ser") e da simples "opinião" sobre o mundo (a *doxa*), adquirida pelo maior número, mas infundada e instável. Na *Apologia de Sócrates* e nos diálogos encenados por Platão (*Górgias, O Banquete e Críton)*,Sócrates se recusa, com grande rigor intelectual, a admitir uma coisa sem tê-la submetido ao exame crítico do

---

[45] Parte da oposição de Sócrates aos sofistas pode ser ilustrada a partir da sua submissão à sentença de morte injusta que lhe foi imposta, por não acreditar nos deuses da cidade. Uma das interpretações possíveis em relação à sua aceitação passiva e conformada da decisão que lhe foi imposta consiste no seu respeito pela *pólis*, pela coletividade estruturada a partir da idéia de um pacto social, já bastante trabalhado pelos sofistas, estruturado através de uma legislação e que se consubstanciava numa condição de possibilidade racional para a existência da cidade. A sua submissão era uma forma de não romper o pacto, como cidadão que era.

pensamento. O racionalismo socrático além de se constituir em uma alternativa metódica, também significa o caminho moral para o acesso ao Bem e ao Justo.

Sócrates, a partir de sua inarredável necessidade de mostrar a importância do conhecimento filosófico, mostra-se profundamente cético em relação ao regime democrático ateniense, pois se a sabedoria é o fruto da inteligência, parece ser inconcebível confiar cargos políticos a magistrados eleitos, ou, pior, sorteados. A democracia confia a política a homens designados pelo sufrágio de uma massa ignorante ou pelas leis do acaso. Assim, os governantes não apenas têm a chance de serem homens de pouca virtude, mas, por outro lado, permanecem dependentes dos caprichos da multidão. A partir disto, Sócrates exige uma excelência moral para o exercício da política, além do conhecimento e da aptidão para buscar o Bem. A política, neste sentido, só pode ser confiada aos melhores, àqueles que dispõem da sabedoria e da virtude.

Inobstante seu ceticismo em relação às decisões e escolhas tomadas pelo povo na dinâmica de um regime democrático, paradoxalmente Sócrates não condena o *nomos*, a lei civil estabelecida pelos homens, inclusive quando esta lei resulta da discussão democrática. No Críton expõe um respeito ilimitado à lei, pois ela é estabelecida para o bem dos cidadãos e busca a justiça máxima. Esse respeito quase religioso pela cidade, por suas leis e por sua ordem, faz da desobediência para Sócrates um crime importante. Esta posição justifica a sua atitude de aceitação de sua condenação à morte.

Sócrates adianta dois temas que serão fundamentais na obra de seu mais célebre seguidor, Platão: a necessidade de excelência para governar, que irá dar a base da tese do rei-filósofo, e a submissão às leis. Assim, se a estruturação sistemática de uma reflexão filosófico-política pode ser identificada em Platão e Aristóteles, é em Sócrates que vamos encontrar as fundações da tradição platônico-aristotélica. Com os sofistas e Sócrates lançadas estão as bases do humanismo e do respeito às leis que, posteriormente, com o advento do constitucionalismo, irão sedimentar toda a idéia de limitação e organização do poder pela concessão de liberdades fundamentais.

2.3.2. Platão e o surgimento do constitucionalismo antigo

Com Platão, a oposição aos sofistas se intensifica. A crítica a eles direciona-se basicamente contra o fato de que só ensinam meios para alcançar um fim, sem reparar as exigências da moral. Acusa-os de oferecerem, segundo conveniência, o triunfo para o arrazoamento débil sobre o mais forte, de fazer prevalecer a aparência sobre a realidade. Ele os reduz à condição de simples artesãos da persuasão, completamente fora dos domínios da ética.[46] Este provavelmente seja

---

[46] Em distintos diálogos de Platão, qualificam-se duramente os sofistas. No *Protágoras*, por exemplo, Sócrates aconselha a seu amigo dizendo-lhe: "Vás a por tua alma em mãos de um sofista, e apostarei que não sabes o que é um sofista" (311 c). Agregando logo: "Não advertes, Hipócrates, que o sofista é um mercador de todas as coisas de que se alimenta a alma?" (312 a). Em um diálogo posterior, O Sofista, agrega-se uma singular lista de

um dos principais pontos da oposição de Platão aos sofistas, especialmente pelo fato de que nas suas construções teórico-políticas ele tem sempre viva a pretensão de basear a ordem política sobre a moral, sobre um conjunto de valores propícios à realização do bem e do justo

Ao colocar o conhecimento no fundamento da sociedade virtuosa, Platão estabelece uma ligação indissociável entre o indivíduo e a cidade. Na esteira de Sócrates, Platão é um dos primeiros a considerar que as qualidades humanas e a moralidade dos atos constituem o assunto central da política. Assim, em confronto total com os sofistas, Platão considera que o bom governo da cidade não depende essencialmente das condições de realização das leis ou da forma da constituição política. A boa política, a que põe a justiça em ação, reside nas qualidades morais de cada cidadão, de cada "alma virtuosa". Um governo é bom quando cada cidadão é capaz de agir de acordo com o bem.

O pensamento filosófico-político de Platão pode ser sistematizado considerando-se, num primeiro momento, um percurso que vai de um idealismo político, marcado pela idéia de uma cidade ideal, governada por reis filósofos, até um realismo que se caracteriza pela necessidade de um governo baseado em leis diante da dificuldade em encontrar-se pessoas com conhecimento e excelência moral para governar a cidade. Esta trajetória pode ser claramente observada partindo-se de *A República,* passando-se, intermediariamente, pelo *Político,* e chegando-se, ao final, em *As Leis.*

A análise desse mesmo percurso sob o viés temático propicia um outro enfoque de compreensão do pensamento filosófico-político platônico, especialmente se a atenção for focada para três grandes pontos de sua teoria, a saber: primeiro, o problema da justiça, do conhecimento e da virtude em política; o segundo, a concepção de uma cidade ideal; e, por fim, o terceiro ponto, centrado no conhecimento das constituições e, como conseqüência disto, a construção de uma teoria das leis positivas.

Desses diferentes momentos da obra de Platão, podem ser extraídas não só valiosas contribuições teóricas para a totalidade do pensamento constitucional contemporâneo, mas também inegáveis projeções práticas que ao longo de, aproximadamente, dois milênios e meio foram se aperfeiçoando sem perder o cerne de seu conteúdo.

O primeiro grupo temático que constitui o pensamento filosófico-político platônico – o problema da justiça, do conhecimento e da virtude em política – encontra-se em total atualidade. Platão, seguindo a Sócrates, associou a análise do governo político a uma teoria geral do conhecimento. Para ele, assim como para Sócrates, a política justa possui uma íntima ligação com o saber dominado pela razão. Neste aspecto, Platão reage à sofística quando esta legitima fundamen-

---

desqualificações: caçadores interessados de jovens ricos, mercadores em assuntos referentes à alma, fabricantes e vendedores no detalhe de conhecimentos, atletas que competem com a palavra e se mostram hábeis na arte da disputa (231 d).

talmente a opinião da maioria (*doxa*), uma opinião enganosa porque fundada na observação imediata do mundo visível, nos sentimentos e apetites sensíveis. Para enfrentar tal propositura sofista, Platão quer conhecer e formar o Estado perfeito para conhecer e formar o homem perfeito. Esta é a perspectiva correta de leitura da *República*, como bem acentua Reale.[47] Esta obra de Platão é, neste sentido, muito mais um tratado de ética do que qualquer outra coisa.

A boa política, a que põe a justiça em ação, reside nas qualidades morais de cada cidadão, na sua "alma virtuosa", no seu gosto de felicidade comum e seu desprezo pelas riquezas pessoais. Entretanto, sendo para Platão a virtude estreitamente ligada à faculdade de julgar (a razão), a política não pode ser dirigida senão por aqueles que dispõem de uma competência particular e de certas qualidades morais, aqueles que dominam a "arte" de governar. Assim, sua idéia de uma cidade ideal está visceralmente vinculada à sua formulação do rei filósofo, ou seja, do governante capacitado, dominador do saber filosófico, único meio de acesso ao bem e à justiça. Aqui Platão adianta um dos temas mais marcantes de toda problemática que envolve a regulação constitucional da administração pública: a questão da moralidade/probidade administrativa. No Brasil, sua presença em norma de cunho constitucional foi uma realidade no Decreto n. 19.398, de 11 de novembro de 1930, instituidor do Governo Provisório da República dos Estados Unidos do Brasil, cujo artigo 7º mantinha as leis, obrigações e direitos da esfera pública em vigor "salvo os que, submetidos a revisão, contravenham o interesse público e a moralidade administrativa". Depois de desaparecer do cenário positivo constitucional que se segue ressurgiu com destaque na Constituição Federal de 1988.

Outro viés importante do pensamento de Platão – o coletivismo[48] – é revelado ainda em sua estruturação dos argumentos que embasam sua concepção de uma cidade ideal, Platão começa por responder ao questionamento acerca de por que e como nasce o Estado, e sua resposta indica uma perspectiva amplamente coletivista do mundo. Para ele cada um de nós não é autárquico, ou seja, porque não basta a si mesmo.[49] Isto revela uma perspectiva que em muito se afasta e até mesmo antagoniza-se com as construções atomistas dos sofistas. É claro, como bem

---

[47] REALE, G. *História da Filosofia Antiga*. São Paulo: Loyola, 1994, v. II, p. 243.

[48] Olivier Nay, em sua *História das Idéias Políticas*, p. 41, refere-se à passagem de uma ética individual socrática para uma ética coletiva platônica dizendo o seguinte: "Platão se inspira muito em Sócrates na confiança absoluta que concede ao saber. No entanto, distingue-se firmemente dele por seu projeto de cidade ideal. Ao passo que seu mestre obriga o filósofo a seguir um caminho individual, a retirar-se do mundo para dedicar-se ao pensamento crítico e elaborar sua própria moral, Platão afirma uma ambição coletiva, a reorganização global da comunidade. A cidade platônica deve ser capaz, graças a regras que valorizam as qualidades morais dos cidadãos, de lutar contra as divisões e conduzir a uma maior justiça entre os homens. Para isso Platão elabora os grandes traços de uma sociedade exemplar".

[49] Sócrates, em *A República (369 a-c)*, falando a um auditório anônimo acerca do problema da justiça, adentra no problema da origem da cidade, forma primitiva de Estado, dizendo o seguinte:
– Vou dizer-to – respondi –. Diremos que a justiça é de um só indivíduo ou que é também de toda a cidade?
– Também é – replicou.
– Logo a cidade é maior que o indivíduo?
– É maior.

Elementos de Filosofia Constitucional

apontam Reale, Taylor e Jaeger,[50] o comunismo platônico possui outras causas e elementos que o diferenciam do coletivismo moderno. Entretanto, não é possível negar que Platão, juntamente com Aristóteles, articulam suas teses políticas em torno de uma preponderância valorativa que é dada à cidade em detrimento do indivíduo atomizado, o que os coloca como precursores da tradição coletivista. Com esta perspectiva, Platão esboça uma tese que se confronta significativamente com qualquer visão de mundo que esteja centrada numa forte defesa da autodeterminação como única forma de promoção do interesse das pessoas ao deixar que escolham por si mesmas que tipo de vida querem conduzir. Para Platão, especialmente em *A República* e na *Apologia à Sócrates,* a formação de um bom Estado sob qualquer forma de governo exige a seleção inicial e contínua para constituição da cidadania, sob várias formas de depuração, que incluem desde a deportação sumária de indivíduos considerados inconvenientes ao Estado até o extermínio de indivíduos tidos como grandes criminosos, especialmente os acusados e condenados por delitos contra os pais, o Estado ou seus deuses (impiedade), crime em que incorreu o próprio Sócrates na democrática Atenas.[51]

Platão é, sem dúvida, o precursor de uma tradição perfeccionista da sociedade e do Estado, pois em suas construções teóricas há, claramente, uma série de proibições e indicações incisivas acerca das possibilidades de escolhas a que os cidadãos da época deviam seguir, o que reduz significativamente sua concepção de bem. Tal problemática antecipa, guardando suas peculiaridades históricas, toda a problemática que viria a surgir com o marxismo e suas projeções concretas em paradigmas de sociedade e de Estado totalitários ou não-totalitários mas com uma forte dirigência sobre o modo de vida de seus cidadãos, tais como, neste último caso, os Estados sociais constitucionais que foram instaurados no começo do século passado.

– Portanto, talvez exista uma justiça numa escala mais ampla, e mais fácil de apreender. Se quiserdes então, investigaremos primeiro qual a natureza nas cidades. Quando tivermos feito essa indagação, executá-la-emos em relação ao indivíduo, observando a semelhança com o maior na forma do menor.

– Parece-me que falas bem – respondeu ele.

– Ora pois – disse eu – se considerássemos em imaginação a formação de uma cidade, veríamos também a justiça e a injustiça s surgir nela?

– Em breve o veríamos – retorquiu ele.

Portanto, se assim sucede, havia esperança de mais facilmente vermos o que indagamos,

– Muito mais, com certeza.

– Parece-vos então que devemos tentar levar a cabo esta empresa? É que se me afigura que não é trabalho de pequena monta. Vede, pois.

– Já está visto – respondeu Adimanto –. E não faças de outro modo.

– Ora – disse eu – uma cidade tem a sua origem, segundo creio, no facto de cada um de nós não ser auto-suficiente, mas sim necessitado de muita coisa. Ou pensas que uma cidade se funda por qualquer outra razão?

– Por nenhuma outra – respondeu.

– Assim, portanto, um homem toma outro para uma necessidade, e outro para outra, e, como precisam de muita coisa, reúnem numa só habitação companheiros e ajudantes. A essa associação pusemos o nome de cidade. Não é assim?

[50] REALE, G. *História da Filosofia Antiga*, p. 255.
[51] Ver também nota do tradutor Edson Bini em *As Leis*, Bauru: Edipro, 199, p. 211.

O terceiro grande ponto da teoria platônica, e, certamente, o mais relevante para o constitucionalismo, é o que se refere, com já dito, ao conhecimento das constituições e, como conseqüência disto, à construção de uma teoria das leis positivas. Sobre as constituições, desde *A República,* Platão trabalha a possibilidade de uma degeneração do modelo de cidade grega. Partindo de modelos ideais que permitiriam a busca do bem comum e a manutenção da estabilidade social, Platão chega a modelos corrompidos, observados empiricamente na vida ateniense de seu tempo. Nos livros VIII, IX e X, ele identifica quatro formas dominantes de governo: a timocracia, a oligarquia, a democracia e a tirania.

No *Político,* esta discussão dá uma pequena guinada, em função de que Platão relativiza, em primeiro lugar, a idéia segundo a qual os dirigentes podem tomar as decisões em qualquer circunstância graças ao uso da ciência do governo. Na ausência do rei-filósofo, a lei tem a vantagem de manter uma regra comum para o conjunto da sociedade e limitar os riscos de desvio despótico. As leis, nesta perspectiva, são imperfeitas porque não são senão regras gerais, mas, sendo uma expressão da razão, podem contribuir para a estabilidade do governo.

Essa nova modulação no pensamento político de Platão leva-o a estabelecer uma nova classificação de constituições, fazendo do respeito às leis o critério central de sua análise. Partindo do pressuposto da imperfeição das constituições, em *O Político,* Platão vaticina que, quando há o respeito às leis, a monarquia é o regime mais desejável, a aristocracia ocupa uma posição intermediária, e a democracia é a menos desejável. Em sentido oposto, quando não há o respeito às leis, a tirania, forma corrompida da monarquia, é o regime menos desejável, enquanto a democracia passa a ser a forma de organização política mais adequada. Também a aristocracia pode apresentar uma forma degradada, a oligarquia.

O ápice do pensamento filosófico-político de Platão vem com *As Leis.* Nela mesmo julgando que a legislação humana, pela sua rigidez, não permite sempre escolhas justas, dá uma primazia, até então nunca dada, à potencialidade que as leis humanas possuem para reforçar a estabilidade da vida política e para preservar a cidade das piores injustiças. A sua postura teórica em relação às leis evoluiu consideravelmente da *República* até *As Leis.* Num primeiro momento – em *A República* –, Platão parece muito hostil à legislação escrita. Foi, sobretudo, nesta obra que ele mostrou os defeitos de qualquer legislação escrita. Essa crítica é corolário da tese do filósofo-rei, e deve ser percebida e compreendida como válida para a *polis* perfeita, ideal, que não existe. Essa tese ainda persiste em *O Político,* mas já neste livro Platão oferece uma nova classificação de constituições, tendo como pano de fundo a quase total impossibilidade de vir a existir o rei-filósofo, o que deslocou seu foco de interesse para a legislação escrita.

Em *O Político,* a idéia de legalidade já assume um lugar de destaque, tanto que passa a funcionar como critério central de classificação das constituições. Posteriormente, seu entendimento acerca da função das leis e o benefício que elas podem trazer para a organização social e obtenção do bem comum é radicalizado em sua última fase intelectual.

As leis, neste último estágio da evolução do pensamento platônico, têm uma dupla função: por um lado, prescrevem regras obrigatórias para os cidadãos e contribuem, assim, para a manutenção da ordem social; por outro, limitam, também, os riscos de abuso de poder dos governantes.

Do pensamento platônico a história encarregou-se de repassar até nossos dias um legado fundamental que desaguou no constitucionalismo e na teoria política modernos e contemporâneos. Primeiro, como bem acentua Laks, a preocupação constante da filosofia política platônica foi definir, na tradição inaugurada por Sócrates, um certo "espaço público". Não, naturalmente, no sentido que o século XVIII nos legou, mas no que Aristóteles, cuja *Política* é pelo menos em parte contemporânea da última reflexão platônica, visava sob o nome de "bem comum". No entanto, reforça o mesmo autor, Platão, mais ainda do que Aristóteles, pensou esse bem comum em termos que, desde o século XVIII pelo menos, se tornaram opacos para nós. É que a liberdade individual não podia ser um valor para ele e, por maior que seja o papel desempenhado em nossas sociedades pelo modelo meritocrático, a sua igualdade – proporcional – também não é a nossa. Não é pois surpreendente, adverte ainda André Laks, que tenha sido em torno dos dois temas da liberdade e da igualdade que os "platonismos" modernos, mas mais ainda os antiplatonismos, se tenham desenvolvido. A constância e a diversidade desses ataques testemunham a presença, negativa mas essencial, da teoria política platônica no embate moderno.[52]

Em segundo lugar, a história evolutiva do platonismo está ainda por escrever, para aquém e para além do corte que representa o advento do Iluminismo. No que se refere à primeira modernidade, até Rousseau inclusive, a proposta ético-pedagógica da *República* e o constitucionalismo das *Leis* de Platão desempenharam um papel essencial. Houve toda uma teorização acerca de formas de governo e de princípios que devem reger a vida dos governantes, especialmente a questão da moralidade. Nesse último aspecto, impossível é negligenciar a famosa frase de Rousseau, no Livro I de *Emílio:* "Quer ter uma idéia sobre a educação pública? Leia a *República* de Platão. Não é uma obra política como pensam aqueles que só julgam os livros pelos títulos. É o mais belo tratado de educação jamais escrito".[53] Já em relação ao período pós-revolucionário, a permanência do platonismo traduz-se nas diversas figuras do antiliberalismo. O totalitarismo, o corporativismo, o elitismo, todos se valem de Platão, como bem observa Laks.[54]

Não obstante tais associações negativas ao pensamento de Platão, a sua mais célebre colaboração ao constitucionalismo foi sua concepção de Estado de Direito. A partir dela, Platão estrutura toda uma teoria das leis positivas que surge na história do pensamento filosófico-político ocidental como a pedra fundamental da idéia de limitação jurídica dos Estados constitucionais.

---

[52] LAKS, André. *Platão*. In: Renault, Alain (dir.). História da Filosofia Política. A liberdade dos antigos. V. 1. Lisboa: Instituto Piaget, 1999, p. 107.

[53] ROUSSEAU. *Oeuvres completes*. Paris: Gallimard, 1962, IV, p. 250.

[54] LAKS, *Platão*, p. 107.

2.3.3. A contribuição eclética de Aristóteles para o constitucionalismo

Aliando-se parcialmente ao pensamento de Sócrates e de Platão, Aristóteles também se opõe à sofística definindo-a como uma arte da aparência, completamente alheia à verdadeira sabedoria, e ao sofista como aquele que comercia com uma sabedoria aparente e não real. Para reforçar sua contribuição, inventa o termo *sofisma* como sinônimo de falácia, de uma refutação aparente, mediante a qual se pode defender algo falso e confundir ao adversário. Entretanto, mesmo estabelecendo este contraponto, não é possível dizermos que Aristóteles se situe numa posição teórica tão antagônica quanto Platão em relação à sofística. Também é uma tanto quanto mais difícil situar Aristóteles com precursor bem definido de alguma tradição de pensamento, dentro dos caminhos propostos no presente trabalho, ou seja, como antecedente do individualismo-liberal ou do coletivismo-social. Há autores contemporâneos que a ele recorrem para estruturar teses que se encontram hoje dentro do espectro filosófico-político comunitarista, mas, por outro lado, há também filósofos que nele identificam traços do mais genuíno liberalismo, com por exemplo Otfried Höffe. Aristóteles é, sem dúvida alguma, um autor eclético, talvez o mais eclético dos antigos. Por isso essa dificuldade em rotulá-lo, especialmente se levarmos em conta referenciais modernos ou contemporâneos. Os próprios comunitaristas contemporâneos não apresentam uma homogeneidade como apresentaram, ao longo da história, os liberais em sua defesa do individualismo. Com certeza, em relação a Aristóteles, o mais prudente seja compreender desmembradamente suas diferentes construções teóricas, a fim de que possamos caracterizá-las de forma mais eficiente em relação a tal ou qual tradição.

a) O método liberal-empírico de investigação filosófico-política de Aristóteles.

A modernidade metódica da atividade investigativa de Aristóteles é inegável sob múltiplos aspectos. Há, com certeza, um liberalismo metódico em Aristóteles, especialmente se levarmos em consideração o caráter empírico de suas abordagens, o seu interesse prático-político e a idéia de um saber compendiado.[55]

Aristóteles apóia-se costumeiramente na experiência política, seja por conhecer a dinâmica da sociedade ateniense, seja por compará-la com outras comunidades helênicas e não-helênicas. Aliás, esta é a tônica metódica na elaboração do seu pensamento: aliar um poder de análise e especulação a uma grande quantidade de experiência.

Em relação ao seu interesse prático-político, negador de uma abordagem metafísica dos fenômenos políticos, bem observa Höffe que enquanto Platão adere na República à teoria metafísica das idéias, a filosofia política de Aristóteles desenvolve-se sem premissas metafísicas. Em particular, ele é profundamente estranho a esses elementos extraordinários ao liberalismo que atualmente podem ser

---

[55] Ver HÖFFE, Otfried. *Aristóteles*. In: Renault, Alain (dir). História da idéias políticas. A liberdade dos antigos. Lisboa: Instituto Piaget, 1999, p. 115 e segs.

associados a fundamentalismos. Há em Aristóteles, nesse aspecto, uma teleologia que não é estranha à ética, mas apenas uma teleologia que resulta do conceito de ação.

Em sua *Ética à Nicômaco*, enuncia o estagirita de forma lapidar seu comprometimento prático não-metafísico: "o fim não é o conhecimento, mas a ação".[56] No caso do político, o fim é a prática política. O próprio Aristóteles não procura a intenção num numa admoestação moral, nem nas ações políticas, mas procura-a, sobretudo e exclusivamente através do conceito, do argumento e da determinação de princípios.[57] Também é importante distinguir em Aristóteles que sua filosofia prática tem um pouco de razão prática, da *phronêsis*, da prudência. Visando imediatamente não à ação, mas ao conhecimento desta última, ela pertence segundo a acepção atual do termo à teoria. Enquanto "teoria prática", não tem, ao contrário de uma "teoria teorética", qualquer fim em si própria, está às ordens de um senhor que lhe é estranho, a prática (política).[58]

b) A perspectiva não-individualista de Aristóteles acerca da *pólis*

Com as suas elaborações teóricas referentes à *pólis*, como espaço fundamental para a convivência e sobrevivência humana, e ao bem comum, como elemento agregador dos cidadãos na cidade, Aristóteles, efetivamente, constitui um verdadeiro contraponto ao individualismo sofístico. Através de algumas idéias constantes em duas de suas mais famosas obras – *Política* e *Ética à Nicômaco* –, definitivamente estabelece pontos fundamentais que agudizam um conflito de tradições de pesquisa dentro do âmbito temático circunscrito pelos motes indivíduo e comunidade.

Na Política,[59] a tese dominante consiste em que "A cidade tem por finalidade o soberano bem". Essa conclusão fundamenta-se em três premissas:

- A cidade é uma (um certo tipo de) comunidade".
- "Toda comunidade é constituída em vista de um certo bem".
- "De todas as comunidades, a cidade é a mais soberana e aquela que inclui todas as outras".

A obra é introduzida pela consideração de que cada cidade é uma comunidade política (*koinonia*) estabelecida em favor de um bem (*agathou*). A cidade visa ao bem maior porque abrange outras comunidades menores e porque possui uma auto-suficiência que as comunidades maiores não alcançam.

As categorias deste pórtico da obra – natureza, finalidade, felicidade, bem, homem, cidade, ser vivo – tocam o centro da filosofia de Aristóteles.[60] É necessá-

---

[56] ARISTÓTELES. *Ética a Nicômaco*, I, 1, 1095 a 5 e segs; também II, 2, 1103 *b* 26 e segs., e X, 10, 1197 *a* 35 – *b* 2.

[57] *Idem*, I, 2, 1095 *a* 30 e segs., I, 7, 1098 *a* 33 – *b* 8.

[58] HÖFFE, Otfried. *Aristóteles*, p. 118.

[59] ARISTÓTELES. *Política*. São Paulo: Martin Claret, 2000.

[60] Na visão de Castro Henriques, uma das maneiras de acessar ao âmago dessas concepções aristotélicas que revelam uma noção de organicidade a partir da idéia de *polis*, é seguir o desenrolar da teorização do processo

rio ter presente essa perspectiva global, pois a natureza de qualquer realidade, seja criatura viva, instrumento ou comunidade, deve ser procurada num fundamento, apresentado como causa, princípio ou finalidade.

Nesse desenvolvimento, a natureza do indivíduo humano só é realizável através da comunidade social e política. O indivíduo isolado torna-se insociável e apolítico, comportando-se "como um deus ou uma besta".[61] A *pólis* é, em parte, um processo biológico, em parte um processo da liberdade humana. O homem não é um animal gregário (*agelaion zoon*), mas um *politikon zoon* porque a comunidade assenta no discernimento do bem e do mal. E, ao afirmar que "quem primeiro a estabeleceu foi causa (*aitia*) de grandes benefícios",[62] Aristóteles situa a evolução da cidade no quadro da história. O impulso inicial do fundador e o processo político do legislador são tão decisivos quanto o processo orgânico de crescimento da cidade. A metafísica das causas, dos princípios e das finalidades não impede a livre intervenção do sujeito humano.

Disso advêm duas conclusões da visão aristotélica acerca da *pólis*: a cidade existe naturalmente, e o homem vive por natureza em cidades. A cidade existe em vista de si mesma. O acabamento do movimento, pelo qual uma comunidade entre seres humanos chegou a ser, é esta comunidade sem a qual nenhuma outra pode chegar a ser.

Se todos os homens se associam em comunidades, é porque eles não podem bastar-se a si mesmos; e, se nenhuma comunidade pudesse bastar-se a si mesma, então, toda associação seria "fútil e vã". Há, pois, uma comunidade auto-suficiente que é o fim (parada, meta) de toda associação. A cidade é, portanto, ontologicamente natural e auto-suficiente. É o único ser natural necessário e suficiente para a vida humana.[63]

Fica evidente, por conseguinte, que a cidade participa das coisas da natureza, que o homem é um animal político, por natureza, que deve viver em sociedade e

---

de busca do fundamento nas obras de Aristóteles. Para ele, se consideramos *aition* o termo para expressar o fundamento procurado, necessitamos de categorias causais ou etiológicas para abordar a vida política. Se privilegiarmos a finalidade (*telos*), carecemos de categorias teleológicas; se for *arché*, de categorias arqueológicas do princípio. Mas quer abordemos a existência do homem político procurando causas, princípios ou finalidades, deparamo-nos sempre com o fundamento de que participa a razão humana. Ver a respeito CASTRO HENRIQUES, Mendo. Introdução à Política de Aristóteles. In: *Aristóteles*. Política. Lisboa: Veja, 1998, p. 19.

[61] *Idem*, (I,2,1253a29).

[62] *Idem*, (1253a30-31).

[63] Para Châtelet e outros, a *pólis*, além dessa naturalidade, se caracteriza por outros aspectos igualmente importantes, cujo conhecimento se faz necessário para a compreensão da significação e do alcance da outras invenções políticas feitas na Grécia. A primeira delas se refere ao fato de que os gregos, ao considerarem que a sociabilidade é produzida pela natureza, não tratavam de fundá-la, mas de ordená-la; a segunda diz respeito ao desenvolvimento de discursos históricos pelos gregos que, inobstante isso, não possuíam, de nenhum modo, a idéia – cristã e pós-cristã – de um decurso da história linear e dotado de um sentido, mas a representação do tempo dominante é a do ciclo, que faz reaparecer as mesmas situações; por fim, a humanidade é compreendida como a mais elevada do gênero animal, sendo a cidade, como comunidade consciente, a forma política que permite a explicitação desta virtude. Somente ela permite à coletividade instaurar uma ordem justa e, ao indivíduo, viver de tal modo que atinja a satisfação legítima. Ver a respeito CHÂTELET, François; DUHAMEL, Olivier; PISIER-KOUCHNER, Evelyne. *História das Idéias Políticas*. Rio de Janeiro: Jorge Zahar, 1994, p. 15.

Elementos de Filosofia Constitucional

que aquele que, por instinto, e não por inibição de qualquer circunstância, deixa de participar de uma cidade, é um ser vil ou superior ao homem.

Nessa ordem natural aristotélica, a *pólis* antepõe-se à família e a cada indivíduo, visto que o todo deve, obrigatoriamente, ser posto antes da parte. O Estado está na ordem da natureza e antecede ao indivíduo; pois, se cada indivíduo por si mesmo não é suficiente, o mesmo modo acontecerá com as partes em relação ao todo.[64] Ora, o que não consegue viver em sociedade, ou porque não necessita de nada ou porque se basta a si mesmo, não participa do Estado. A natureza faz assim com que todos os homens se associem.[65]

Mas se, como visto, o homem é um animal naturalmente político, é porque ele é um ser naturalmente "carente", e isso duplamente: carência de alguma coisa que o leve a desejar e carência de alguém que o leve a associar. Sua deficiência originária faz dele um ser de necessidade e/ou desejo, que o separa de seu bem e é por isso que ele age em comunidade com outros e com o bem soberano no horizonte de sua ação. Sua incompletude natural faz dele um ser que tem sempre necessidade de um outro ser semelhante a ele e semelhantemente imperfeito e é, por isso, que ele vive em uma comunidade para ser com outros um ser acabado e auto-suficiente. Um ser sem deficiência nem incompletude seria um "ser sobre-humano"; seria sem desejo e auto-suficiente e não viveria na cidade. Nesse sentido, a cidade, tendo sido constituída para possibilitar que se viva, permite, uma vez que exista, levar uma vida feliz (ao pé da letra: viver bem). Tende-se, então, a associar-se politicamente para viver bem,[66] como Protágoras[67] e Platão[68] já reconheciam.

Fica assaz demonstrado, portanto, na concepção de Aristóteles acerca da *pólis*, que o que forma a cidade não é o fato de os homens residirem num mesmo lugar, não causarem prejuízos uns aos outros e manterem intercâmbio comercial – ainda que essas condições sejam necessárias para a existência da cidade; porém, por si apenas, elas não preenchem a característica essencial da cidade. A única associação que constitui uma cidade é a que promove a participação das famílias e de seus descendentes na ventura de uma existência independente, inteiramente ao abrigo da miséria. Em outras palavras, o bem comum.[69]

---

[64] Esta tese de Aristóteles o coloca com o primeiro grande organicista/holista. O princípio constitutivo do organicismo foi formulado, de uma vez para sempre, pelo estagirita, nas primeiras páginas da *Política*, ao mencionar esta precedência da *pólis* em relação à família e aos indivíduos. Inaugurava com ele toda uma tradição de pesquisa que, ao longo da história do pensamento ocidental, se confronta com os atomistas. Por essa postura holista, Aristóteles pode ser considerado o predecessor de Hegel, Marx, Engels e todos os comunitaristas contemporâneos como Walzer, Taylor, Sandel e outros.

[65] ARISTÓTELES. *Política*, p. 15.

[66] Não é apenas para viver, porém, para viver venturosamente, que os homens formaram entre si a sociedade civil; de outro modo, o nome de cidade poderia ser dado a uma associação de servos e de até de outros seres animados. A sociedade civil deixa de ter como finalidade uma liga ofensiva e defensiva para pôr cada qual sob a proteção da injustiça, protegendo o câmbio e os intercâmbios comerciais. ARISTÓTELES. *Política*, p. 92.

[67] PLATÃO. *Protágoras*. Lisboa: Inquérito, 1950, p. 322, b.

[68] *Idem*. *República*. São Paulo: Nova Cultural, 1997, p. 369 b e ss.

[69] Para Lord, é um erro crer que a *pólis* está constituída simplesmente pela participação dos bens externos entre seus membros, mas, noutro sentido, ela é uma associação constituída neste aspecto decisivo ao compartilhar uma

Entretanto, tal ventura não será alcançada se os homens não habitarem em um só e único local e se não se apelar para os matrimônios. Essas instituições todas são uma obra de uma benevolência mútua. É a amizade que leva os homens à vida social. A finalidade do Estado é a felicidade na vida. Todas essas instituições visam à vida boa. A cidade é uma reunião de famílias e pequenos burgos que se associam para desfrutarem juntos uma existência inteiramente feliz e independente.[70]

Desse modo, ao Estado tem mais importância os que melhor contribuem para formar essa associação, que aqueles que, iguais ou superiores aos demais em liberdade e nascimento, são desiguais em virtude política, ou mesmo aqueles que possuem mais riqueza e menos virtude.

c) Bem comum, e não bem individual

É, como se vê, a partir de fundamentos organicistas/comunitaristas que Aristóteles elabora sua concepção de bem, a qual, vinculada e arraigada nas suas construções sobre a *pólis,* redunda numa idéia de bem comum, e não individual.[71]

---

certa percepção do modo de vida bom ou justo. Deve a cidade, assim, ser interpretada como algo que existe não só para viver, mas para viver bem, nobre e felizmente. Ver a respeito LORD, Carnes. Aristóteles. In: STRAUSS, Leo; CROPSEY, Joseph (Comp.) *Historia de la Filosofia Política.* México: Fondo de Cultura Económica, 1996, p. 140. Com posição semelhante, manifesta-se Mario de la Cueva, para quem, ao analisar o caráter autárquico da *pólis,* este bastar-se a si mesma não pode ser restrito somente ao campo das necessidades materiais, mas, sobretudo, deve ser estendido, principalmente, ao reino da cultura. DE LA CUEVA. *La idea del Estado.* 5. ed. México: Fondo de Cultura Económica, 1996, p. 20. Também Gaudemet tem um entendimento que muito se aproxima dos dois anteriores. Para ele, diferentemente de Roma, a cidade grega não estava ligada a um território, ainda que este tivesse sua importância e estivesse protegido pelos tratados. A cidade grega era, antes de tudo, uma comunidade de cidadãos, uma comunidade cultural. GAUDEMET, Jean. *Instituitions de l'Antiquité.* Paris: Sirey, 1968, p. 147.

[70] Aristóteles insiste permanentemente num problema muito claro: os habitantes da cidade têm de possuir uma certa unidade, uma certa organicidade. Mas qual? E quanto? E como? O problema teórico é saber o que deve ser possuído em comum; se todas as coisas, se nenhuma, se algumas. O mínimo comum imediatamente aceitável é o território. O máximo comum, a ser liminarmente rejeitado, seria a posse comum de bens, mulheres e filhos como surge na intrigante proposta da *República* de Platão. No Livro II da *Política,* ao transitar da natureza estática da cidade para a sua atualização, apreciando programas visionários e constituições, surge a grande crítica a Platão, bem como a Fáleas de Calcedónia e Hipodamo de Mileto. A demorada crítica a Platão pode suscitar a impressão de uma oposição ao platonismo. Não é o caso num discípulo da Academia que continua o essencial do platonismo. A primeira crítica contra a comunidade somática de mulheres e filhos é realizada em nome da liberdade. O excesso de unidade liquidaria a cidade, dependente da ação individual dos seus membros. "A igualdade na reciprocidade é a salvaguarda das cidades, tal como já foi referido na Ética, já que isso tem que ocorrer entre indivíduos livres e iguais". (1261a30-33). Outra razão para recusar a uniformização é a teoria da amizade, a força viva de cada sociedade. A amizade é a substância do relacionamento humano e a dinâmica de todas as relações sociais duráveis e de onde os governos retiram estabilidade. "Acreditamos que a amizade é o maior dos bens para as cidades". (1262b7). Cada indivíduo apresenta-se como o centro de uma rede de relações diversificadas. Se nada existe para preencher essas relações, a cidade perde capacidades. Ora, a comunitarização das relações sexuais faz desaparecer o relacionamento saudável de pais e filhos e as excelências humanas que eles geram. O terceiro argumento em prol do que chamaríamos, segundo Bergson, "sociedade aberta" é o da propriedade. "Existem duas coisas que fazem com que os seres humanos sintam solicitude e amizade exclusiva: a propriedade e a afeição". (1262b23-25). A propriedade comum dos bens é contrária ao amor próprio que irradia da individualidade para a propriedade privada. A regulamentação da propriedade deve permitir a cada um dispor de uma esfera de ação individual (1266b27 e ss.) sendo a desregulamentação a causa da maior parte das revoluções. Este ponto tem conseqüências programáticas evidentes. As causas das revoluções não residem na existência de propriedade privada mas, no apetite (*mochteria*) ilimitado de riquezas, que deve ser "domesticado" pela educação.

[71] É indissociável essa relação entre bem e *pólis* no pensamento de Aristóteles. Nesse aspecto, manifesta-se ele na *Política* dizendo que "sabemos que uma cidade é como uma associação, e qualquer associação é formada

Esse é um dos principais, senão o principal tema abordado na sua "Ética a Nicômaco".

Para Aristóteles, a palavra "bem" não deve ser tomada no sentido estritamente moral do termo. A ação humana em geral não visa, portanto, ao bem (único, universal e eterno), mas visa forçosamente a um fim, isto é, um bem (pouco importa se aparente ou real, particular ou geral). Toda ação é, com efeito, finalizada por definição. Fazer alguma coisa, o que quer que seja, é procurar obter qualquer coisa (um "bem") com a modificação que se opera; é simplesmente adaptar os meios a um fim, como o demonstra o mecanismo geral da ação descrito por Aristóteles.[72]

É, assim, na concepção aristotélica, o interesse geral que reúne os homens, ao menos enquanto de tal reunião possa advir a cada um uma parcela de ventura. Esta é, portanto, a finalidade precípua a que eles se propõem em comum ou de modo individual.[73] É o bem maior desejado por todos que leva à associação comunitária e à realização de todas as atividades pelos homens.

O que é esse bem e de que ciências ou atividade ele é objeto são questionamentos que para Aristóteles somente poderão ser respondidos pela ciência mais imperativa e predominante sobre tudo: a ciência política, pois esta determina quais são as demais ciências que devem ser estudadas em uma cidade.

Uma vez que a ciência política usa as ciências restantes e, ainda mais, legisla sobre as ações e omissões, a finalidade dessa ciência inclui, no conjunto do pensamento aristotélico, necessariamente, a finalidade das outras e, então, essa finalidade deve ser o bem do homem. Manifesta-se, sob esse aspecto, novamente, o peso da coletividade nas construções de Aristóteles, pois considera o criador do Liceu que,

> ainda que a finalidade seja a mesma para um homem isoladamente e para uma cidade, a finalidade da cidade parece de qualquer modo algo maior e mais completo, seja para a atingirmos, seja para a perseguirmos; embora seja desejável atingir a finalidade apenas para um único homem, é mais nobilitante e mais divino atingi-la para uma nação ou para as cidades.[74]

Outro ponto fundamental do pensamento aristotélico, segundo o entendimento de Wolf, e que mais uma vez revela a sua orientação organicista, se constitui no fato de que, sem direcionamento comum, não há comunidade.[75] A comunidade

---

tendo em vista algum bem; pois o homem luta apenas pelo que ele considera um bem. ARISTÓTELES. *Política*, p. 11. Essa linha de raciocínio é reforçada com as palavras de Wolf, para quem há um certo isomorfismo entre a série de atividades, de comunidades e de seres. No seu entendimento, "o que é notável no que concerne ao movimento natural que leva à cidade é que ele não é somente *paralelo* ao movimento do desejo que leva ao soberano bem e à relação de acidentalidade que leva ao ser que existe por si (autárquico); *ele é esse mesmo movimento duplo:* a cidade é de fato para o homem o lugar de *realização do bem soberano* e da *existência autárquica*". Ver a respeito WOLF, Francis. *Aristóteles e a Políticas*. São Paulo: Discurso Editorial, 2001, p. 82.

[72] ARISTÓTELES. *Ética a Nicômaco*, III, 5, 1112 b 15, p. 54-5.
[73] Idem, *Política*, p. 88.
[74] Idem, *Ética a Nicômaco*, p. 18.
[75] WOLF, Francis. *Aristóteles e a Política*, p. 44.

política é aquela que é soberana entre todas e inclui todas as outras. Há uma relação de analogia entre a série de comunidades hierarquicamente ordenadas e a série hierarquizada dos "bens" a que elas visam.

O alcance dessa tese de Aristóteles é duplo: por um lado, a cidade visa ao fim mais alto para o homem – e, nesse sentido, a tese se dirige contra aqueles, entre os sofistas, que pensam que a comunidade política não passa de uma simples garantia de sobrevivência individual. Por outro, a política (arte ou ciência) concerne a uma comunidade especificamente diferente das outras e requer competências adaptadas a ela. Sócrates e Platão, neste aspecto, parecem muito mais próximos dos sofistas do que propriamente a Aristóteles.[76]

Ainda que não haja uma determinação taxativa acerca do que venha a ser a materialização do bem comum, em Aristóteles é possível, a partir de sua perspectiva de cidade ideal, observarmos alguns elementos que denotam tal idéia. Assim, por exemplo, suas preocupações com a defesa da cidade; um segundo elemento refere-se às relações comerciais ou às questões gerais de política econômica; um terceiro elemento relativo à repartição das terras cultivadas. Neste ponto, Aristóteles sugere uma divisão em propriedades comuns, pertencentes ao Estado e propriedades privadas.

Por causa das funções sociais da propriedade comum, é possível apontar-se no pensamento de Aristóteles algumas idéias rudimentares acerca de justiça comutativa ou de Estado social. Elementos próximos ao que hoje conhecemos como políticas públicas ou liberdades positivas, como, por exemplo, refeições comuns asseguradas ou preocupação da cidade com relação à água, são presenças no pensamento aristotélico que poderiam qualificá-lo como coletivista.[77]

d) A teoria constitucional aristotélica

As reflexões de Aristóteles acerca dos problemas envolvendo o exercício do poder e a necessidade de sua limitação pela instituição de um sistema garantidor de liberdades constituem, com firmeza, uma importantíssima antecipação de todo um universo temático do qual se ocupariam mais tarde os pré-modernos e modernos.

Na sua antropologia política, Aristóteles funda-se numa condição mínima da legitimidade social: a vantagem mútua. Pode, conseqüentemente, falar de uma justiça que legitima a cidade. Dado que a organização política melhora a condição de qualquer homem, ela é justa, se considerarmos que ela poderia estar ausente.[78] Nas suas reflexões sobre o *arché*, sobre o poder e o governo, a *Política* de Aristó-

---

[76] Segundo afirma Xenofonte, Sócrates pretendia que "o manejo dos negócios privados só difere do dos negócios públicos quanto ao número; aqueles que sabem empregar homens dirigem igualmente bem os negócios privados e públicos, enquanto aqueles que não sabem erram nuns, tanto quanto nos outros. No entendimento de Francis Wolf, Platão herda essa tese, ao anunciar no 'Político' (258 e) que o político deve ser considerado ao mesmo tempo como rei, senhor dos escravos e chefe de família e que "tais denominações designam uma única coisa". Ver a respeito WOLF, Francis. *Aristóteles e a Políticas*, p. 46.

[77] ARISTÓTELES, *Política*, II, 10, 1272 *a* 12 e segs., VII, 11, 1330 *b* 11 e segs.

[78] HÖFFE, Otfried. *Aristóteles*, p. 154.

teles contém também material para construir uma justiça que regule a cidade, ou, em termos atuais, uma estrutura normativo-constitucional de regulação social.

A necessidade de um poder e de um governo são percepções inevitáveis em Aristóteles. Entretanto, as questões de saber porque é que pode em geral haver um poder exercido por homens sobre homens, a questão do bem-fundado de uma justiça que legitima a cidade, é-lhe estranha como acontece de uma maneira geral na Antiguidade. Uma das razões disso, segundo Höffe, poderia muito bem ser que no termo *arché* se considera menos o caráter coercivo do que o elemento que exprime a ordem e a direção, e que por esta razão se vê desde logo na ausência da *arché* a desordem, ausência de direção e de ilegalidade. Aristóteles vê também na *an-archia*, a "ausência de poder", não como muitas das teorias políticas da época moderna, uma oportunidade para a liberdade, mas apenas a licenciosidade, a desordem, a ilegalidade em marcha, bem como uma causa de declínio militar e político.[79] A ausência de poder para Aristóteles é tão desejável como um barco que navega sem capitão; considera o *archê* como um fato "por natureza".[80]

Mesmo diante da naturalidade do poder, Aristóteles entende que sua forma imediata é muito pouco natural. A partir disso há, no pensamento aristotélico, a construção de uma teorização sobre a limitação do poder legítimo. O primeiro limite está contido no conceito aristotélico diferenciado de poder. Existe uma diferença conforme se dirija uma cidade, se reine enquanto rei, se governe uma casa ou se dêem ordens a escravos.[81] Enquanto o dono da casa, *despotês* em grego, domina homens não-livres, o soberano da cidade governa homens livres. O poder aqui é definido a partir do cidadão e do sujeito jurídico, e é ao mesmo tempo limitado: o poder legítimo visa a seres livres.[82]

A partir dessa visão, Aristóteles estabelece uma reflexão sobre o campo conceitual da liberdade, não numa perspectiva unitária, mas, por outro viés, fragmentada, percebida através de inúmeros fenômenos parciais. Neste sentido, evidenciam-se em Aristóteles os seguintes pontos de vista acerca da liberdade:[83]

- o conceito de voluntário, que resulta da teoria da ação, significando antes de tudo a liberdade negativa de uma pessoa. Aquele que age voluntariamente não age nem por obrigação exterior, nem por ignorância, mas antes por vontade – por si próprio – e com um saber;
- o conceito positivo correspondente de liberdade de ação, a *proiaresis*, a decisão refletida;
- a liberdade como completa satisfação, a *autarkeia*;
- a liberdade no sentido econômico, assim como jurídico e político, denominada *eleutheria*;
- por fim, a liberdade da comunidade *(autonomia)*, quando não está sujeita a nenhuma outra, que faz suas próprias leis, conceito que antecipa o conceito de soberania.

---

[79] ARISTÓTELES. *Política*, V, 3, 1302 *b* 27-31.
[80] *Idem*, I, 2, 1252 *a* 31-34.
[81] *Idem*, I, 1, 1257 *a* 7-13 e VII, 3, 1325 *a* 27-30.
[82] *Idem*, I, 4, 1254 *a* 14 e segs.
[83] HÖFFE, *Aristóteles*, p. 155-158.

Por outro lado, enquanto Platão é fiel defensor da teoria do filósofo-rei, cedendo um pouco a favor do governo de leis apenas no final de sua trajetória, em suas *Leis*, Aristóteles pronuncia-se coerentemente ao longo da evolução de seu pensamento a favor da boa lei.[84] Aqui reside, em Aristóteles, a segunda limitação sobre o poder legítimo, consistente nesse Estado de Direito expressado através de determinações gerais que devem ser aplicadas de igual maneira aos interessados.[85] São os primórdios da igualdade jurídica de primeiro nível, com a função de garantir a aplicação imparcial de regras.

Em Aristóteles também vai aparecer, como um terceiro fator restritivo das potestades a antecipação de uma das mais célebres estruturas liberais de limitação do poder: a distinção do poder em três esferas e a identificação de uma instância deliberativa, correspondente, de certa maneira, ao Poder Legislativo.[86]

Um quarto ponto que indica a preocupação de Aristóteles com a limitação do poder vem a ser, na sua teoria relativa às constituições ou formas de Estado, o estabelecimento de uma separação das constituições segundo visem o bem comum ou o bem dos dirigentes. Assim, são legítimas por visarem o bem comum: a monarquia, a aristocracia e a *politie;* enquanto são ilegítimas por visarem o bem dos dirigentes: a tirania, a oligarquia e a democracia, entendida esta última como o poder dos pobres.[87]

e) a teoria da democracia

As reflexões de Aristóteles acerca da democracia são estruturadas a partir de uma ligação estabelecida entre a questão da teoria constitucional – quem é o soberano? – à questão socioeconômica do grupo que, no seio da população, detém a possibilidade de exercer o poder. Na alternativa mais importante à democracia, a saber, a oligarquia, os ricos são soberanos; na democracia, não é o povo no seu conjunto, mas o grupo de pobres.[88] Não se deve entender por estes últimos os mendigos, mas – e nisso Aristóteles revela-se um aristocrata – os camponeses, os assalariados, os artífices e os comerciantes. No seu ideal político, mistura elementos democráticos com elementos oligárquicos. A fim de estabelecer uma comparação tanto social quanto política entre a elite dirigente (rica) e a multidão (que não é tão rica), pronuncia-se a favor da promoção de uma grande classe média, porque é no caso de uma fortuna média que se obedece mais facilmente à razão, além de que se estabelecem mais facilmente amizades e, sobretudo, porque os melhores legisladores (Sólon, Licurgo, Carondas) são originários da classe média.[89]

Em função do círculo daqueles a quem incumbe o poder, dos cidadãos aptos a governar, e do raio de ação de suas competências em matéria de poder,

---

[84] ARISTÓTELES. *Política,* III, 16, 1287 *a* 18 e segs.
[85] Idem, *Ética à Nicômaco,* V, 10, 1134 *a* 35-*b* 2.
[86] *Idem, ibidem,* VI, 8, 1141 *b* 32 e segs.
[87] *Idem, Política,* III, 6, 1279 *a* 17-20.
[88] *Idem, ibidem,* IV, 4, 1290 *b* 1 e segs.,
[89] *Idem, ibidem,* IV, 11.

Aristóteles distingue quatro formas que dão lugar a um conceito comparativo de democracia:[90]

- uma primeira forma, a mais fraca, que se trata de um censo, de avaliação dos impostos;
- uma segunda, em que basta ter uma origem sem objeção possível: os progenitores têm que ser cidadãos;
- a terceira, onde o critério da ascendência é flexibilizado e todos os cidadãos podem governar;
- e a quarta forma, a mais radical, estabelecida a partir do acesso amplo de todos os cidadãos às funções e da abolição da sujeição da lei.

Esta última forma é compreendida negativamente por Aristóteles, que nela vê a manifestação da vontade dos dirigentes do povo (*dêmagôgoi*). Segundo ele, nesta forma, o povo, liberto de todas as disposições legais, pronuncia-se, na altura da votação, sobre tudo, e, portanto, permitir-se brilhantes infrações ao direito, porque nela se trata de respeitar não o bem comum, mas o bem pessoal, um reino despótico pesa sobre "os melhores"; a democracia radical torna-se a tirania da maioria.[91] Esta percepção de Aristóteles, mesmo que elaborada desde uma série de pré-juízos aristocráticos que o assaltavam, deve ser destacada como da mais profunda atualidade, especialmente se focarmos nossa atenção para o caráter contramajoritário das Constituições contemporâneas.

Mas se por um lado Aristóteles critica a democracia radical, por outro constrói ingênuos argumentos a seu favor, especialmente ao considerar a maioria como mais competente do que uma pequena elite.[92] Também a favor da democracia manifesta-se Aristóteles ao observar que o bom cidadão tem que saber fazer duas coisas: fazer-se governar e governar-se a si mesmo.[93]

Sobre a relação entre democracia e liberdade, mais especificamente no que toca à liberdade como fundamento da democracia, Aristóteles dispõe de dois conceitos fundamentais: a liberdade política positiva, em consequência da qual se governa e se é governado alternadamente, e a liberdade política negativa, o notável conceito liberal segundo o qual se pode viver como se quer. Do primeiro conceito resultam as instituições democráticas: o fato de as funções serem preenchidas por todos os cidadãos; o fato de todas as decisões, ou pelo menos as mais importantes, serem tomadas pela assembléia do povo.[94]

Sobre a relevância e atualidade do pensamento de Aristóteles sobre a democracia, judiciosas são as palavras de Höffe, para quem

> Certamente que Aristóteles não põe a questão, que está na base da democracia moderna, da legitimação do poder em geral. No entanto, rejeita – em parte explicitamente, em parte

---

[90] ARISTÓTELES. *Política*, IV, 4 e 6.
[91] *Idem, ibidem*, IV, 4, 1292 *a* 15 e segs; IV, 14, 1298 *a* 31-33.
[92] *Idem, ibidem*, III, 11, 1281 *a* 39 e segs.
[93] *Idem, ibidem*, III, 4, 1277 *b* 14 e segs.
[94] *Idem, ibidem*, IV, 6, 1292 *b* 27 e segs.

implicitamente – as formas de legitimação alternativas à democracia actual: o facto de todo o poder proceder de Deus, e uma potência superior ou de um nascimento correspondente. [...] De resto, Aristóteles admite que "aquilo a que hoje chamamos *politie* (ou república) se chamava dantes democracia". O pensamento republicano tem a sua origem – não devemos esquecê-lo – não nas revoluções americana e francesa, nem sequer na Roma republicana, mas já em Atenas; e, neste ponto, o seu teórico mais importante é Aristóteles.

Um ponto comum suplementar entre o ideal político de Aristóteles e o da época moderna reside na escolha (então imediata, hoje mediata, regra geral) do governo pelo povo e na obrigação que o governo tem de prestar contas.[95]

Guisando um fechamento a esta exposição sobre Aristóteles, uma questão mais: enfim, a qual tradição de pensamento vincula-se Aristóteles? Individualista-liberal ou coletivista social. É sabido que muitos comunitaristas têm buscado em Aristóteles, especialmente em seu ceticismo em relação aos princípios universais de justiça, do que decorreu, segundo eles, a sua defesa de formas de existência particulares de pequenas comunidades, um argumento de base para as construções desta corrente contemporânea. Em sentido contrário, os opositores desta posição entendem que há em Aristóteles a maioria dos elementos que embasaram o constitucionalismo moderno, especialmente em sua primeira fase histórica de acontecimento, ou seja, a liberal. Seriam tais elementos: a) a existência de regras coercitivas (direito) que sujeitam a coexistência dos seres humanos; b) a não-arbitrariedade do direito, mas a necessidade de uma concordância geral sobre seus conteúdos e formas; c) a decorrência da determinação imediata do direito não de espaços privados, mas de espaços públicos; d) o poder procede do povo; e) divisão dos poderes públicos. Quanto a isto, posiciono-me no sentido de que efetivamente há em Aristóteles elementos que podem se aproximar tanto do liberalismo quanto do comunitarismo, e acerca disto adiantei minha posição no próprio título deste tópico: a contribuição de Aristóteles é eclética, não podendo ser ele taxativamente definido como precursor de uma ou outra tradição, da mesma forma como hoje se desenha o espectro do pensamento filosófico político, especialmente em relação a alguns autores. Como classificar Rawls, Dworkin ou Taylor? Mais liberais ou mais igualitários? Ou como sistematizar os mais recentes multiculturalistas ou feministas?

Não há dúvida de que ao considerar a existência da *pólis* como algo natural, Aristóteles está mais próximo de uma perspectiva holista do que individualista. Da mesma forma se considerarmos suas construções em relação ao bem comum e à justiça. Entretanto, também assiste razão aos que nele identificam elementos liberais, especialmente se considerarmos sua teoria constitucional.

2.3.4. A reemergência do individualismo com o epicurismo e o estoicismo

Admitem alguns autores que a transição do pensamento filosófico de Platão e Aristóteles para as novas escolas do período helenístico mostra uma desconti-

---

[95] HÖFFE, *Aristóteles*, p. 165-166.

nuidade, consistente numa reemergência radical do individualismo, anteriormente já presente, de uma forma um pouco menos intensa, no pensamento sofístico.[96] Discordando de Sabine de que o embate entre individualistas e coletivistas tenha iniciado somente com tal quebra na tradição holista platônica-aristotélica pelas novas escolas helenísticas, somos obrigados a concordar que neste momento histórico tal dissenso assume proporções muitos maiores e uma profundidade que até então jamais o havia caracterizado. Mas é inexorável reconhecer que já os sofistas consolidaram uma visão de mundo individualista, contraposta, posteriormente, pela tradição coletivista socrático-platônica.

Enquanto a *pólis* era considerada auto-suficiente em Platão e Aristóteles, é agora o indivíduo que novamente, de modo muito mais profundo, passa a bastar-se a si mesmo.[97] Esse indivíduo já é pressuposto como fato ou afirmado como um ideal, anteriormente ao estoicismo, quando das elaborações dos epicuristas e cínicos. Mesmo no estoicismo médio e tardio (romano), é possível detectar-se a permanência do divórcio original: o indivíduo bastando-se a si próprio continua a ser o princípio, ainda quando o indivíduo age no mundo.[98]

É na ética da Estoá antiga – a parte mais significativa e mais viva da filosofia do pórtico – que se identificam as manifestações teóricas de ruptura com a tradição holista platônico-aristotélica. Para os estóicos, como para os epicuristas, o escopo do viver é a obtenção da felicidade, e esta se persegue vivendo segundo a natureza. Da observação do ser vivente, resulta a constatação estóica de que ele se caracteriza pela constante tendência de conservar a si mesmo, de apropriar-se do próprio ser e de tudo quanto é capaz de conservá-lo, de evitar aquilo que lhe é contrário e de conciliar-se consigo mesmo e com as coisas que são conforme à sua própria essência. Essa característica fundamental dos seres é indicada pelos estóicos com o termo "oikeíosis" (apropriação, atração, concliliação), sendo dele que deve ser deduzido o princípio da ética da Estoá.[99]

Na mesma perspectiva individualista, são construídos os conceitos estóicos de "bem" e "mal". Posto que o instinto de conservação e a tendência ao incremento do ser são primeiros e originários, então, "bem" é aquilo que conserva e incrementa o nosso ser e, ao contrário, "mal" é aquilo que o danifica e o diminui. Com essa nítida separação entre bens e males, os estóicos buscaram, na análise de Reale e Antiseri, colocar o homem ao abrigo dos males da época em que viviam: todos os males derivados do desmoronamento da antiga *pólis* e todos os perigos, inseguranças e adversidades provenientes das convulsões políticas e sociais que se seguiram a tal desmoronamento.[100]

---

[96] DUMONT, Louis. *Ensaios sobre o individualismo.* Uma perspectiva antropológica sobre a ideologia moderna. Lisboa: Publicações Dom Quixote, 1992, p. 37, e SABINE, George H. *A History of Political Theory*, p. 143 e ss.
[97] SABINE, George H. *A History of Political Theory*, p. 125.
[98] DUMONT, Louis. *Op. cit.*, p. 37.
[99] REALE, Giovanni; ANTISERI, Dario. *História da Filosofia.* v. 01, p. 261.
[100] *Idem*, p. 262.

Esse era um modo bastante audaz de dar uma nova segurança ao homem, ensinando-lhe, individualisticamente, que bens e males derivam sempre e somente do interior do próprio eu, e não do exterior. Com isso, buscavam convencer que a felicidade podia ser perfeitamente conseguida de modo absolutamente independente dos eventos externos e que se podia ser feliz até em meio aos tormentos físicos.[101]

Também na consideração da interpretação estóica do viver social pelos homens, é possível serem identificados traços nítidos do individualismo. A passagem de um ser que vive em sua estrita individualidade, base do epicurismo, para um ser que se torna um "animal comunitário", além da retomada do pensamento comunitário aristotélico, representa a construção de um ideal fortemente cosmopolita, no qual o homem, mais do ser feito para associar-se numa *pólis*, é feito para consorciar-se com outros homens. Dessa forma, longe de reeditar os pressupostos da política aristotélica, os estóicos os infringem.[102]

Sem qualquer dúvida, esse embate não ficou retido historicamente apenas à cultura grega antiga, mas surtiu consideráveis efeitos em toda a constituição da tradição cultural ocidental, permanecendo profundamente ativo em nossas projeções. Também não se pode esquecer de que as elaborações sofísticas, aristotélicas, epicuristas e estóicas não se restringiram ao plano filosófico, mas permearam e continuam permeando os mais diversos espaços, como, por exemplo, o jurídico.

Entretanto, uma consideração final sobre a racionalidade antiga impõe-se. A racionalidade grega era o resultado intelectual de um espaço social específico: a *pólis*. Com as conquistas de Alexandre, o Grande, as fronteiras desse espaço foram destruídas, vindo a desaparecer o homem como animal político, fração da cidade-Estado e uma racionalidade filosófica arraigada a um cenário. A conseqüência imediata disto é o início de uma nova percepção do homem, agora como indivíduo, que precisa considerar tanto a regulamentação de sua própria vida quanto a de suas relações com os outros indivíduos que, com ele, compõem o "mundo habitado". Por outro lado, falar do homem como indivíduo implica afirmar sua universalidade; o que quer que dissesse respeito ao indivíduo devia estar associado à humanidade enquanto espécie geral. Ilustrativas quanto a este novo quadro histórico são as palavras de Morrison, para quem "se, por um lado, as aptidões e os deveres do homem grego remetiam à sua condição de membro da ordem social, da pólis, por outro, estava preparado o terreno para o surgimento de uma nova entidade social – a do homem enquanto homem".[103] Vemos, aqui, com clareza, o cenário remoto de toda uma racionalidade antropocêntrica que viria, mais tarde, a marcar profundamente boa parte das construções da modernidade, especialmente do liberalismo, corrente que se projetou na primeira fase do constitucionalismo, especialmente com os direitos individuais.

---

[101] REALE, Giovanni; ANTISERI, Dario. *História da Filosofia*. v. 01, p. 263.

[102] *Idem*, p. 265.

[103] MORRISON, Wayne. *Filosofia do Direito. Dos gregos à pós-modernidade*. São Paulo: Martin Fontes, 2006, p. 60.

3. O legado da escolástica

3.1. DUNS ESCOTO E A PREPONDERÂNCIA DA VONTADE INDIVIDUAL

A Idade Média também tem um bom legado ao constitucionalismo, especialmente a partir de algumas contribuições de Duns Escoto e de Guilherme de Ockham.

A visão de Duns Escoto substitui o mundo de São Tomás de Aquino, originado em Platão e Aristóteles – um mundo de generalidades, de gêneros, de espécies, de naturezas, de causas formais e finais – por um mundo de pessoas, de indivíduos. Segundo a opinião de Villey, é a fé que conduz Duns Escoto a essa conclusão, pois a Sagrada Escritura cristã é, com efeito, personalista. O homem de que fala o Evangelho não é apenas o gênero humano ou uma determinada espécie, determinada categoria social; ele não é somente uma parte do grupo social, como na *pólis* de Platão: Deus demonstra amor por cada um dos indivíduos, como um pai ama indistintamente cada um de seus filhos e filhas.[104]

As teses centrais da filosofia escotista têm sua origem no Evangelho. Vejamos sucintamente. A primeira delas consiste na "possibilidade de conhecermos imediatamente o singular", ao passo que, para São Tomás, "a ciência é geral", e o objeto predileto do conhecimento são os gêneros e as espécies (o homem, o cidadão, o pai, mais que Pedro ou Paulo).

A segunda delas funda-se na idéia de que "cada indivíduo possui uma forma particular, contrariamente às construções tomistas, nas quais apenas a "matéria é princípio de individuação" e a "forma" seria comum". Esta segunda tese teve um forte poder de livrar o indivíduo dessas formas despersonalizantes, o cidadão, o servidor, o servo de tal ou qual condição, nas quais o aprisionavam. Assim, o indivíduo, não mais gênero, vê-se posto no ponto de partida, assim como se torna o objeto último do conhecimento científico. Escoto reafirma, com esta tese, o primado do individual, negando existir, em si ou em Deus, a natureza ou a essência da qual os indivíduos participariam. Para ele, Deus conhece a todos singularmen-

---

[104] VILLEY, Michel. *A formação do Pensamento Jurídico Moderno.* São Paulo: Martins Fontes, 2005, p. 206

te, confiando a cada qual um lugar preciso na economia geral da salvação pessoal. à individualidade, definida como repugnância à divisão, é personificada ou subjetivada. Para Escoto, o ente pessoal é um universal concreto, porque, em sua unicidade, não é parte de um todo, mas sim um todo no todo. No conceito bem determinado de "pessoa", coincidem o particular e o universal. O homem – cada homem – não é uma determinação do universal. Enquanto realidade singular no tempo e irrepetível na história, ele, na realidade, é supremo e original, porque, graças à mediação de Cristo, destina-se ao diálogo com o Deus uno e trino da Escritura.[105]

Do princípio da individuação decorre, por conseqüência, a terceira grande proposição escotista: a "primazia da vontade sobre a inteligência", e não o contrário como acontece em São Tomás, onde se verificava uma certa prioridade da inteligência, que pautava a vontade, em Deus e no homem.

Nesta terceira tese articulada por Duns Escoto é tematizado o problema da ordem e da liberdade. Para Escoto, se Deus é livre e, ao criar, quis os entes singulares em sua individualidade, não as suas naturezas ou essências, então a contingência não diz respeito apenas à origem do mundo, mas também ao próprio mundo e a tudo aquilo que está nele, não excluindo nem mesmo as leis morais. O que se disse sobre a vontade de Deus pode também, guardadas as devidas proporções, ser dito sobre a vontade do homem. Duns Escoto destaca várias vezes, como bem observa Reale, o papel-guia da vontade, que atua sobre o intelecto, orientando-o para uma certa direção e afastando-o de outra. Se o intelecto opera sempre com toda a sua energia e, portanto, com necessidade natural, postulada pela natureza do objeto, a vontade é a única expressão verdadeira da transcendência do homem sobre o mundo das coisas.

Com tais teses, Escoto inicia todo um percurso que será profundamente trabalhado pelo liberalismo, consistente na preponderância dos indivíduos sobre qualquer ordem coletiva. Escoto planta o gérmen de todo o humanismo individualista que, posteriormente, será a base da primeira fase do constitucionalismo: a liberal-individualista.

3.2. GUILHERME DE OCKHAM E A TRANSIÇÃO PARA O DIREITO MODERNO

A mais consistente contribuição da escolástica para o direito constitucional moderno e contemporâneo vem do franciscano Guilherme de Ockham, cuja obra marcou a passaqem do direito clássico para o direito moderno. Em suas construções teórico-jurídicas podemos perceber o surgimento, quanto às fontes do direito, do *positivismo jurídico*, e quanto à sua estrutura, da noção de *direito subjetivo*. Ockham é a figura da tardia escolástica que mais do que qualquer outra representa o encerramento da Idade Média e a abertura do século XV.

---

[105] Ver REALE G. e ANTISERI D. *História da Filosofia*, v. 1, p. 608

Essa transição do medievo para o moderno manifesta-se já no século XIV, por uma crise na cosmovisão européia, que vai se caracterizar por uma ruptura do equilíbrio entre razão e fé. Mais do que ninguém, Ockham tinha consciência da fragilidade teórica da harmonia entre razão e fé, bem como do caráter subsidiário da filosofia em relação à teologia. As tentativas de Tomás de Aquino, Boaventura e Escoto no sentido de mediar a relação razão e fé com elementos aristotélicos ou agostinianos, através da elaboração de complexas construções metafísicas ou gnoseológicas, pareciam-lhe inúteis e danosas. O plano do saber racional, baseado na clareza e na evidência lógica, e o plano da doutrina teológica, orientado pela moral e baseado na luminosa certeza da fé, são planos assimétricos. São palavras de Ockham, em sua *Lectura Sententiarum*:

> Os artigos da fé não são princípios de demonstração nem conclusões, não sendo nem mesmo prováveis, já que parecem falsos para todos, para a maioria ou para os sábios, entendendo por sábios aqueles que se entregam à razão natural, já que só de tal modo se entende o sábio na ciência e na filosofia.[106]

Assim, no pensamento filosófico ockhamiano, as verdades da fé não são evidentes por si mesmas, como os princípios da demonstração; não demonstráveis, como as conclusões da própria demonstração; não são prováveis, porque parecem falsas para aqueles que se servem da razão natural. Para ele, o âmbito das verdades reveladas é radicalmente subtraído ao reino do conhecimento racional. A filosofia não é serva da teologia, que não mais é considerada ciência, mas sim um complexo de proposições mantidas em vinculação não pela coerência racional, mas sim pela força de coesão da fé.

Na seqüência dessa sua linha de pensamento, há em Ockham uma claríssima distinção entre Deus onipotente e a multiplicidade dos indivíduos, o que lhe induz a conceber o mundo como um conjunto ode elementos individuais, sem qualquer laço entre si e não ordenáveis em termos de natureza ou de essência. A exaltação do indivíduo é tal que Ockham nega até mesmo a distinção interna entre matéria e forma no indivíduo, distinção que, se fosse real, comprometeria a unidade e a existência do indivíduo. A partir disto, Ockham estrutura uma oposição ao realismo/holismo aristotélico/tomista.

O realismo, contra o qual Ockham escreve, reconhece em primeiro lugar uma realidade para os indivíduos, mas também considera reais os "universais". Os gêneros, as espécies, esses universais – o animal, o homem, o cidadão – não são apenas conceitos, mas têm existência fora de nossa mente. O mundo exterior não é apenas uma poeira de indivíduos; comporta em si mesmo uma ordem de classes em que vêm se incluir esses singulares e naturezas; e todo um sistema de relações entre indivíduos, acima dos indivíduos. Tudo isto existe em termos objetivos, independentemente do intelecto que o descobre nas coisas.

Essa idéia de uma ordem natural absolutamente fixa, necessária, escandaliza os franciscanos, como se fosse uma injúria à onipotência divina, uma negação do

---

[106] OCKHAM *apud* Reale e Antiseri, *História da Filosofia*, v. 1, p. 615.

milagre e da ação direta de Deus sobre cada vida individual. Já São Boaventura e Duns Escoto denunciam a idéia de uma natureza objetiva e impessoal, mas é Guilherme de Ockham quem realmente faz a ruptura com esta perspectiva holista.

Como primeiro movimento contra o realismo, Ockham estabelece uma clara distinção entre as coisas e seus signos: as palavras (como os termos universais) são apenas signos das coisas, e um raciocínio metódico conduz à conclusão de que as coisas só podem ser, por definição, "simples", isoladas, separadas; ser é ser único e distinto. O homem ou o animal – e tampouco a animalidade, a humanidade – não são coisas, não são seres. Há, com isso, uma completa rejeição do realismo.

Desprezando o geral em benefício do singular, entende Ockham que só os indivíduos existem: só Pedro, Paulo, aquela árvore, aquele bloco de pedra são reais, só eles constituem "substâncias". Quanto ao homem, quanto ao vegetal ou ao mineral, isso não existe, e poderíamos dizer o mesmo de todas as noções gerais. Não há natureza das coisas, natureza do homem, formas comuns, causas finais. Só possuem existência real esses indivíduos singulares, de que, de resto nos é dado um conhecimento imediato e intuitivo, e que designamos por estes signos que são os nomes próprios.

Os universais para Ockham são apenas signos, termos da linguagem, nomes, mas que desempenham na nossa lógica uma função particular: servem para "conotarmos (isto é, para notarmos juntos) vários fenômenos singulares; exprimem uma semelhança ou uma relação percebida entre vários seres singulares. Os termos gerais não dizem nada em si mesmos, nada exceto um conhecimento imperfeito e parcial entre os indivíduos. O único conhecimento perfeito, verdadeiramente adequado ao real, é o do individual.

Desse primado absoluto do indivíduo, duas conseqüências são inevitáveis historicamente: antes de mais nada, em contraste com as concepções aristotélicas e tomistas, segundo as quais o verdadeiro saber tem como objeto o universal, Ockham considera que o objeto próprio da ciência é constituído pelo objeto individual; a segunda conseqüência é que todo o sistema de causas necessárias e ordenadas, que constituíram a estrutura do cosmos platônico e aristotélico, cede seu lugar a um universo fragmentado em inúmeros indivíduos isolados, absolutamente contingentes porque dependentes da livre escolha divina. Villey, neste sentido, vincula o futuro desenvolvimento das ciências modernas experimentais indutivas ao pensamento ockhamiano, pois, segundo ele, em Ockham a razão natural do homem tem por objeto não mais os "universais", as "naturezas", mas as coisas individuais da maneira como Deus as "dispôs" na criação. Também, sem dúvidas, ao nominalismo está associada a ancestralidade do positivismo, no sentido da palavra dado por Comte, pois o próprio termo faz parte do vocabulário ockamiano (*res positivae*).[107]

Mas a projeção do nominalismo também se desdobraria além da geração de uma crise na teologia ou na renovação do método das ciências. Também chegaria

---

[107] VILLEY, *A formação do pensamento jurídico moderno*, p. 232-233.

ao direito, determinando a superação do direito natural e a gênese da idéia de direito subjetivo.

O direito natural, considerado em sua perspectiva metódica, como alternativa que tomava como ponto de partida para a descoberta das soluções jurídicas a observação da *Natureza* e da ordem que dela emana, foi alvo de Ockham na medida em que o nominalismo, ao contrário, pensava todas as coisas a partir do indivíduo: o indivíduo (não mais a relação entre vários indivíduos) torna-se o centro de interesse da ciência do direito; o esforço da ciência jurídica tenderá doravante a descrever as qualidades jurídicas do indivíduo, a extensão de suas faculdades, de seus direitos individuais. Esta concepção individualista reflete-se diretamente sobre a constituição de um protopositivismo, pois as normas jurídicas não podendo mais ser extraídas da própria ordem que antes se acreditava ler na *Natureza*, têm que ser buscadas exclusivamente nas vontades positivas dos indivíduos. Assim, é preciso concordar necessariamente com Villey, para quem "todas as características essenciais do pensamento jurídico moderno já estão contidas em potência no nominalismo".[108]

Os prolegômenos de um positivismo parecem em Ockham na medida em que ele apenas reconhece como objeto do conhecimento *"res positivae"* singulares: Isso quer dizer que ele também só pode reconhecer como fontes de direito fórmulas de leis, expressões de vontades individuais, e não mais ordem da natureza.

Outra valiosíssima contribuição de Ockham para o pensamento jurídico moderno e, sem dúvida, para o próprio constitucionalismo, vem a ser a sua concepção de direito subjetivo. Em sua obra *Opus nonaginta dierum*, Ockham propõe-se a discutir a bula *Quia vir reprobus*, a última daquelas com as quais João XXII fulminou os franciscanos. Ockham começa formulando definições, precisamente as dos termos jurídicos que são o foco do litígio: *usus facti, usus juris, jus utendi, res usu consumptibilies, dominium* e *proprietas*.

Na estruturação desses conceitos que não mais traduziam concepções antigas, Ockham atribui-lhes um sentido de poder. A noção de direito em Ockham ganha decididamente o sentido de poder. Todo direito é um poder, e ninguém pode ser privado de seu direitos sem causa ou sem consentimento. Esse poder é atribuído aos indivíduos pela concessão feita por uma lei positiva. E esse direito vem acompanhado de uma sanção que consiste essencialmente num poder de agir na justiça. Assim, cada direito será especificado pelo conteúdo do poder, vindo, a partir disto, a se delinear na obra de Ockham o gérmen da obra jurídica moderna no sentido do estabelecimento de uma classificação formal dos direitos subjetivos.

Dessa junção das idéias de direito e de poder nasce uma concepção de direito subjetivo que se contrapõe às construções jurídicas da Antiguidade clássica. Se em Aristóteles, por exemplo, a ciência é geral e apóia-se numa ordem cósmica, decorrendo disto que o direito busca uma harmonia na *pólis*, tomada como um fim

---

[108] VILLEY, *A formação do pensamento jurídico moderno*, p. 233.

em si mesma, em Ockham, em sentido contrário, a ciência segundo a perspectiva nominalista, gravita em torno do indivíduo e, conseqüentemente, o direito apenas se propõe a servir ao indivíduos, tem uma utilidade unicamente individual. O sistema jurídico em Ockham tem por eixo o poder do indivíduo; todo o direito está composto de poderes individuais, uma vez que a única realidade é o indivíduo, a fonte de toda ordem do direito só pode ser a vontade e o poder de um indivíduo e, primeiro, desse ser individual ao qual todos os homens estão submetidos, a pessoa divina.

Concordando com Villey, o tempo de Ockham marca um momento copernicano da história da ciência do direito, a fronteira de dois mundos, pois surge uma nova ordem social, da qual o direito individual será a célula elementar, e que se construirá inteiramente sobre a noção de *potestas*, elevada à dignidade de direito.[109]

Em fechamento à contribuição escolástica de Ockham, é preciso concluir que este célebre franciscano iniciou o percurso teórico que viria a ser, posteriormente, a estrutura central do pensamento constitucionalista liberal: a idéia de direitos subjetivos baseada na centralidade axiológica do indivíduo e na sua preponderância sobre qualquer totalidade.

---

[109] VILLEY, M, *A formação do pensamento jurídico moderno*, p. 288

4. A versão moderna do conflito entre individualistas e coletivistas: liberais *versus* socialistas

Um outro momento na tradição cultural do Ocidente, que abriga o conflito entre individualistas e coletivistas, situa-se no período compreendido entre o início das construções teóricas do liberalismo, especialmente nos séculos XVII e XVIII, complementando-se com a contraposição estabelecida pelos socialistas no século XIX.

A profundidade e a sofisticação das concepções liberais-individualistas, além das repercussões práticas de suas elaborações na vida cotidiana de todos nós, e, da mesma forma, as respostas e contrastes socialistas, foram de tal ordem de importância que as suas conseqüências se fazem sentir até os dias de hoje, de modo muito intenso, especialmente através da hegemonia, que mantém contemporaneamente os ideários individualistas e capitalistas liberais no *habitus* e, conseqüentemente, nos produtos intelectuais dos juristas.[110]

Esse recorte deixará de lado uma ampla gama de temas sobre os quais se estruturaram essas duas tradições na modernidade, tendo em vista os objetivos do trabalho neste ponto, qual seja, identificar tradições de pesquisa centradas no indivíduo e na coletividade, para, num momento seguinte, tentar demonstrar os reflexos desse debate na constituição de modelos constitucionais, especialmente o brasileiro. Por isso, ficará restrito ao papel e à relevância que os motes indivíduo e coletividade assumiram na construção histórica destas tradições sobre as quais deita raízes o direito constitucional da modernidade, e, sem qualquer dúvida, o contemporâneo.

4.1. O INDIVIDUALISMO LIBERAL: DA NEGAÇÃO DAS TRADIÇÕES À CONSTITUIÇÃO DE UMA TRADIÇÃO INDIVIDUALISTA DA MODERNIDADE

O termo *liberal* aparece desde a Idade Média, com um sentido bastante diverso ao empregado na modernidade. Liberal é o homem capaz de "liberar", de

---

[110] Deixou-se de abordar, no presente trabalho, algumas concepções individualistas que marcaram, por exemplo, a tradição cristão de pensamento, especialmente através do pensamento de Tomás de Aquino ou, por outro lado, as concepções nominalistas, como desenvolvidas em Occam que, de alguma forma, possuem elementos teórico-filosóficos que indicam o desenvolvimento de teorias individualistas. Acerca de tais elementos individualistas na obra destes dois autores, ver DUMONT, Louis. *Ensaios sobre o individualismo*, p. 33-69 e 71-5.

"liberalidades". Fala-se também de "artes liberais" para denominar, no campo dos conhecimentos eruditos, todos os saberes que apelam para a razão humana e têm uma utilidade técnica, em distinção à teologia. O termo toma seu sentido atual somente no final do século XVIII, nos escritos de Mirabeau, de Paine e de Jefferson. Para eles, "liberal" se opõe ao "despótico". A palavra é assim conotada positivamente para designar toda atitude favorável à defesa das liberdades individuais e políticas

O Liberalismo surgiu na Europa, entre os séculos XVII e XVIII, como uma nova cosmovisão, constituída pelos valores, crenças e interesses da burguesia na sua luta histórica contra a dominação do feudalismo aristocrático fundiário. Tornou-se a expressão de uma ética individualista guiada pela noção de liberdade total, presente em todos os aspectos da realidade, desde o filosófico até o social, o econômico, o político, o religioso, etc.[111] O liberalismo designa, assim, genericamente, uma sensibilidade filosófica e política que reivindica a primazia da liberdade individual sobre os outros valores.

Do ponto de vista da ação humana, na sociedade tradicional, o homem está sujeito a forças impessoais ou a um destino sobre o qual não pode interferir. Sua ação somente tende a conformar-se com uma ordem concebida, pelo menos no pensamento ocidental, como um mundo racional que ele deve compreender. O mundo do sagrado é, ao mesmo tempo, um mundo criado e animado por um deus ou por um grande número de divindades e um mundo inteligível. Nele, a função do homem é a de contemplar a criação e descobrir suas leis ou ainda encontrar as idéias por trás das essências.

A modernidade, contexto de surgimento do Liberalismo, movimenta-se no sentido contrário a tudo isso. É, lembra Touraine, a antitradição, a derrubada das convenções, dos costumes e das crenças, a saída dos particularismos e a entrada no universalismo, ou ainda a saída do estado natural e a entrada na idade da razão.[112] Há, utilizando a expressão de Max Weber, o desencantamento do mundo, tanto pelo triunfo da razão, quanto pela liquidação da correspondência entre um sujeito divino e uma ordem natural.

Assim, utilizando a sistematização de Touraine, a modernidade compõe-se fundamentalmente de duas figuras: a eficácia da racionalidade instrumental e a emergência do sujeito humano como liberdade e como criação. Racionalização e subjetivação aparecem ao mesmo tempo. O *logos* divino que atravessa a visão pré-moderna é substituído pela impersonalidade da lei científica, mas também e simultaneamente pelo Eu do Sujeito.[113] Para o mencionado pensador francês, nesse passo, a modernidade não é a passagem de um mundo múltiplo, de uma abun-

---

[111] Ver a respeito WATKINS, Frederic; KRAMNICK, Isaac. *A idade da ideologia*. Brasília: UnB, 1981; LASKI, Harold J. *O Liberalismo europeu*. São Paulo: Mestre Jou, 1973; WOLKMER, Antônio Carlos. *Ideologia, Estado e Direito*. São Paulo: RT, 1989; LANZONI, Augusto. *Iniciação às ideologias políticas*. São Paulo: Ícone, 1986.

[112] TOURAINE, Alan. *Crítica da Modernidade*. 7. ed. Petrópolis: Vozes, 2002, p. 216.

[113] *Idem*, p. 218.

dância de divindades para a unidade do mundo revelada pela ciência; ao contrário, ela assinala a passagem da correspondência entre microcosmo e macrocosmo, entre o universo e o homem, para a ruptura que traz o Cogito cartesiano e que logo será aumentada pela invasão dos sentimentos e do individualismo burguês no século XVIII.[114]

O mundo moderno é, assim, diferentemente do mundo medieval tradicional, cada vez mais ocupado pela referência a um Sujeito que está libertado, isto é, que coloca, como princípio do bem, o controle que o indivíduo exerce sobre suas ações e sua situação que lhe permite conceber e sentir seus comportamentos como componentes da sua história pessoal de vida, conceber a si mesmo como ator. O sujeito é, assim, no dizer de Touraine, a vontade de um indivíduo de agir e de ser reconhecido com ator.[115]

Enquanto, na pré-modernidade, o homem procurava a sabedoria e se sentia obstaculizado por forças impessoais, por seu destino, pelo sagrado e também pelo amor, na modernidade, há a substituição dessa sujeição ao mundo pela integração social.[116] Dessa forma, a modernidade triunfa ao reconhecer não só o lugar social do homem, mas também e principalmente, a sua natureza.

A produção histórica do sujeito se dá na medida em que a vida e o mundo estão ligados ao indivíduo, considerado como uma unidade particular, onde se misturam a vida e o pensamento, a experiência e a consciência. O sujeito é, frisa Touraine, numa perspectiva psicanalítica, a passagem do Id ao Eu – decorrente de uma ação do superego em relação ao Id –, o controle exercido sobre o vivido para que tenha um sentido pessoal, para que o indivíduo se transforme em ator que se insere nas relações sociais transformando-as, mas sem jamais identificar-se completamente com nenhum grupo, com nenhuma coletividade.[117]

Com isso, consolida-se a modernidade sobre um processo de subjetivação, considerado como a penetração do Sujeito no indivíduo e, portanto, a transformação – parcial – do indivíduo em Sujeito. Nesse processo, o que era da ordem do mundo torna-se princípio de orientação de condutas. É o contrário da submissão do indivíduo a valores transcendentes. O homem, em vez de se projetar em Deus, torna-se o fundamento dos valores, já que o princípio central da moralidade se torna a liberdade.[118]

Sob esse aspecto, as interpretações do Liberalismo procuram, de uma ou outra maneira, definir o seu espírito, consistindo este em nova concepção de homem, que foi se afirmando na Europa, em ruptura com a Idade Média, e que teve, como

---

[114] TOURAINE, Alan. *Crítica da Modernidade*, p. 219.

[115] *Idem*, p. 220.

[116] A idéia de integração social como superação da concepção medieval de submissão ao mundo vai exatamente ao encontro da idéia de contrato social, dentro de uma perspectiva estritamente individualista. Pelo contrato social, em suas diferentes elaborações, os indivíduos, considerados atomizadamente, têm a possibilidade de integrarem-se em uma sociedade na qual todos podem participar de um processo de construção, de transformação.

[117] TOURAINE, Alan. *Crítica da Modernidade*, p. 220.

[118] *Idem*, p. 222.

suas etapas essenciais, a Renascença, a Reforma e o racionalismo (de Descartes ao Iluminismo).[119]

A Renascença, pela sua concepção antropocêntrica em contraste com o dualismo medieval, pela sua percepção orgulhosa e otimista do mundo a ser inteiramente conquistado, representa a primeira ruptura radical com a Idade Média, na qual não havia espaço cultural para a consciência do valor universal e criador da liberdade, oferecida unicamente sob a forma de privilégios. Mais tarde, a Reforma Protestante – principalmente o Calvinismo – traz a doutrina do livre exame, derrubando o princípio da necessidade de uma hierarquia eclesiástica como órgão de mediação entre o homem e Deus, e buscando a liberdade de religião, como formas de emancipação da consciência do indivíduo.

Desse modo, considerando a relevância dos conceitos de Sujeito e indivíduo para as construções teóricas que envolvem a modernidade e o Liberalismo, as origens deste último coincidem, em grande parte, com a própria formação da "civilização moderna" (européia), que se constitui na vitória do imanentismo sobre o transcedentalismo, da liberdade sobre a revelação, da razão sobre a autoridade, da ciência sobre o mito.[120]

---

[119] No campo mais restrito da filosofia do conhecimento, com Descartes inicia-se um processo de negação da tradição. É importante destacar que, tanto no dogmatismo metafísico grego, seja ele realista, ou idealista, como no dogmatismo teológico medieval, a verdade se manifestava fora do âmbito do sujeito. Este poderia acercar-se dela, ou pelo filosofar, ou pelo exercício da fé. A essência da revolução provocada por Descartes encontra-se em uma inversão de perspectivas: para ele, é o sujeito que, utilizando-se de seu intelecto, descobre as verdades eternas que, através de sua teoria metafísica, são garantidas por Deus. Esta teoria, embora se suporte na crença na existência de um ser transcendente criador das verdades eternas, atribui ao sujeito uma independência radical. Assim, Descartes, ao afirmar a autonomia de cada indivíduo para buscar as certezas que devem orientar sua vida, dá um passo a mais em um longo percurso, através do qual se forma a idéia do "eu". Em sua filosofia, o sujeito adquire um inédito grau de soberania, passando o "eu" a ser considerado como o único responsável pelo direcionamento, tanto do pensamento, como das ações práticas dos indivíduos. Na tentativa de resolver o problema consistente em relacionar as verdades das ciências com as verdades da fé, Descartes cria uma teoria que atribui ao homem a possibilidade de, não apenas se autodeterminar, como também, de dominar a natureza. Mas esta faculdade humana seria obra da liberdade criadora de Deus. Ver a respeito RIBEIRO, Eduardo Ely Mendes. *Individualismo e Verdade em Descartes*. O processo de estruturação do sujeito moderno. Porto Alegre: EdiPUC-RS, 1995, p. 10.

[120] Alguns autores, como, por exemplo, Matteuccci, não concordam com a relevância e, em alguns casos, nem tampouco com a causalidade atribuída à Renascença, à Reforma Protestante e ao racionalismo para a formação do credo liberal. Quanto à Renascença, entendem que está totalmente ausente do pensamento liberal, sempre atento à realidade, o ideal renascentista de Prometeu, a orgulhosa certeza de que o homem, quebradas as correntes, teria realizado na terra sua emancipação total. Para eles, nesse aspecto, o radical pessimismo antropológico, pelo qual compete ao liberal apenas um trabalho paciente de reconstrução contra as ameaças, sempre novas e diferentes, à liberdade, não lhe permite chegar a esta visão perfeccionista. Também são da posição de que o pensamento liberal não partilha do racionalismo construtivista característico de uma parte do Iluminismo, ou seja, daquela total confiança na razão, sustentada pela vontade da maioria, ou na ciência, como tendo condições para construir a verdadeira ordem política, planejando a vida social. Em outras palavras, o Liberalismo não acredita na sociedade como uma máquina que possa ser artificialmente construída de acordo com um modelo doutrinário; ao contrário, vê a sociedade como um organismo que precisa crescer de acordo com as tensões provocadas pelas forças que nele se encontram, na liberdade dialética dos valores por ele manifestados. Por fim, crêem que o pior engano consiste em ver no Liberalismo uma conseqüência da Reforma. Entendem que, se alguns referenciais de procedência cristã foram assumidos pelo pensamento liberal, eles têm origem, tanto na tradição da Reforma católica (o livre arbítrio de Erasmo), quanto na tradição da Reforma protestante (o pessimismo antropológico). Quanto a isso, também são da convicção de que estes referenciais são assumidos num contexto de síntese, que é político, secular, e não religioso, visto buscar não a salvação ultraterrena, e sim, uma ordem política

Se dúvidas e titubeios ainda persistem quanto à profundidade, e não quanto à existência, das relações entre a Renascença, a Reforma Protestante e o racionalismo, e a formação do credo liberal, reticência alguma há quanto à estreita ligação entre o liberalismo e a teoria do individualismo, própria da cultura da Europa moderna. Entretanto, é preciso ter em conta, num outro plano de percepção, que o liberalismo é apenas uma das soluções políticas desta teoria, a que se revelou historicamente vitoriosa mediante as várias Declarações dos Direitos do Homem e do Cidadão que consagram a liberdade – no plural – de cada cidadão.

Em seus primórdios, o liberalismo se constitui na bandeira revolucionária que a burguesia capitalista, apoiada pelos camponeses e pelas camadas sociais menos favorecidas, utiliza contra o Antigo Regime Absolutista. No entanto, apesar de, no início, o liberalismo assumir uma forma revolucionária marcada pela "liberdade, igualdade e fraternidade", que favorecia tanto os interesses individuais da classe burguesa enriquecida, quanto os dos seus aliados economicamente explorados, mais tarde, contudo, quando o capitalismo começa a passar à fase industrial, a burguesia, assumindo o poder político e consolidando seu controle econômico, começa a aplicar, na prática, somente os aspectos da teoria liberal que mais lhe interessam, denegando a distribuição social da riqueza e excluindo o povo do acesso ao governo.[121]

Sob outro aspecto, pode-se considerar que o liberalismo tinha e tem como projeto fundamental, construir um tipo de ordem social na qual os indivíduos possam emancipar-se da contingência e da particularidade da tradição, através do recurso a normas genuinamente universais e independentes da tradição. Paradoxalmente, como convenientemente observa MacIntyre, o liberalismo, que começou como um apelo a supostos princípios de racionalidade compartilhada, contra o que se considerava como a tirania da tradição, foi transformado em tradição, cujas continuidades são parcialmente definidas pela interminabilidade do debate de tais princípios.[122]

---

terrena, fundamentada nas liberdades civis e no controle do poder político. Ver a respeito BOBBIO, Norberto; MATTEUCCI, Nicola; PASQUINO, Gianfranco. *Dicionário de Política*, p. 696-7. Sem embargo a robustez dos argumentos que formam o arsenal argumentativo de autores como Matteucci, não é possível negar a relevância de tais antecedentes para o Liberalismo. O Renascimento é o primeiro ponto de ruptura em direção ao individualismo, ao deslocar o centro da razão do e divino para o terreno. A Reforma Protestante tem um importante papel na superação do monopólio cristão de interpretação das escrituras, causando, com isso, uma quebra no senso comum hermenêutico da época, bem como tem uma posição de destaque na luta pelo estabelecimento das liberdades negativas, ao deixar marcada sua posição quanto à inviolabilidade da consciência e da liberdade religiosa. Enfim, parece restar poucas hesitações quanto à influência do cartesianismo no modo de ser de toda uma geração de pensadores liberais. A idéia do método e da refutação pela experiência marcaram, de forma contundente, a constituição da ciência moderna, fazendo sentir seus efeitos de modo peculiar até nossos dias.

[121] LANZONI, Augusto. *Iniciação às ideologias políticas*, p. 17-9.

[122] MACINTYRE, Alasdair. *Justiça de Quem? Qual racionalidade?*, p. 361. Veja-se, por exemplo, quanto a este aspecto, que no campo do direito penal, não há tradição alguma mais sólida e duradoura que a liberal. Desde a inauguração do Liberalismo penal, com a publicação, por Cesare de Beccaria do seu "Dos Delitos e das Penas", a tradição liberal ocupa um lugar hegemônico nos embates que envolvem a limitação do poder penal do Estado, a principiologia penal, o estabelecimento de garantias e tantos outros de extrema importância nas análises e discussões que envolvem sistemas penais. Isto, sem dúvida, confirma literalmente a tese de MacIntyre acerca de que o Liberalismo, nascido em um combate à tradição, transformou-se em um sólida tradição.

A finalidade inicial do projeto liberal era fornecer um esquema político, legal e econômico, no qual o fato de concordar com o mesmo conjunto de princípios racionalmente justificáveis tornaria aqueles que têm concepções amplamente diferentes e incompatíveis da boa vida para os seres humanos capazes de viver juntos pacificamente dentro da mesma sociedade, desfrutando da mesma posição política e assumindo as mesmas relações econômicas.

Nesse projeto, a liberdade individual[123] exerce um papel extremamente importante e uma estreita relação com a concepção liberal de bem. Somente dentro de uma ampla concepção atomista de liberdade, o indivíduo pode propor e viver de acordo com qualquer concepção de bem que lhe apraza. A principal ótica tomada pelo liberalismo em relação ao problema da liberdade sempre a colocou em um confronto dialético com a realidade estatal. Na doutrina do liberalismo, utilizando as palavras de Bonavides, o Estado foi sempre um atemorizador do indivíduo; o poder estatal foi, nessa perspectiva, sempre um inimigo da liberdade, representando ele próprio, através de suas infra-estruturas, e a sua soberania uma antítese à liberdade primitiva.[124]

De todo exposto, é possível condensar algumas idéias fundamentais que caracterizam o liberalismo político e jurídico. Nay sintetiza, pontualmente, cinco grandes princípios fundadores das teorias políticas do liberalismo que, subseqüentemente, viriam a alimentar instituições político-jurídicas no constitucionalismo liberal:

---

[123] A idéia de liberdade individual impulsiona profundamente, por exemplo, as elaborações teóricas de Locke, especialmente a sua teoria dos direitos individuais inalienáveis. A construção filosófico-política de Locke em torno dos direitos naturais inalienáveis do indivíduo à vida, à liberdade e à propriedade constitui-se no cerne de sua concepção de estado civil, sendo isto um dos principais fundamentos da consideração deste pensador como o pai do individualismo liberal e, até mesmo, em que pesem as elaborações anteriores de Grócio, Descartes e Hobbes, como o precursor e consolidador da tradição de pesquisa liberal-individualista. Ao tratar do modo como se iniciam as sociedades políticas, diz Locke que *sendo os homens, como já foi dito, iguais e independentes, ninguém pode ser privado dessa sua condição, nem colocado sob o poder político de outrem sem o seu próprio consentimento.* Para aquele que pode ser considerado o pai do Liberalismo, a única maneira pela qual uma pessoa qualquer pode abdicar de sua liberdade natural e revestir-se dos elos da sociedade civil é concordando com outros homens em juntar-se e unir-se em uma comunidade, para viverem confortável, segura e pacificamente uns com os outros, num gozo seguro de suas propriedades e com maior segurança contra aqueles que dela não fazem parte. A formação de um corpo político único dar-se-ia pela vontade e determinação da maioria. Como conseqüência do consentimento, todo homem, ao dar anuência com outros em formar um corpo político único sob um governo único, assumiria uma obrigação, perante todos os membros dessa sociedade, de submeter-se à determinação da maioria e acatar a decisão desta. Por conseguinte, sendo o consentimento de um número qualquer de homens livres capazes de uma maioria, no sentido de se unirem e incorporarem a uma tal sociedade, o que inicia e de fato constitui qualquer sociedade política, também é isso que, segundo Locke, pode dar origem a qualquer governo legítimo no mundo. Ver a respeito LOCKE, John. *Dois Tratados sobre o Governo Civil.* São Paulo: Martins Fontes, 1998, p. 471-2 e ALMEIDA MELLO, Leonel Itaussu. John Locke e o individualismo liberal. In: WEFFORT, Francisco C. (org.). *Os Clássicos da Política.* São Paulo: Ática, 1989. v. 01, p. 86. O exemplo é centrado em Locke, pois este pode ser considerado o autor cujas elaborações teóricas consolidaram a existência da tradição liberal. Acerca disso diz Bobbio, destacando os aspectos mais relevantes do pensamento de Locke que, *através dos princípios de um direito natural preexistente ao Estado, de um Estado baseado no consenso, de subordinação do poder executivo ao legislativo, de um poder limitado, de direito de resistência, Locke expôs as diretrizes fundamentais de um Estado liberal.* Ver a respeito BOBBIO, Norberto. *Direito e Estado no pensamento de Kant.* Brasília: UnB, 1984, p. 41.

[124] BONAVIDES, Paulo. *Do Estado Liberal ao Estado Social.* 4. ed. Rio de Janeiro: Forense, 1980, p. 2.

a) O primeiro é a recusa do absolutismo. Para os primeiros liberais, o poder absoluto do Estado é o território do despotismo. Para limitar o arbitrário político, a única solução consiste, por um lado, em impedir a concentração do poder no seio do Estado e, por outro, em proteger os diferentes "corpos intermediários" que formam a sociedade fora do Estado (a partir do século XIX se falará da "sociedade civil");

b) O segundo princípio é a figura inversa do primeiro: a defesa da liberdade. O homem é livre, de fato, quando não é inquietado pelo Estado. Com se verá, a liberdade será estendida, no século XVIII, ao conjunto de "direitos naturais" e, na Revolução Francesa, aos "direitos civis". Assim, para o liberalismo, nenhum poder, qualquer que seja, pode ter a pretensão de orientar a consciência individual;

c) O terceiro princípio do liberalismo político é o pluralismo. Como a liberdade, ele exprime a rejeição do absolutismo. Mas, ao contrário da liberdade, não é um valor em si; é simplesmente um princípio de organização da vida social. É a garantia de que um poder pode ser para a qualquer momento por outro poder, que um grupo será sempre limitado pela existência de outros grupos, que uma opinião será eternamente confrontada com outra opinião. Nenhum elemento, na sociedade, pode, pois, aspirar à hegemonia e oprimir todos os outros;

d) O quarto princípio é a soberania do povo. O pensamento liberal é moderno pelo fato de considerar que o poder civil não depende do governo de Deus, mas permanece um assunto propriamente humano;

f) Por fim, o quinto princípio liberal consiste na defesa do governo representativo. Tal princípio surge da desconfiança liberal em relação ao poder concentrado, por um lado, e da democracia direta, por outro. Os representantes são os delegados da sociedade no Estado; garantem que o poder seja exercido sob o controle daqueles que obedecem a ele.[125]

Estes cinco princípios do liberalismo político são, sem dúvida alguma, o núcleo mais consistente de projeções liberais sobre a construção de instituições constitucionais e compõem o que os constitucionalistas denominam "liberalismo constitucional" ou "constitucionalismo liberal".

Sob outro aspecto, o liberalismo, no mesmo passo em que inicialmente rejeita as asserções de qualquer teoria suprema do bem, na verdade expressa justamente uma teoria desse tipo, assentada sobre as bases do individualismo, segundo o qual o indivíduo, titular de direitos inatos, os exerceria na sociedade, que aparece como ordem positiva frente ao Estado, ou seja, frente à negação, que, por isso mesmo, surge na teoria jusnaturalista[126] rodeada de limitações,

---

[125] NAY. Olivier, *História das idéias Políticas,* p. 196-197.

[126] O direito natural pode ser considerado como uma das bases fundamentais sobre as quais estruturou-se a tradição liberal-individualista moderna. A idéia de uma lei natural não é uma construção exclusivamente moderna, mas constitui-se em um dos elementos teóricos centrais da tradição individualista moderna. Presente já na Antiguidade, no pensamento de Platão e Aristóteles, ou no medievo no pensamento de Tomás de Aquino e Guilherme de Ockan, na modernidade, as teses jusnaturalistas ganham um considerável espaço ao ponto de constituírem um

indispensáveis à garantia do círculo em que se projeta, soberana e inviolável, a majestade do indivíduo.[127]

É desde esta cultura filosófico-política que Kant irá falar do "Estado gendarme" ou Lassale do "Estado guarda-noturno", modelos demissionários de qualquer responsabilidade na promoção do bem comum que somente será alcançado, nessa perspectiva, quando os indivíduos se entregarem à livre e plena expansão de suas energias criadoras, fora de qualquer obstáculo estatal.

A visão liberal de Estado o coloca, assim, como uma criação deliberada e consciente dos indivíduos que o compõem. A visão consensual-contratualista,[128] momento teórico fundamental da concepção moderna de atuação e limites estatais, presente no pensamento de Hobbes, Locke, Rousseau e Kant,[129] para restringir o

---

dos espaços vitais para o surgimento do Liberalismo. Grócio, Pufendorf e Hume podem ser apontados como os precursores modernos de uma teoria jusnaturalista. A Grócio atribui-se, com certa freqüência, com a publicação, em 1625, do seu *De Jure Bellis ac Pacis*, as manifestações teóricas mais remotas de constituição da tradição liberal-individualista moderna de pesquisa. Nesse livro expõe o jurista holandês os elementos de um direito universal que tem como meta definir os princípios que regulam as relações entre Estados soberanos, tanto na paz quanto na guerra e, através disso, proteger os indivíduos envolvidos nos conflitos. Talvez a contribuição mais importante de Grócio para a constituição da tradição liberal-individualista, mais ainda que suas construções jusnaturalistas, esteja no destaque por ele dado ao homem e sua natureza, pois é, sobre uma concepção central do homem como animal racional e social, que Grócio interpreta o Direito e a sociedade política. Com essas construções teóricas, Grócio substitui, na opinião de Châtelet, Duhamel e Pisier-Kouchner, os esquemas organicistas e comunitários (do *jus gentium* ciceroniano ao "corpo místico" cristão) e as teorias do Ato fundador (de Maquiavel e Bodin) por uma perspectiva que garante a continuidade do direito privado – que as pessoas possuem por causa de sua natureza humana – e o direito público. Ver a respeito CHÂTELET, François; DUHAMEL, Olivier; PISIER-KOUCHNER, Evelyne. *História das Idéias Políticas*, p. 50. Ainda que autores como Richard H. Cox ou Simone Goyard-Fabre entendam que Grócio tenha avançado muito pouco na constituição do individualismo moderno, é preciso pontuar que, mesmo não fixando as linhas definitivas desta concepção de homem, sociedade e Estado, tais como se observam posteriormente em Hobbes e Locke, por exemplo, no seu pensamento, encontram-se bases teóricas fundamentais que, somadas aos desenvolvimentos filosófico-políticos posteriores, irão levar a consolidação do Liberalismo-individualista. Ver a respeito COX, Richard H. *Hugo Grocio*. In: STRAUSS, Leo; CROPSEY, Joseph (org.). *História da Filosofia Política*. México: Fondo de Cultura Económica, 1996, p. 370 e GOYARD-FABRE, Simone. *Dicionário de Ética e Filosofia Moral*. Verbete "Lei Natural. São Leopoldo: Unisinos, 2003. 2. v.; v. 2, p. 36 e ss. Sobre a importância do pensamento de Grócio para a constituição do Liberalismo, ver MERQUIOR, José Guilherme. *O Liberalismo antigo e moderno*. Rio de Janeiro: Nova Fronteira, 2001, p. 40-1. Ver também FINNIS, John. *Ley Natural y Derechos Naturales*. Buenos Aires: Abeledo-Perrot, 1992, p. 57 e ss.

[127] BONAVIDES, Paulo. *Do Estado Liberal ao Estado Social*, p. 3.

[128] Nessas célebres construções filosófico-políticas que marcaram o início do pensamento liberal, as situações sociais iniciais, pensadas através de diferentes modelos de estado de natureza, foram construídas dentro de paradigmas estritamente individualistas. Concebidas basicamente como meras hipóteses lógicas negativas, ainda que para alguns autores possa ter havido uma ocorrência histórica (Locke e Rousseau), nelas, a característica e a tipificação da natureza assume um papel relevante para determinar o grau de tranqüilidade e bondade ou egoísmo e bestialidade do homem. O homem, nesses termos, poderá ser bom (Locke, Rousseau) ou mau (Hobbes) numa condição de plena liberdade em que o vínculo que o une é essencialmente racional. Ver a respeito STRECK, Lenio Luiz e MORAIS, Jose Luis Bolzan de. *Ciência Política e Teoria Geral do Estado*. Porto Alegre: Livraria do Advogado, 2000, p. 35.

[129] Para Locke, não é qualquer pacto que põe fim ao estado de natureza entre os homens, mas apenas o acordo mútuo e conjunto de constituir uma comunidade e formar um corpo político. Dado que os indivíduos não são capazes de realizar suas provisões, por si mesmos, de uma quantidade conveniente das coisas necessárias para viver a vida que a natureza humana deseja, uma vida adequada à dignidade do homem, são naturalmente induzidos, a fim de suprir esses defeitos e imperfeições próprios do isolamento, a buscar a comunhão e a associação com outros. Foi por essa razão que os homens começaram a unir-se em sociedades políticas, encontrando-se

universo contratualista aos seus principais expoentes, está amplamente vinculada ao conceito de sujeito, num panorama eminentemente atomista. Seja tomando-se em conta em Hobbes o argumento das emoções, instintos e paixões fundamentais dos indivíduos, considerados como unidades abstratas, como sendo a principal força geradora da ordem político-jurídica das sociedades; ou em Locke, individualismo ético, em que o indivíduo, em toda sua significação, torna-se o ponto de partida e o momento final teleológico, tanto do pensamento, quanto da vida pública, seja o individualismo concreto de Rousseau, que alimentou a construção de um contrato social como base de uma vontade geral dirigida a uma liberdade pública; ou a liberdade kantiana como a integração da vontade individual numa ordem racional de fins, numa perspectiva de autonomização.[130] Em todas elas, observa-se a vinculação da noção de consenso/contrato ao conceito atomista de sujeito.[131]

Com a pretensão moderna de romper todo e qualquer laço com as tradições, o liberalismo buscou estabelecer uma posição de neutralidade, a partir da concep-

e permanecendo no *estado de natureza* até que, por seu próprio consentimento, se tornam membros de uma sociedade política. Ver a respeito LOCKE, John, *Dois Tratados sobre o Governo*, p. 393-4. Já em Hobbes, os homens firmam entre si um *pacto de submissão* pelo qual, visando à preservação de suas vidas, transferem a um terceiro (homem ou assembléia) a força coercitiva da comunidade, trocando voluntariamente sua liberdade pela segurança do Estado-Leviatã. Já, em Locke, o contrato social é um *pacto de consentimento* em que os homens concordam livremente em formar a sociedade civil para preservar e consolidar ainda mais os direitos que possuíam originalmente no estado de natureza. No estado civil, os direitos naturais inalienáveis do ser humano à vida, à liberdade e aos bens estão melhor protegidos sob o amparo da lei, do árbitro e da força comum de um corpo unitário. Ver a respeito ALMEIDA MELLO, Leonel Itaussu. John Locke e o individualismo liberal, p. 86. Já, em Rousseau, o problema fundamental, cuja solução é dada pelo contrato social, refere-se ao modo como os homens irão empregar sua força e sua liberdade nesta soma dirigida à formação da vontade geral. Para ele era fundamental encontrar uma forma de associação que defendesse e protegesse de toda a força comum a pessoa e os bens de cada associado, e pela qual, cada um, unindo-se a todos, não obedecesse, portanto, senão a si mesmo e permanecesse tão livre como anteriormente. Essa associação implicaria, pelo consentimento individual de cada um, a alienação total de cada associado, com todos os seus direitos, em favor da comunidade. Isso, nas palavras do próprio Rousseau, implica que "cada um de nós põe em comum sua pessoa e toda a sua autoridade, sob o supremo comando da vontade geral, e recebemos em conjunto cada membro como parte indivisível do todo". Ver a respeito ROUSSEAU, Jean-Jacques. *O Contrato Social*. São Paulo: Cultrix, [s.d.], p. 31.

[130] Ver a respeito CABRAL DE MONCADA, L. *Filosofia do Direito e do Estado*. Coimbra: Coimbra, 1995. v. 02, p. 160 e ss., e STRAUSS, Leo; CROPSEY, Joseph. *Historia de la Filosofía Política*. México: Fondo de Cultura Económica, 1996, p. 451 e ss.

[131] O contratualismo moderno representa uma verdadeira reviravolta na história do pensamento político dominado pelas tradições holistas na medida em que, subvertendo as relações entre indivíduo e sociedade, faz da sociedade não mais um fato natural, a existir independentemente da vontade dos indivíduos, mas um corpo artificial criado pelos indivíduos à sua imagem e semelhança e para a satisfação de seus interesses e carências e o mais amplo exercício de seus direitos. Por sua vez, o acordo que dá origem ao Estado é possível porque, segundo a teoria do direito natural, existe na natureza uma lei que atribui a todos os indivíduos alguns direitos fundamentais de que o indivíduo apenas pode se despir voluntariamente, dentro dos limites em que esta renúncia, concordada com a análoga renúncia de todos os outros, permite a composição de uma livre e ordenada convivência.Na opinião de Bobbio, sem essa verdadeira revolução copernicana, à base da qual o problema do Estado passou a ser visto não mais da parte do poder soberano, mas da parte dos súditos, não seria possível a doutrina do Estado liberal, que é *in primis* a doutrina dos limites jurídicos do poder estatal. Sem individualismo, não há Liberalismo. Nesse sentido, a limitação da ação estatal na perspectiva liberal deve ser compreendida em dois aspectos diversos do problema que nem sempre estão bem distinguidos: a) os limites dos poderes; b) os limites das funções do Estado. A noção corrente que serve para representar o primeiro é Estado de Direito; a noção corrente para representar o segundo é Estado mínimo. Esses dois produtos político-jurídicos foram a concretização histórica daquilo que de, forma ideal, pensaram os contratualistas. Ver a respeito BOBBIO, Norberto. *Liberalismo e Democracia*. São Paulo: Brasiliense, 1988, p. 16.

ção de normas genuinamente universais, abstratas e independentes de qualquer tradição. Entretanto, os pontos de partida da teorização liberal não são nunca neutros no que se refere às concepções de bem humano; eles são sempre pontos de partida liberais. Apesar de ser a neutralidade axiológica, quanto a uma concepção própria de bem, uma de suas pretensões fundamentais, o liberalismo não fornece uma base neutra independente da tradição, a partir da qual um veredito possa ser pronunciado sobre asserções opostas de tradições conflitantes, no que se refere à racionalidade prática e à justiça, mas acaba por revelar-se, como já dito, apenas como mais uma tradição com suas concepções de racionalidade prática e justiça.

Entretanto, é preciso reconhecer que o liberalismo é a tradição que mais longe conseguiu ir na tentativa de fornecer os fundamentos de concepções de bem, justiça e racionalidade prática na história da humanidade. Isso explica em parte o seu sucesso e a sua aceitação no mundo contemporâneo, particularmente no campo do Direito e, de modo especial, no âmbito do direito constitucional.

Ao sedimentar uma concepção individualista de bem, a partir de uma noção atomística de liberdade, e fundamentada em desejos e preferências pessoais, o liberalismo, com uma aparente neutralidade, invadiu o imaginário das mais diversas comunidades locais e tradicionais do mundo inteiro. Porém, o fato de o liberalismo falhar no que diz respeito ao convencimento acerca da existência de um padrão neutro de bem, racionalidade prática e justiça, constitui, conseqüentemente, a razão mais forte pela qual se pode afirmar que tal base neutra não existe, que não é possível recorrer a uma idéia de bem-em-si, à racionalidade-prática-em-si ou à justiça-em-si, às quais todas as pessoas racionais seriam, devido à sua própria racionalidade, constrangidas a aderir. Há, ao contrário, a racionalidade-prática-desta-ou-daquela-tradição e a justiça-desta-ou-daquela-tradição.

Nesse sentido, é possível dizer que o individualismo liberal não só tem sua própria concepção ampla do bem, estando empenhado em impor política, legal, social e culturalmente onde quer que tenha o poder para tal, mas também que, ao fazê-lo, sua tolerância de concepções rivais do bem, na arena pública, é seriamente limitada. A divergência é, no máximo, tolerada como expressão de preferências, de indivíduos ou de grupos, sendo as últimas compreendidas como as preferências de indivíduos que compõem os grupos, somadas de algum modo.[132]

---

[132] Roy Magridis, em sua análise das ideologias políticas contemporâneas, identifica três núcleos fundamentais caracterizadores do Liberalismo, os quais manifestam, em diversos âmbitos essa concepção liberal de bem: a) o núcleo moral; b) o núcleo econômico; c) o núcleo político. O núcleo econômico se relaciona aos direitos econômicos e de propriedade, sendo seus pilares a propriedade privada e uma economia de mercado, livre de controles estatais. Já o núcleo político inclui sobretudo os direitos políticos, estando associado à democracia representativa. a) Núcleo moral do Liberalismo. Contém uma afirmação de valores e direitos básicos atribuíveis à natureza moral e racional do ser humano. Sua cosmovisão assenta nos princípio da liberdade pessoal, do individualismo, da tolerância, da dignidade e da crença na vida. Constam como principais representantes deste conjunto de idéias Jean-Jacques Rousseau (Emile), Jeremy Benthan (Uma introdução aos princípios da moral e da legislação) e John Stuart Mill (Da liberdade). b) Núcleo econômico do Liberalismo. Relaciona-se sobretudo aos direitos econômicos, à propriedade privada, ao sistema da livre empresa e à economia de mercado livre do controle estatal. Tornam-se parte essencial da nova ordem socioeconômica o direito de propriedade, o direito de herança, o direito de acumular riqueza e capital, a liberdade de produzir, de comprar e de vender. O mercado

4.1.1. Hobbes. O contrato e o primado dos direitos individuais

Hobbes escreveu o texto fundamental da filosofia política inglesa, o Leviatã (1651), fundando ao mesmo tempo uma filosofia política dominante para a modernidade, o liberalismo político, e uma nova ética social, a defesa dos próprios direitos. Há, nesta sua obra referencial, toda uma perspectiva de esperança de um novo mundo, de uma modernidade fundada na confiança do poder da razão e na liberdade da fé particular. O mundo para Hobbes iria tornar-se um lugar para o indivíduo buscar a satisfação de seus desejos, elaborar seus projetos pessoais e sociais e dar-se conta de seu poder. Qualquer que fosse o poder final do cosmo, era indiscutível que somos responsáveis pela sociedade civil, que podíamos conceber um instrumento político que nos permitisse perseguir nossos objetivos e nossos interesses. Seu segredo, como pontua Morrison, "era o cálculo racional de seres humanos individuais com base em sua experiência da condição humana".

O seu legado ao constitucionalismo moderno e contemporâneo oferece teorias sociais criadas com base no individualismo metodológico, ou que consideram os indivíduos como unidades estruturais básicas, e não alguma coletividade – por exemplo a *pólis* – ou totalidade –, como a interpretação do cosmo como produto da vontade divina. Os indivíduos, nesta perspectiva, estão fadados a serem autônomos uns dos outros, e não mais elementos de uma ordem social natural. A partir desta concepção fundamentalmente individualista do mundo, Hobbes estrutura todas as suas demais construções teóricas.

Se anteriormente a Hobbes havia uma imagem elisabetana do cosmo, como uma cadeia estável do ser, com a representação de um universo naturalmente ordenado e organizado em um sistema fixo de hierarquias através do qual a idéia de pecado original do homem e a esperança de sua redenção apareciam como pólos de trevas e luz, com ele a tradição religiosa, o mito e o costume foram eliminados em favor de uma nova abordagem científica da base da ordem social. Hobbes substituiu Deus pelo conceito de indivíduo previdente enquanto base de uma ordem estruturada a partir do consentimento individual, ou, ao menos, no entendimento racional de que todos os indivíduos teriam dado o seu consentimento. O contrato social mescla a liberdade individual (autonomia) com a legitimidade, oferecendo-nos uma narrativa do individualismo metodológico: a sociedade moderna é criada a partir da massa de indivíduos e de suas vontades.

---

reflete a oferta e a procura de bens, e isso, por sua vez, determina os preços. Como os mais importantes teóricos do Liberalismo econômico podem ser elencados Adam Smith (Riqueza das Nações) e David Ricardo (Princípios de Economia Política e Tributação). c) Núcleo político do Liberalismo. Refere-se fundamentalmente aos direitos políticos, ou seja, direito ao voto, direito de participar e de decidir que tipo de governo eleger e que espécie de política seguir. Os princípios básicos do Liberalismo político são: o consentimento individual, a representação e o governo representativo, o constitucionalismo político (o Estado de Direito, o império da lei, a supremacia constitucional, os direitos e garantias individuais, a teoria da separação dos poderes (descentralização administrativa e restrição da atividade do Estado) e a soberania popular). MAGRIDIS, Roy. *Ideologias Políticas Contemporâneas*. Brasília: UnB, 1982, p. 38-41. Ver também a respeito BOBBIO, Norberto; MATTEUCCI, Nicola; PASQUINO, Gianfranco. *Dicionário de Política*. 6. ed. Brasília: UnB, 1994. 2. v.; v. 2, p. 367-71 e LANZONI, Augusto. *Iniciação às ideologias políticas*, p. 23-5.

A condição mais evidente da obra filosófico-política de Hobbes é, indiscutivelmente, a sua cultura profana, pois uma de suas grandes pretensões foi construir essa obra independente da fé, assim como já havia intentado uma de suas célebres referências: Guilherme de Ockham.

4.1.1.1. As relações poder/religião e poder/conhecimento em Hobbes

A compreensão de algumas particularidades históricas que precederam a Hobbes e de outras que marcaram sua época é de vital importância para que possamos conhecer com profundidade suas construções teóricas e a funcionalidade das mesmas dentro de uma determinada época. Em primeiro lugar, é importante destacar que a ética protestante destruiu a eficácia e a estabilidade da cadeia do ser, ainda que a imagem fosse mantida por acadêmicos que difundiram os estudos jurídicos e outros, no sentido de que Deus se torna uma entidade à qual os cidadãos sentem, individualmente, que têm o direito de suplicar quando forem perseguidas pelas autoridades deste mundo. A lealdade da sociedade medieval – estabelecida em cadeias de reciprocidade e hierarquias de ser – nobres, reis e Deus, vê-se desestabilizada se as pessoas puderem entrar em relação direta com Deus, ou indicar seu próprio rei. Hobbes. Por outro lado, na época de Hobbes há uma infiltração de concepções naturalistas nas estruturas intelectuais. O naturalismo admite que a experiência religiosa tem algum sentido, mas nega a existência de algo para além da natureza. A cristandade tradicional sustentava que, em última instância, Deus era passível de comprovação racional. Deus era o *locus* e o ser de tudo que não podíamos saber, mas podíamos entender como poder: Deus era o artífice primeiro cuja existência devia ser inferida a partir do fato da ordenação do cosmo.

Por outro lado, analisando o aspecto epistemológico, a oposição de Hobbes a esta concepção teológica do mundo toma seus fundamentos em uma variedade de fontes. Em primeiro lugar, é inegável a pesada influência que o nominalismo de Ockham exerceu em sua obra. Hobbes reedita o nominalismo ockhamiano de forma radical. Em Hobbes, da mesma forma que em Ockham, as noções de justo e de direito resumem-se a termos que só têm sentido quando referidos às vontades e aos apetites dos indivíduos, únicas realidades atuais, ou como produtos de uma criação arbitrária do príncipe; um nominalismo para o qual estruturas ou totalidades diversas dos indivíduos só podem ser consideradas como criações artificiais.

Também Hobbes alimenta-se de duas metodologias que vinham se desenvolvendo nesse tempo: o empirismo de Bacon e o racionalismo de Descartes. De Bacon, o precursor do empirismo inglês, Hobbes recebeu uma consistente distinção entre o conhecimento inspirado pela revelação divina e o conhecimento que provinha dos sentidos; este último era o único verdadeiramente capaz de melhorar as condições deste mundo. A fonte do verdadeiro conhecimento era natureza em si, que não mente. Em sua defesa de uma total reconstrução das ciências, das artes e de todo o conhecimento humano, Bacon substituiu a autoridade externa da revelação, ou a autoridade interna da razão, pela autoridade dos sentidos. A única preocupação cabível no pensamento de Bacon era com os "fatos", percebidos como unidades estruturais inquestionáveis. Mas provavelmente a maior influência de Bacon sobre Hobbes esteja no fim utilitário da ciência.

Já de Descartes, Hobbes recebe o legado de uma nova metodologia para a aquisição do conhecimento seguro: a articulação de estruturas do conhecimento sobre as bases daquelas entidades que sobrevivessem ao teste do ceticismo absoluto. O ceticismo cartesiano não admitia nem a experiência mística nem nenhuma apreensão do "outro". Na perspectiva de Descartes, quando duvidamos de tudo que nos cerca mergulhamos em uma viagem introspectiva em busca daquilo de cuja existência não se pode duvidar, a fonte da certeza, e em última instância chegamos à base de nossa própria consciência: "Penso, logo existo". Tudo o mais pode ser posto em dúvida, a única certeza é minha consciência de minha própria existência. O puro ego consciente. Sobre tal base pode-se erigir uma estrutura de certeza racionalista.

Entretanto, segundo Villey, num movimento teórico voltado a identificar as fontes do pensamento hobbesiano, o acontecimento que mais marcou a construção da obra de Hobbes foi o seu encontro com a ciência moderna. Primeiro, "a descoberta de Euclides", que levou Hobbes a pretender ser um euclidiano, no sentido de pretender construir o corpo político como o geômetra constrói suas figuras; por outro, houve um contato, em Pádua, com Galileu e o método de Pádua: o famoso método chamado "resolutivo-compositivo" que procede por análise das coisas em elementos primeiros, e depois recompõe os fenômenos a partir desses elementos, e também o mecanismo que dá conta da gênese dos fenômenos. Ainda, segundo este mesmo autor, resumindo a influência de Galileu no pensamento hobbesiano, a ambição de Hobbes passou a ser esta: transpor a física galileana para a "filosofia civil", ou seja, o que é uma pena para a moral e para a política.[133] Reale e Antiseri, acertadamente, vêem esta ligação de Hobbes à física de Galileu e a sua intenção de repeti-lo na filosofia, como o ponto culminante das várias dificuldades de seu pensamento.

Dessas condições históricas e legados epistemológicos resulta em Hobbes uma compreensão de que o poder que essas estruturas conferem ao agente humano contrastava profundamente com a idéia de dependência arraigada à experiência mística do sagrado. Nisto, a consciência profana vê a si própria como o centro, o foco da verdade, do ser; exatamente o que a modalidade de consciência religiosa não se acredita ser.

Seguindo Bacon, Hobbes transfere a luz da verdade revelada para a investigação empírica da condição natural, e ao transferir a fonte de luz da revelação divina para a razão e a natureza, tenta manter a autoridade de uma única fonte ao mesmo tempo que muda o domínio.

Com isso, Hobbes desconstrói a idéia de algum padrão independente do pensamento social do homem que possa fornecer uma referência natural que assegure

---

[133] VILLEY, M. *A formação do pensamento jurídico moderno*, p. 685.

a validade de nossas afirmações de justiça e injustiça. Todas as pretensões ao direito e todas as reivindicações de justiça são humanas, são sociais; para fins da sociedade, admitiremos que não existe nenhum mundo fora da sociabilidade da caverna. E a justiça de nosso mundo do interior da caverna funda-se sobre um ato original de poder, sobre a violência que reprime e mantém sob controle aquela outra violência que sempre está presente na ausência da violência. A paz na sociedade civil civilizada tem por base nossa compreensão da potencialidade onipresente da violência na sociedade civil.

Há, no pensamento de Hobbes, evidenciada em vários pontos, uma radical inversão em relação ao pensamento holista aristotélico. Em primeiro lugar, ao partir de uma orientação metodológica resolutiva-compositiva – o método da Escola de Pádua –, Hobbes, ao contrário de Aristóteles que observava os conjuntos e sua harmonia intrínseca, os decompõe, reduzindo-os a elementos singulares. As sociedades serão resolvidas em seus átomos constituintes, em suas causas geradoras; essas partículas elementares vão ser os indivíduos, sem que se possa levar mais adiante, no que toca à política, o processo de decomposição. Em seguida, compositivamente, tudo será reconstruído a partir dos indivíduos, tal como no nominalismo ockhamiano.

Em segundo lugar, Aristóteles sustentava que o homem é "animal político", ou seja, é constituído para viver de tal como que, pela sua natureza, é feito para viver com os outros em sociedade politicamente estruturada. Pois Hobbes contesta incisivamente tal proposição aristotélica. Para ele, cada homem é profundamente diferente dos outros homens e, portanto, deles separado; é um átomo de egoísmo. Assim, cada homem não é de modo algum ligado aos outros homens por um consenso espontâneo como o dos animais. Com isso, Hobbes chega a uma conclusão totalmente diferenciada da de Aristóteles em relação à organização política: ela é artificial e não natural.

4.1.1.2. O contrato social

Baseado nestas percepções e desconstruções de uma visão de mundo predominante, Hobbes dá uma resposta a Deus: podemos fazer um acordo; e esse acordo prevê que o cosmo se divide nos domínios de um poder terreno e de um poder eclesiástico.

A partir disso, Hobbes estrutura a sua mais valiosa contribuição para o pensamento filosófico-político e seu mais consistente legado para o constitucionalismo: a idéia de contrato social.

Dois são os pressupostos que estruturam a base da construção da sociedade e do Estado de Hobbes: por primeiro, embora Hobbes admita que todos os bens são relativos, há, porém, entre eles um bem primeiro e originário, que é constituído pela vida e sua conservação; em segundo lugar, ele nega a existência de uma justiça ou injustiça naturais, já que não existem valores absolutos, mas, em sentido contrário, sustenta que os valores são frutos de convenções estabelecidas por nós mesmos e que, portanto, são cognoscíveis de modo perfeito e a priori, juntamente com tudo aquilo que delas deriva. Assim, o egoísmo e o convencionalismo são os pontos cardeais da filosofia política de Hobbes.

A condição natural, diversamente da proposta por Aristóteles, não é um estado de organização, mas uma condição de guerra de todos contra todos. Nessa situação, o homem está arriscado a perder o bem primário que é a vida, ficando a cada instante exposto ao perigo de morte violenta. Ademais, também não pode dedicar-se a alguma atividade industrial ou comercial, cujos frutos permaneceriam sempre incertos, nem pode cultivar as artes e tudo aquilo que é agradável – em suma, cada homem permanece só, com o seu terror de poder a cada instante perder a vida de modo violento.

Recorrendo a alguns instintos e à razão, o homem consegue escapar de tal situação. Os instintos são o desejo de evitar a guerra contínua para salvar a vida e a necessidade de conseguir aquilo que é necessário para a sua sobrevivência. A razão é entendida não tanto como um valor em si, mas mais como instrumento capaz de realizar aqueles desejos de fundo. A construção da ordem social deve ser feita sobre a razão natural, e esta razão natural consiste na sugestão de critérios apropriados à paz por meio dos quais os homens podem ser levados ao acordo. Esses critérios são aqueles que, sob outros aspectos, são chamados de leis da natureza.[134]

Uma lei da natureza para Hobbes "é um preceito ou regra geral, estabelecido pela razão, mediante o qual se proíbe a um homem fazer tudo o que possa destruir a sua vida ou privá-lo dos meios necessários para a preservar, ou omitir aquilo que pense melhor contribuir para a preservar".[135] Ele estabelece uma série de leis naturais, mas as principais, através das quais ele esboça sua idéia de organização sociopolítica através do direito, são três, dentro de um universo de dezenove leis naturais.[136]

A primeira, considerada uma lei de natureza fundamental, consiste em "que todo o homem se deve esforçar pela paz, na medida em que tenha esperança de a conseguir, e caso não a consiga pode procurar e usar todas as ajudas e vantagens da guerra". A primeira parte desta regra encerra, conforme o próprio Hobbes, a lei primeira e fundamental de natureza, isto é, procurar a paz, e segui-la. A segunda encerra a súmula do direito de natureza, isto é, por todos os meios que pudermos, defendermo-nos a nós mesmos.[137]

Desta primeira lei, decorre a segunda, a qual expressa a fórmula de organização da sociedade civil mediante o estabelecimento de um contrato pela renúncia de direitos. Diz Hobbes acerca do modo de construção do contrato social:

---

[134] HOBBES, *Leviatã*, 13:90.
[135] *Idem*, p. 115.
[136] *Idem*, p. 115-35.
[137] *Idem*, p. 116.

Que um homem concorde, quando outros também o façam, e na mesma medida em que tal considere necessário para a paz e para a defesa de si mesmo, em renunciar ao seu direito a todas as coisas, contentando-se, em relação aos outros homens, com a mesma liberdade que aos outros homens permite em relação a si mesmo.[138]

A idéia central do contrato social hobbesiano baseia-se no que a filosofia moral chama de uma regra de ouro, como ele próprio menciona, ao relacionar a fórmula de estruturação do contrato social com a regra do Evangelho, segundo a qual "devemos fazer aos outros o que queiramos que façam a nós". A idéia central, assim, do contrato baseia-se numa transferência mútua de direitos.

Da existência de um pacto social, resulta necessário, no pensamento hobbesiano, que tal pacto seja cumprido, o que leva à terceira lei da natureza: "que os homens cumpram os pactos que celebrarem".[139] Para a garantia do acontecimento desta lei, Hobbes entende ser necessária alguma espécie de poder coercitivo, capaz de obrigar igualmente os homens ao cumprimento dos seus pactos, mediante o terror de algum castigo que seja superior ao benefício que esperam tirar do rompimento do pacto, e capaz de fortalecer aquela propriedade que os homens adquirem por contrato mútuo, como recompensa do direito universal a que renunciaram. E na seqüência deste pensamento, entende Hobbes que "quem quebra o seu pacto, e ao mesmo tempo declara que pode fazê-lo de acordo com a razão, não pode ser aceite por qualquer sociedade que se constitua em vista da paz e da defesa, a não ser devido a um erro dos que o aceitam".[140]

Entretanto, em si mesmas, essas leis não bastam para constituir a sociedade, já que também é preciso um poder que obrigue os homens a respeitá-las. É preciso, segundo Hobbes, que todos os homens deleguem a um único homem (ou a uma assembléia) o poder de representá-los. Esse pacto social não é firmado pelos súditos com o soberano, mas sim pelos súditos entre si. O soberano fica fora do pacto, permanecendo como o único a manter todos os direitos originários. O poder do soberano é indivisível e absoluto.

Hobbes entrega ao constitucionalismo, com relação à organização da sociedade e do Estado, o legado do contratualismo, idéia posteriormente desenvolvida diversamente por pensadores que o sucederam. Neste aspecto, resgata o consensualismo relativista que já havia sido estruturado pelos sofistas e, posteriormente, pelo nominalismo de Ockham. As críticas a ele hoje dirigida, especialmente com relação a sua intenção de transferir à filosofia o mecanicismo de Galileu e, também quanto a ser ele o mais célebre teórico do absolutismo, desprezam o aspecto epocal da situação histórica de seu pensamento. Não havia como Hobbes ser diferente do que foi. O devir histórico, numa perspectiva fenomenológica não permitiria ser ele de outra forma e seu pensamento não poderia ter sido conduzido por outros caminhos. Se Hobbes teorizou a partir de uma epistemologia mecanicista,

---

[138] HOBBES, *Leviatã*, p. 116
[139] *Idem*, p. 125.
[140] *Idem*, p. 127.

há que se ter em conta que as circunstâncias teórico-históricas de seu tempo restringiram suas possibilidades de compreensão do mundo e dos fenômenos sociais e políticos. Hobbes é um fundador da ciência social, do constitucionalismo e do direito modernos. Isso é o que deve ser considerado.

4.1.1.3. Hobbes e a primazia do direito subjetivo

O direito em Hobbes, da mesma forma que em Aristóteles, é inferido da natureza. Daí, *v.g.*, suas leis morais da natureza, sobre as quais estruturou toda a idéia de contrato social. Entretanto, existem algumas diferenças viscerais entre as percepções aristotélica e hobbesiana.

Em primeiro lugar, enquanto Aristóteles extraía o direito da observação dos grupos sociais, isso porque em seu entendimento as próprias sociedades eram naturais e, como conseqüência, o direito era compreendido como resultante de uma partilha social de bens, em Hobbes, em seu estado de natureza ainda não há sociedade. Não havendo sociedade, tampouco existe lei regendo as relações sociais de onde possa derivar o direito. Encontramos em Hobbes uma lei natural e ele pretende que o direito se funde nela. Não se trata aqui de uma lei no sentido antigo do termo: social ou supra-individual.

Se Hobbes funda o direito numa lei, é apenas nessa lei moral, que a lei natural é para ele, nessa lei que cada um encontra em sua consciência pessoal, que essencialmente o obriga a se preservar, e que o incita a comportar-se conforme sua razão. O fato de esse dever existir para cada um, no estado de natureza, implica um direito aos meios que sua realização exige – o direito de defesa e, inclusive de apoderação de todos os bens úteis para esse fim.

O direito, em Hobbes, é, em suma, extraído do indivíduo, de um indivíduo separado pela análise científica de toda ordem social preexistente, do próprio "sujeito": é verdadeiramente um direito subjetivo, tal como já aparecia no pensamento de Ockham, uma de suas grandes influências teóricas.

Em segundo lugar, se Hobbes infere o direito do sujeito atomizado, não há em seu estado de natureza a parte de cada um, não há o *meum* ou *tuum*;[141] não justiça distributiva ou comutativa que a natureza nos prescreva. A partir disto, o direito não é mais uma coisa distribuída ao sujeito, mas seu atributo essencial, uma qualidade do sujeito. Esse já era o entendimento de Ockham e da escola nominalista; essa compreensão também de alguns autores da jurisprudência humanista e de Grócio para quem *qualitas moralis personae ad aliquid (...) habendum vel agendum*. Se para a tradição clássica a idéia de direito consistia em bônus e ônus, para Hobbes, ao contrário, no estado de natureza não existe nenhuma obrigação social. O direito subjetivo só pode ser vantagem para o indivíduo, uma vez que tem como finalidade sua preservação. É um poder do indivíduo e não uma concessão. O direito, nesse panorama, sendo uma extração a partir do indivíduo, não pode ser uma

---

[141] HOBBES, *Leviatã*, XV.

criação da lei, mas precisamente o contrário. O direito subjetivo, esse atributo do ser humano individual, é uma *libertas*, bem na visão moderna.

Em terceiro lugar, enquanto na linguagem clássica o direito de cada um era uma parte das coisas sociais a partilhar, uma fração do todo e, por definição, limitado, em Hobbes o direito subjetivo deve ser em princípio infinito no estado de natureza, pois o direito é a liberdade de que a lei deixa fazer uso, que lhe é permitida pela lei. Ora, não há no estado de natureza nenhuma lei que venha a restringi-la. Uma lei natural nos aconselhará a fazer uso dela apenas segundo a razão e tendo em vista a preservação – e acabará sendo racional renunciar ao próprio direito. Por isso, o direito do indivíduo consiste em fazer tudo o que, conforme seu juízo próprio, poderá considerar útil para a preservação de seu ser.

Mais do que a coisas exteriores, o direito refere-se ao próprio sujeito, do qual emana; é o uso racional do que temos de liberdade. Define-se negativamente, englobando tudo que não temos obrigação.

Manifesta-se na obra de Hobbes, enfim, de modo inequívoco, a noção moderna de direito como poder e liberdade, própria do liberalismo político e jurídico, o que viria a ser o fundamento dos sistemas positivos constitucionais de direitos fundamentais, especialmente os de primeira geração, de cunho eminentemente individualista, oponíveis ao Estado como liberdades negativas.

4.1.2. Locke e a fundação do constitucionalismo liberal

John Locke é um dos autores de presença obrigatória em qualquer texto que se refira ao liberalismo. Autor de uma obra referencial na estruturação do pensamento e das práticas liberais – Dois tratados sobre o Governo Civil –, Locke é por muitos considerado o pai do liberalismo. Contra todos os argumentos em favor do poder absoluto do soberano, Locke desenvolve nos Tratados um sistema filosófico que afirma a necessidade de uma limitação estrita ao poder de Estado.

O primeiro tratado, de tom polêmico, empreende, ponto por ponto, a refutação do paternalismo de Robert Filmer, de base teológica. Aí rejeita Locke que os princípios políticos sejam extraídos de passagens da Escritura, tal como Filmer defendia na obra *Patriarch* e rejeita, nomeadamente, a presunção de derivar das Escrituras a forma de governo mais recomendável, regras de vida ordenadas divinamente, e a família patriarcal enquanto modelo da vida política.

Se o paternalismo de Filmer fundamentava a defesa da monarquia absoluta na idéia que os homens não são livres mas sim escravos, a refutação de tal tese no Primeiro Tratado permite fundar a limitação do poder dos governantes na liberdade e igualdade naturais dos seres humanos. O Segundo Tratado propõe-se, pois, estabelecer de um modo positivo "a origem, os limites e os fins verdadeiros do poder civil". O conjunto formado por ambos os Tratados constituiu, na época, uma das mais vigorosas refutações da monarquia absoluta e legou à posteridade a concepção da exigência de subordinar a atividade dos governantes ao consentimento popular.

Sobre a natureza humana, Locke compreendia que em todas as questões sociais e políticas Locke via que o fator último é a natureza do homem. Locke tinha consciência deste ponto ao escrever seu trabalho sobre a Lei da Natureza (*Law of Nature*) já em 1662. Locke explica a vontade humana afirmando que os homens estão basicamente estruturados para experimentar sensações de dor e prazer, e que toda ação é o resultado de buscar um ou fugir do outro. Para entender o homem, no entanto, não é suficiente observar suas ações, é necessário também perguntar pela sua capacidade de conhecimento. Para Locke, os homens nascem livres e com direitos iguais: "nascemos livres na mesma medida em que nascemos racionais". O governo e o poder político são necessários, mas assim também é a liberdade do cidadão: e em um tipo de governo democrático, monarquia constitucional, um tipo de governo é possível no qual o povo ainda é livre.

O Segundo Tratado é considerado um livro assistemático, em parte por causa do seu caráter fragmentário, em parte pela vinculação a acontecimentos contemporâneos e, em parte, porque Locke não chegou a revê-lo de forma satisfatória. A obra continha doutrinas perigosas para o absolutismo, algumas das quais anatematizadas por régio decreto de 1685, quando Locke abandonou o país. Endereçado a Hobbes e seu Leviatã, este segundo livro retoma a tese hobbesiana do contrato, cujas conclusões pretende refutar. Toda sua demonstração visa mostrar que o consentimento com o poder civil (pelo contrato) não pode coagir os homens a abandonarem seus direitos naturais. Desde sua apresentação do estado de natureza, Locke contesta as idéias de Hobbes, considerando que os homens, em sua condição natural, vivem em concórdia, na solidariedade e na justiça, lá onde seu antecessor acha que os homens estão em guerra permanente. No entanto, admite Locke, a propriedade e o comércio são fontes de desigualdade que comprometem as possibilidades de paz. Por isso é necessário que os indivíduos realizarem um pacto social a fim de se unirem e delegar a sua soberania a um governo civil capaz de sancionar as violações da lei natural.

Para além da defesa da monarquia moderada, Locke tornou-se um dos clássicos do liberalismo político, ao propor uma articulação de temas fundamentais: a igualdade natural dos homens, a defesa do regime representativo, a exigência de uma limitação da soberania baseada na defesa dos direitos subjetivos dos indivíduos. Os princípios fundamentais desta teorização incluem a liberdade natural e a igualdade dos seres humanos; o direito dos indivíduos à vida, liberdade e propriedade; o governo pelo consentimento; o governo limitado; a supremacia da lei; a separação dos poderes; a supremacia da sociedade sobre o governo; o direito à revolução. O princípio de governo pelo consentimento, com finalidade e poder limitados, é o fundamento do constitucionalismo liberal, sendo os Dois Tratados considerados como a expressão clássica das idéias políticas liberais.

Freqüentemente caracterizados como a primeira expressão secular da teoria política moderna, os Dois Tratados costumam ser lidos como uma defesa do individualismo e do direito natural dos indivíduos à propriedade privada. Mais recentemente, esta ortodoxia interpretativa tem sido modificada pelos investigadores filosóficos e pelos historiadores da Revolução Inglesa de 1688.

No lugar de um Locke como autor moderno laico, autores como Richard Aschcraft, David Walsh, (*After Ideology*, 1992), Ellis Sandoz, (*A Government of Laws*, 1990) sugerem um pensador mais tradicionalmente religioso. A lei natural constitui e protege os direitos à vida, liberdade e propriedade e assim garante a cada indivíduo direitos que não lhe podem ser legalmente retirados, nem alienados, sem processo em devida forma. Locke sintetiza tais direitos fundamentais, ou inalienáveis, como "vida, liberdade e propriedade". Os princípios na lei natural poderiam ser atingidos através da razão porquanto, por um lado, a lei natural identifica-se com lei divina, por outro lado, com os ditames da razão.

A partir do postulado da lei natural de que a primeira propriedade de cada indivíduo é o seu próprio corpo, Locke concebe que o homem também tem a propriedade das coisas necessárias à conservação da vida, conquanto delas se tenha apropriado com plena justiça. Para isso, é necessário respeitar as promessas e assegurar o bem-estar alheio. O que é bom para a sociedade como um todo, também é bom para os indivíduos. Vemos assim, emergir a noção de confiança (*trust*). E enquanto os liberais de 1688 (Whigs) recorriam, preferencialmente, à noção de contrato governamental entre o rei e o povo, Locke preferiu manter a centralidade do conceito de *trust*, mais tipicamente inglês, como salienta Marcel Prélot, e mais ancorada na tradição religiosa e medieval da *fides*, como salientam os autores antes citados.

Para além dos princípios ontológicos da política, em que Locke se revela um clássico moderno, toda a construção lockeana assenta metodologicamente no que Hans Blumenberg designou (*Work on Myth*, 1985) como a hipótese heurística fundamental por detrás das grandes construções da teoria política da modernidade sobre a sociedade, a cultura e o Estado. Essa hipótese heurística é a separação entre estado de natureza e estado de sociedade.

No hipotético estado de natureza, os seres humanos vivem juntos, livres e iguais, sem um superior. Estão sujeitos aos ditames da lei natural que define a condição humana caracterizada pela família e a propriedade. Para Locke, o estado de liberdade em que cada um apenas conta consigo mesmo não é um estado de licenciosidade; os homens sentem-se solicitados a obedecer à lei natural, porque são seres racionais. Por isso mesmo, o estado de natureza não apresenta a instabilidade polêmica que Hobbes, Rousseau e outros lhe atribuem, e que conduziria necessariamente à guerra de todos contra todos. Segundo Locke, a guerra procede da intervenção do dinheiro como um elemento exterior aos equilíbrios da lei natural.

No estado de natureza, a organização familiar tem particular importância e validade. Locke argumenta que o poder do pai (que o compartilha com a mãe) sobre os filhos e criados, é uma forma primordial de autoridade. A família é importante nesta visão das origens da sociedade civil ou política. Ela constitui um símbolo de um consentimento e de uma obrigação de maior amplitude – que se revelará no governo civil ou político – e um primeiro estádio de uma comunidade voluntária da humanidade – com continuidade na mesma sociedade civil ou política. Desta forma, mesmo na família, não deve existir governo arbitrário. Na comunidade política, porém, será necessária uma eleição para exprimir o consentimento de cada indivíduo em vincular-se à sociedade civil ou política.

O modelo heurístico de Locke descreve, então, a passagem do estado de natureza ao estado de sociedade. No estado de natureza, o poder executivo da lei natural residia em cada indivíduo; posteriormente, os homens consentiram viver em sociedade comum, regulada pelo poder executivo comum da lei natural. O consentimento entre indivíduos cria a sociedade e o consentimento dentro da sociedade cria o governo. É nesta origem e finalidade do governo civil (*The True Original Extent, and End of Civil Government*) que assentam a célebre divisão do poder comum em executivo, legislativo e federativo – modelo do constitucionalismo – e a apologia do governo misto baseado na separação dos poderes, que confere um novo alcance ao bem conhecido tropo político de Políbio. A divisão dos Poderes não é um mecanismo político-jurídico que, por si só, garanta a limitação do governo, como pensarão constitucionalistas positivistas de séculos posteriores. O governo – e o seu poder federativo e executivo – é que já é uma entidade limitada pela sua origem no consentimento gerado na sociedade – e é na sociedade que reside a origem do poder legislativo, inicialmente presente no indivíduo autónomo. Todos os seres humanos adultos são por natureza livres e iguais, sem qualquer mútua subordinação natural. O poder político legislativo criado só existe com o seu consentimento.

Na relação entre os três Poderes, Locke considera o Poder Legislativo supremo, porque o poder de definir leis deve ser superior ao poder que meramente as executa. Poder Executivo e o Federativo estão nas mesmas mãos porque ambos exigem o controle sobre a força armada; contudo, são distintos. O Poder Executivo deve subordinar-se ao legislativo, como se verificará no *cabinet system* instaurado pela revolução de 1688, ou seja, nos primórdios dos governos responsáveis perante parlamentos eleitos. Mas o Poder Federativo é muito menos capaz de ser controlado pela legislação, pelo que deve confiar-se, também, na virtude moral da prudência de quem o domina. Donde a justificação da tutela monárquica como responsabilizadora do gabinete ministerial governante, e o papel equilibrador da oposição de Sua Majestade. A mesma dualidade verifica-se na fundação americana com a dualidade entre o governo dos estados e o governo federal, a que se adiciona o papel vigilante do partido oposicionista. A constituição americana de 1787 foi a prova que a doutrina de Locke não se esgotava nas especificidades do sistema muito peculiar do *King-in-Parliament* da Grã-Bretanha, mas poderia sugerir novas e republicanas fórmulas de governação.

Para a posteridade, ficou o conceito central de que, qualquer que seja a forma de governo, o Poder Legislativo e o Executivo não devem ser controlados simultaneamente pelos mesmos indivíduos. Todo o contrato social deve estipular as garantias e os equilíbrios, (*checks and balances*) indispensáveis à sociedade civil ou política. Restava tirar as consequências da delimitação da finalidade e do poder governamentais. A função e finalidade do governo consiste na protecção da vida, da liberdade e da propriedade. A limitação do poder é o corolário da limitação da finalidade: um poder conferido apenas para a preservação da vida, liberdade e propriedade não pode destruir, escravizar nem empobrecer as pessoas. Um governo não pode possuir poder absoluto arbitrário sobre a vida e a propriedade das pessoas; nunca deve tornar-se mais poderoso do que os indivíduos que serve. A limitação é também defendida em termos tradicionais de prioridade do bem comum e da lei natural sobre a lei civil.

Esta concepção de comunidade política permitia aliar o interesse comum aos interesses individuais. O caráter decisivo da doutrina da propriedade no Segundo Tratado só é possível caso o conceito de propriedade dos bens se subordinar ao de personalidade e ao de liberdade humana. A propriedade, no sentido amplo, é a tradução concreta da subjetividade e da liberdade, que só ganham sentido quando os produtos da minha atividade se tornam conhecidos. Neste sentido, a doutrina lockeana de propriedade é análoga à sua concepção de autoridade política e à sua teoria do conhecimento. Quer se trate de bens naturais, de instituições políticas ou de noções morais, é sempre a subjetividade humana que é criadora; é a subjetividade humana que fundamenta o valor econômico, a legitimidade política e a validade conceptual. A mesma subjetividade justifica que, sendo a igualdade individual é outro dos direitos garantido pela lei natural, Locke não defende que todas as pessoas sejam absolutamente iguais; os indivíduos diferenciam-se entre si em inteligência e capacidades físicas.

Em síntese, o pensamento de Locke transmitiu e projetou no constitucionalismo algumas noções fundamentais:

a) consolidou um antropocentrismo que foi de vital relevância para a positivação constitucional da primeira geração de direitos fundamentais, especialmente no que toca à igualdade e à propriedade;

b) combateu vigorosamente a monarquia absoluta, projetando um sistema representativo, base sólida de todos os sistemas democráticos de representação positivados nas Constituições contemporâneas;

c) estabeleceu uma sólida discussão acerca da necessidade de divisão dos poderes e, em seqüência, sobre a importância da existência de mecanismo de controle entre os poderes, a partir da idéia de que os poderes devem ser controlados por indivíduos diferentes;

d) teorizou acerca da primazia do poder legislativo sobre os demais.

4.1.3. Montesquieu, a liberdade política e a separação dos Poderes

Montesquieu praticamente inaugura um corpo doutrinário sistemático do liberalismo francês, merecendo, sem dúvida alguma, um lugar de destaque na galeria dos grandes teóricos desta tradição filososófico-política. Com sua mais célebre obra, *O Espírito das Leis*, publicado em 1748, quando o autor tinha cinqüenta e nove anos, Montesquieu, juntamente com Rousseau e seu *Contrato Social*, são as principais fontes dos projetos institucionais dos revolucionários de 1789.

O grande propósito de Montesquieu em *O Espírito das Leis* é, sobretudo, compreender os princípios concretos que determinam o funcionamento das sociedades políticas. Procura, para isso, identificar de maneira inteligível as causas profundas que explicam a diversidade das leis, dos costumes, dos hábitos e das idéias que distinguem as nações. Isto poderia ser visto como um projeto impossível: ao contrário das leis físicas, que são, de acordo com Montesquieu, instituídas e mantidas por Deus, as leis positivas e as instituições sociais são criadas por seres humanos que são falíveis "(...) sujeitos à ignorância e ao erro, e arrebatados por milhares de paixões".[142] Poder-se-ia esperar, portanto, que as nossas leis e instituições não são mais compreensíveis do que qualquer outro catálogo de padrões humanos, uma expectativa que a extraordinária diversidade de leis aprovadas pelas diferentes sociedades poderiam vir a confirmar.

No entanto, Montesquieu acredita que este aparente caos é muito mais compreensível do que se poderia pensar. Em sua opinião, a chave para o entendimento dos diferentes leis e sistemas sociais é o reconhecimento que estas devem ser adaptadas a uma variedade de fatores diferentes. Especificamente, as leis devem ser adaptadas

> ao povo para o qual estão enquadradas [...], com a natureza e o princípio de cada governo, [...] para o clima de cada país, para a qualidade de seu solo, à sua situação e extensão, com a principal ocupação dos nativos. Eles devem ter relação com o grau de liberdade que a Constituição venha a suportar; com a religião dos seus habitantes, com suas inclinações, riquezas, números, comércio, educação, e costumes. Em suma, elas têm relações entre si, como também com a sua origem, com a intenção do legislador, e com a ordem das coisas sobre as quais se estabeleceram, em todas as diferentes perspectivas a partir das quais elas deveriam ser consideradas.[143]

Quando consideramos sistemas legais e sociais em relação a estes diferentes fatores, Montesquieu acredita que aferiremos que muitas leis e instituições que parecem misteriosas ou até mesmo perversas são, de fato, assim, bastante compreensíveis.

Compreender por que razão temos nós de fazermos as leis é importante em si mesmo. No entanto, também serve a objetivos práticos. Ele acredita que para viver em um país estável, não-despótico que deixa seus cidadãos respeitadores da lei mais ou menos livres para viver sua vida é um grande bem, e que nenhum governo deve ser tão leviano par mexer com eles. Se entendermos que o nosso sistema de governo, e as formas em que ele se adapte às condições do nosso país e o seu povo, veremos que muitas das suas características aparentemente irracio-

---

[142] MONTESQUIEU. *O Espírito das Leis*, I, 1.
[143] *Idem*, I, 3.

nais realmente fazem sentido e que a "reforma" desses recursos seriam realmente enfraquecer o nosso governo.

Compreender as nossas leis também irá ajudar-nos a ver quais delas são necessitam verdadeiramente de reforma, e como essas reformas possam ser realizadas. Por exemplo, Montesquieu acredita que as leis de muitos países podem ser mais liberais e mais humanas, e que muitas vezes elas podem ser aplicadas menos arbitrariamente, com menor margem para o imprevisível e opressor uso do poder do Estado. Da mesma forma, a perseguição religiosa e escravidão podem ser abolidas, e o comércio pode ser incentivado. Estas reformas, em geral, reforçam governos monárquicos, uma vez que aumentam a liberdade e a dignidade dos cidadãos. Se os legisladores compreendem as relações entre leis, por um lado, e as condições de seus países e os princípios de seus governos, por outro, eles vão estar em melhor posição para levar a cabo essas reformas, sem comprometer os governos que pretendem melhorar.

4.1.3.1. Sobre a relação entre lei e liberdade

Há, em Montesquieu, uma preocupação em defender a liberdade. Tal qual Locke, condena a concentração excessiva do poder na França e vê na "constituição da Inglaterra" resultante da Revolução de 1689 um sistema de governo exemplar. Entretanto, diferentemente de seu antecessor, não demonstra muito interesse pelos direitos naturais. Sua reflexão afasta-se de uma perspectiva individualista, das liberdades privadas consideradas como fora de alcance pelo Estado, mas antes de tudo reflete sobre o cidadão e sua liberdade política. De uma maneira mais clássica, ao invés de uma concepção individualista dos direitos, defende que a preservação da liberdade está intrinsicamente ligada à lei, quer dizer, à organização do Estado e de suas instituições. De acordo com Montesquieu, a liberdade política é "uma tranqüilidade de espírito decorrente da opinião que cada pessoa tem da sua segurança".[144] Liberdade não é a possibilidade de fazer o que se quer, mas, num sentido diverso, de poder fazer tudo o que as leis permitem.[145] Se temos a liberdade de prejudicar os outros, por exemplo, outras pessoas também terão a liberdade de prejudicar a nós, e nós não vamos ter nenhuma confiança na nossa própria segurança.

Dessa concepção de liberdade, que a vincula à lei, ao Estado e às suas instituições, decorre em Montesquieu que, se é para proporcionar aos seus cidadãos a maior liberdade possível, um governo deve ter determinadas características. E, a partir disto, Montesquieu elabora a sua mais célebre tese e, com certeza, sua mais importante contribuição para o constitucionalismo: a separação dos Poderes. Essa tese traduz uma constante preocupação de Montesquieu dirigida à distinção entre governo moderado e não-moderado.

---

[144] MONTESQUIEU, *O Espírito das Leis*, XI, 6.
[145] *Idem*, XI, 3.

Ao tratar da classificação dos regimes, partindo de uma perspectiva clássica, mas inovando quanto aos critérios, Montesquieu já defendia a importância dos corpos intermediários, como fatores de obstaculização dos excessos monárquicos. Além das ordens, Montesquieu toma, também, a defesa de todos os poderes intermediários que, na sociedade, podem repartir o poder e frear as ambições despóticas, em particular as províncias e as cidades.

4.1.3.2. A distribuição dos Poderes

Entretanto, Montesquieu nota que uma repartição das forças na sociedade não basta, para evitar excessos. Também é necessário que haja uma divisão interna de potência dentro do Estado. Isto é conseguido através da separação dos Poderes Executivo, Legislativo, Judiciário e dos poderes públicos. Se diferentes pessoas ou entidades exercê-los, então cada um pode verificar se tentam abusar dos seus poderes. Mas, se uma pessoa ou entidade detém vários ou todos estes poderes, então nada impede que a pessoa ou o órgão aja tiranicamente; e as pessoas não terão confiança na sua própria segurança. Assim como Locke, Montesquieu acredita que a organização das instituições políticas é uma garantia essencial para a preservação das liberdades. No *Espírito das leis*, a "constituição" deve ser disposta de maneira a perseguir um duplo objetivo: primeiro, garantir a estabilidade e aplicação efetiva das leis; segundo, impedir toda a concentração excessiva da potência de comando. Este segundo escopo é o móvel da tese central do Espírito das Leis: a teoria da separação dos Poderes.

Com esta tese Montesquieu busca a realização de uma constituição moderada considerada a partir da divisão do corpo político em várias potências distintas e equilibradas capazes de resistir uma à outra. Nas palavras do próprio pensador, "para que não se possa abusar do poder, é preciso que, pela disposição das coisas, o poder detenha o poder".[146] Confundir as potências executiva, legislativa e judiciária é criar as condições para o excesso do poder. Diz Montesquieu a respeito:

> Quando a potência legislativa está reunida com a potência executora, não existe liberdade; porque se pode temer que o mesmo monarca ou o mesmo senado faça leis tirânicas. Também não há liberdade, se a potência de julgar não está separada da potência legislativa e da executora.[147]

Entretanto, a idéia de separação dos poderes em Montesquieu não é absoluta. Inspirado no modelo de monarquia parlamentar inglesa, ele projeta uma combinação e distribuição entre os Poderes Legislativo e Executivo, de forma a equilibrar estas potências. Assim, estes dois Poderes são distintos, mas não devem ser compartimentados, pois "pelo movimento necessário das coisas, elas são coagidas

---

[146] MONTESQUIEU, *O Espírito das Leis*, XII, 2.
[147] *Idem*, XI, 6.

a estar de acordo.[148] O Poder Legislativo deve cooperar com o Poder Executivo; deve examinar em que medida as leis foram correctamente aplicadas por este último. Quanto à força «executora», não poderá entrar no debate dos assuntos, mas deve estar em relação de cooperação com o Poder Legislativo, por aquilo a que Montesquieu chama a sua faculdade de impedir. Montesquieu acrescenta ainda que o orçamento deve ser votado todos os anos. Quanto a isto, diz Montesquieu que "se a potência legislativa estatui, não de ano em ano, mas para sempre, sobre os dinheiros públicos, corre o risco de perder a sua liberdade, porque a potência executiva deixará de depender dela".[149] O voto anual do orçamento é como que urna condição de liberdade. Estabelecidos estes dados gerais, os intérpretes têm acentuado uns o facto de a potência executiva e a potência legislativa serem distintas, outros o fato de dever existir entre elas uma cooperação permanente.

A distinção dos Poderes aplica-se também, no pensamento de Montesquieu, ao próprio corpo legislativo. Para ele, é preferível que este Poder seja organizado em duas câmaras, bem de acordo ao modelo inglês: "estando composto de duas partes, uma encadeará a outra por sua faculdade mútua de impedir".[150]

Por fim, nesta fundamental contribuição de Montesquieu ao constitucionalismo, Há ainda um terceiro Poder: o poder de julgar. Mas Montesquieu precisa que "a força de julgar, tão terrível entre os homens, não estando ligada nem a um certo estado, nem a uma certa profissão, torna-se por assim dizer, invisível e nula". O que parece indicar que o Poder Judicial sendo essencialmente o intérprete das leis, deve ter tão pouca iniciativa e personalidade quanto possível. Não é o poder de pessoas, é o poder das leis, "teme-se a magistratura e não os magistrados".[151]

Para além da formulação aristocrática da sua doutrina do equilíbrio das forças sociais e da cooperação dos poderes políticos, Montesquieu estabeleceu o princípio segundo o qual a condição do respeito das leis e da segurança dos cidadãos é que nenhum poder seja ilimitado. Tal é o tema essencial da sua sociologia política.

Inobstante alguma crítica que possa se estruturar ao viés não democrático de sua construções políticas, não resta qualquer titubeio no sentido de afirmar que Montesquieu adiantou teoricamente um universo que constituiu escolhas constitucionais adotadas entre 1789 1791, notadamente a escolha de uma monarquia constitucional com poderes limitados, fundada na representação e preocupada com os direitos dos cidadãos. Em suma, a tese central de Montesquieu – a separação dos Poderes – permanece profundamente atual e presente nos mais avançados textos constitucionais do mundo.

---

[148] MONTESQUIEU, *O Espírito das Leis*, XII, 6.
[149] *Idem, ibidem.*
[150] *Idem. Ibidem.*
[151] *Idem, ibidem.*

4.1.4. O pensamento holista de Rousseau: a soberania do povo e a radicalização democrática

Rousseau encarna a mais consistente oposição ao pensamento medieval e moderno, inaugurando um ciclo reflexivo caracterizador da história filosófico-política do Estado contemporâneo, no sentido de negar, peremptoriamente, qualquer possibilidade do estabelecimento de algum direito de alguém ou de alguns para governar aos demais. Ao contrário, uma das idéias centrais do seu pensamento é a de que o único governo sobre os homens que se legitima é o das leis que emanam daqueles que vão cumpri-las.[152]

Há no pensamento rousseauniano uma clara ruptura com diversas construções teóricas que se estruturaram desde a Antiguidade até os primórdios da Idade Moderna. Assim, exemplificativamente, em Rousseau não há qualquer espaço para a idéia de um direito divino dos reis que serviu para negar aos homens o direito de intervir na formação e na vida do governo. No mesmo caminho, Rousseau distancia-se da perspectiva do direito do mais forte, presente no pensamento de Maquiavel, mas já estruturado, anteriormente, nas reflexões do sofista Cálicles.[153] Diverge também da justificação do princípio da soberania do príncipe, presente nos *Seis Livros da República*, o qual nega efetivamente a liberdade dos cidadãos. Distoa de Hobbes e de Grocius, quando estes põem em dúvida a idéia da liberdade do gênero humano[154] e de Locke em relação à justificação da ditadura de duas classes minoritárias. Se, por um lado, aparentemente, próximo esteve de Montesquieu, especialmente no tocante à teoria da separação dos poderes como uma importante garantia em favor da liberdade, por outro, dele distanciou-se uma vez que o sistema político do autor de *O Espírito das Leis* muito próximo se situou do sistema de Locke. Da mesma forma com relação aos enciclopedistas, defensores do direito natural, que não compreenderam, diferentemente de Rousseau, que a igualdade e a liberdade do homem não tem maior garantia que a participação ativa do cidadão no governo, sem reis ou corpos políticos privilegiados.

Um dos grandes traços da obra filosófico-política de Rousseau, que marca rotundamente suas diferenças em relação aos pensadores que o antecederam, consiste não na limitação do poder dos reis e dos parlamentos privilegiados, mas na proposta de suas derrocadas e, concomitantemente, na instauração do governo dos cidadãos para os homens. Para chegar a esta construção política, Rousseau parte de algumas premissas fundamentais ao seu pensamento. A primeira delas é uma concepção holista do mundo.

4.1.4.1. O holismo rousseauniano e suas conseqüências em seu pensamento

Rousseau expõe em suas obras uma concepção holista do mundo social, pois suas teses revelam seu interesse muito mais pela sociedade em seu conjunto do

---

[152] ROUSSEAU, *O contrato social*. Tradução de Rolando Roque da Silva. São Paulo: Cultrix, s.d., p. 25.
[153] *Idem*, p. 24.
[154] *Idem*, p. 23.

que propriamente por seus componentes. Desconfia de tudo o que possa dividir o corpo político; é hostil em relação à existência de "corpos intermediários", pois a presença destes colegiados poderia incomodar a homogeneidade da cidade, o que o afasta idealisticamente de propostas de democracia representativa. A intervenção destes corpos só pode contribuir para restabelecer dominações particulares, multiplicar os conflitos e aumentar as desigualdades entre ricos e pobres, além de contribuírem para degradar o indivíduo e impedir a formação da vontade geral.

Desse entendimento resulta no pensamento de Rousseau um rechaço completo ao pluralismo político, o que o afasta bastante dos pensadores liberais que vinculam a felicidade à satisfação da pluralidade de interesses individuais. Na seqüência desta visão holista e negadora do pluralismo, a base das construções e propostas políticas de Rousseau – a tese da vontade geral – não poderia encontrar fundamento mais sólido, pois repousa ela sobre uma visão idealista de uma sociedade unida e solidária, na qual o pluralismo é obstaculizado.

Esta compreensão holista do mundo manifesta-se expressamente quando o pensador genebrino, ao analisar a natureza das cláusulas componentes do contrato social, refere que todas elas se reduzem a uma única, a saber,

> a alienação total de cada associado, com todos os seus direitos, em favor de toda a comunidade; porque, primeiramente, cada qual se entregando por completo e sendo a condição igual para todos, a ninguém interessa torna-la onerosa para os outros,
> Além disso, feita a alienação sem reserva, a união é tão perfeita quanto o pode ser, e nenhum associado tem mais nada a reclamar; porque se aos particulares restassem alguns direitos, como não haveria nenhum superior comum que pudesse decidir entre eles e o público, cada qual, tornado nalgum ponto seu próprio juiz, cada qual, tornado nalgum ponto o seu próprio juiz, pretenderia em breve sê-lo em tudo.[155]

Mais adiante, profere a sentença definitiva de sua percepção holista, ao dizer que "Cada um de nós põem em comum sua pessoa e toda a sua autoridade, sob o supremo comando da vontade geral, e recebemos em conjunto cada membro como parte indivisível do todo".[156]

Desta visão de mundo holista resulta em Rousseau as suas mais importantes construções políticas, tais como a idéia de vontade geral, de soberania do povo, da definição unanimista da vontade do povo.

4.1.4.2. A vontade geral e o contrato social

Radicalmente diferente de seus antecessores, Rousseau elabora uma nova doutrina da soberania política, onde o povo torna-se não apenas a fonte de todo o poder, mas parece estar em condições de se governar diretamente. Seu projeto de

---
[155] ROUSSEAU, *O contrato social*, p. 30-31.
[156] ROUSSEAU, *O contrato social*, p. 31.

contrato social permite aos homens, na sociedade, conservarem sua autonomia, sua liberdade e sua igualdade, já presentes no estado natural. Seu projeto busca

> Encontrar uma forma de associação que defenda e proteja de toda a força comum a pessoa e o bens de cada associado, e pela qual, unindo-se a todos, não obedeça portanto senão a si mesmo, e permaneça tão livre como anteriormente. Tal é o problema fundamental cuja solução é dada pelo contrato social.[157]

Por este contrato, o que o homem perde, segundo as palavras do próprio Rousseau "é a liberdade natural e um direito ilimitado a tudo que o tenta e pode alcançar; o que ganha é a liberdade civil e a propriedade de tudo o que possui".[158] Resulta, assim, das reflexões de Rousseau, uma distinção entre liberdade natural, limitada pelas forças do indivíduo, da liberdade civil que é limitada pela liberdade geral. Há uma aquisição de um estado civil, ao qual agrega Rousseau uma liberdade moral, a única que torna o homem senhor de si mesmo, posto que o impulso apenas do apetite constitui a escravidão, e a obediência à lei a si mesmo prescrita é a liberdade.

A base de todo o sistema social rousseauniano consiste em que o pacto fundamental, ao invés de destruir a igualdade natural, substitui, ao contrário, por uma igualdade moral e legítima a desigualdade física que a natureza pode por entre os homens, fazendo com que estes, conquanto possam ser desiguais em força ou em talento, se tornem iguais por convenção ou por direito.[159]

No projeto de Rousseau, a finalidade de proteger os direitos naturais de cada indivíduo passa por uma garantia de proeminência incontestável da comunidade. É nesta perspectiva que deve ser entendida a sua concepção de soberania. Nela, cada cidadão dispõe da parte da soberania que lhe cabe, mas nenhum indivíduo pode atribuir-se o seu exercício separadamente dos outros. A soberania só pode ser exercida coletivamente; é indivisível (não pode ser partilhada) e é inalienável (não pode ser cedida a ninguém). Sobre isto constrói sua idéia de vontade geral.

Rousseau acredita na capacidade do povo exprimir uma opinião coletiva. Chama ele de "vontade geral" a decisão unânime" que o povo toma a fim de realizar o bem comum. Distingue a vontade geral da vontade de todos. Primeira representa uma decisão unânime, enquanto a segunda é apenas uma "soma de vontades particulares.

4.1.4.3. A democracia direta e a rejeição de mecanismos representativos

O sistema representativo para Rousseau é profundamente injusto. Porque se reveste de caráter oligárquico, o que de certa forma antecipa a "lei férrea das oligarquias" estruturada por Robert Michels, segundo quem por mais democrático

---
[157] Idem, p. 30.
[158] Idem, p. 34
[159] Idem, p. 37.

que seja um governo, sempre será uma oligarquia que governará. Nas palavras de Rousseau, "a idéia de representantes é moderna; vem do governo feudal, desse iníquo e absurdo governo, no qual a espécie humana é degradada e o nome de homem constitui uma desonra".[160] Seu raciocínio quanto a isto é o seguinte. Se cada cidadão aceita submeter-se à vontade geral, é porque, em contrapartida, tem o direito de participar na formação desta. Seria absurdo se num momento ou noutro fosse privado deste direito de participação. Em outros termos, todo cidadão tem um direito de sufrágio e deve exercê-lo pessoalmente.

Analisada sob outro viés, entende Rousseau que a soberania não pode ser representada, pela mesma razão que não pode ser alienada; ela consiste essencialmente na vontade geral, e a vontade de modo algum se representa; ou é a mesma ou é outra; não há nisso meio-termo.[161] Ainda para ele, "não sendo a lei senão a declaração da vontade geral, claro está que no poder legislativo não pode o povo ser representado; mas pode e deve sê-lo no poder executivo, que outra coisa não é senão a força aplicada à lei".[162]

Evidentemente que Rousseau prevê a necessidade de arranjos institucionais, diante da dificuldade de adaptar a democracia direta, conveniente a pequenas comunidades, para espaços geopolíticos maiores como o Estado-nação. Por isso ele admite a possibilidade de instauração de um sistema representativo limitado, assim como, diante da dificuldade de implementação de uma vontade unânime, prevê a necessidade realista do voto majoritário.

Positivamente, é preciso destacar do pensamento de Rousseau uma evolução intelectual dirigida a uma consolidação teórica acerca da democracia e da soberania popular. O seu principal legado aparece destacadamente nos textos constitucionais contemporâneos consubstanciado nas declarações preambulares de que "todo o poder emana do povo e em seu nome será exercido".[163] Também, por outro lado, a idéia de democracia direta parece estar cada vez mais presente, sob diferentes formas, nos atuais modelos constitucionais. Assim, por exemplo, através de referendos e plebiscitos. Da mesma forma, através das diferentes formas de participação popular, seja na composição de orçamentos, seja no controle jurídico das atividades dos poderes públicos.

Noutro sentido, é preciso rechaçar contundentemente a parcela de seu pensamento, calcado sobre a prioridade da vontade geral, que nega qualquer possibilidade de as minorias poderem defender seus interesses. A concepção de Rousseau é de uma Constituição como expressão de uma regra majoritária, enquanto os paradigmas constitucionais contemporâneos manifestam-se como modelos contramajoritários.

---

[160] ROUSSEAU. *O contrato social*, p. 96.

[161] *Idem, ibidem.*

[162] *Idem, ibidem.*

[163] Art. 1º, parágrafo único, CF/88. "Todo o poder emana do povo, que o exerce por meio de seus representantes eleitos ou diretamente, nos termos desta Constituição".

A concepção contratual de Rousseau também apresenta-se, negativamente, um pouco conservadora, no sentido de que apresenta a sociedade como uma entidade superior, unificada e indivisível, acima dos interesses dos indivíduos, situação que se choca frontalmente com os avanços antropocêntricos conquistados pelos pensadores liberais. Os indivíduos são considerados como elementos indissociáveis de uma totalidade que os ultrapassa. Possuem uma liberdade bastante restrita, na medida em que os alienam a um corpo moral e coletivo, com exceção de seu direito de sufrágio. Assim, o antiindividualismo rousseuaniano é bastante criticável uma vez que coloca em segundo plano a liberdade individual e a subjetividade dos direitos. Neste aspecto, parece não ser recepcionada nos textos constitucionais modernos que em seu núcleo liberal-individualista, *v.g.*, art. 5º da Constituição brasileira da 88, dá uma especial tutela aos direitos e liberdades individuais.

4.1.5. A contribuição de Kant para o constitucionalismo contemporâneo

4.1.5.1. Razão e Vontade: a base do individualismo kantiano

A teorização de Kant acerca do problema do poder deve ser compreendido na perspectiva da elaboração por parte do gênio de Königsberg de uma filosofia da vontade. O entendimento da estruturação kantiana da vontade somente pode dar-se na medida em que se compreendem as suas conexões com a faculdade de desejar e com o arbítrio.

A faculdade de desejar é definida na Metafísica dos Costumes como a como a capacidade, por parte do sujeito, de ser causa de objetos através de representações.[164] No agir, essas representações adquirem o significado de metas, fins ou escopos que o sujeito estabelece para si, e que tende a realizar mediante uma cadeia conseqüente de atividades e operações. Nesse contexto, o agir fica adstrito aos limites da dependência de fatores puramente naturais, não sendo possível ao sujeito, neste âmbito, um agir livre.

Kant buscando superar esse mecanismo de determinação natural, reconhece na função do "arbítrio" a possibilidade do abandono dessa estrutura de determinação causalista do agir. Tal função surge quando o begehrungsvermögen se torna consciente de si enquanto faculdade de realizar ações.[165]

Nesse sentido, o arbítrio é mais do que simples excogitação de possibilidades para a ação, mas consciência da capacidade de realizar concretamente essas possibilidades, agindo em sentido causado sobre o mundo exterior. Funciona como "fundamento" de determinação do agir, mas essa determinação fica condicionada por uma margem de oscilação entre representações diversas que, do ponto de vista

---

[164] KANT, Imannuel. *Metafísica dos Costumes*. Bauru: Edipro, 2003, I, 211 (trad. portuguesa, p. 21)

[165] *Idem*, p. 22)

do arbítrio, parecem completamente equivalentes. Enquanto o arbítrio permanecer arbítrio, a faculdade de desejar revela-se como capacidade de determinação, mas o exercício efetivo dessa capacidade fica bloqueado na "impotência" de um vácuo dentro da imaginação subjetiva. Nas palavras de Kant "A liberdade, com respeito à legislação interior da razão, não é propriamente, senão uma faculdade (*Vermögen*). A possibilidade de se separar deta legislação é apenas impotência".[166]

Para Kant a "vontade", bem como o arbítrio, não é diferente da própria faculdade de desejar, mas é a modalidade mediante a qual essa faculdade chega a determinar-se com base em motivos que não provêm da inclinação natural, mas encontram a sua origem na razão. Utilizando as palavras do próprio filósofo alemão: "A faculdade de desejar cujo princípio de determinação interna [...] se encontra na razão do sujeito chama-se vontade".[167] Assim, o que determina um motivo como procedente da razão é o fato de que a máxima com base na qual se age é suscetível de tornar-se princípio de legislação universal,[168] ou, noutras palavras, válida em relação à possibilidade de uma convivência entre seres dotados de liberdade.

É nessa articulação com a razão que a noção kantiana de liberdade deve ser compreendida. Se a função da razão é produzir máximas possíveis de tornarem-se princípios de legislação universal, a liberdade encontra-se, ela própria, determinada com relação à instância de universalidade afirmada pela razão. Não pode haver, assim, na perspectiva de Kant, liberdade sem determinação do agir por parte da razão, assim como, em sentido inverso, somente um agir determinado com base em motivos oferecidos pela razão poder ser propriamente chamado com esse nome, ou seja, ser realização da liberdade.

Dessa relação necessária e inevitável para Kant entre razão e liberdade, surge a concepção de liberdade como autonomia. Deixa a liberdade de ser considerada como opção entre possibilidades de ações alternativas, e determina-se com relação à razão como faculdade de autolegislação, capaz de fornecer ao sujeito motivos de ação (ou seja, representações, cuja tradução lingüística subjetiva (máxima) seja ao mesmo tempo, compatível com sua universalização.[169]

Dessa forma, a razão, ao possuir potencialidades de produção de princípios de legislação universal, coercitivos e determinantes com relação ao âmbito do agir, revela o seu valor constitutivo em perspectiva prática. Como conseqüência lógica, a liberdade deixa de ficar reduzida a mero arbítrio, e leva a faculdade de desejar até os limites da autodeterminação em virtude de motivos que não provêm do mecanismo da determinação causal, mas da espontaneidade da razão pura. Nesse sentido é que pode ser compreendida a faculdade de desejar como vontade a partir do momento em que assume como coerciva a razão na sua capacidade de

---

[166] *Idem*, IV, 227 (trad. portuguesa, p. 41-42)

[167] *Idem*, p. 21.

[168] *Idem*, p. 22.

[169] Cfe. RAMETTA, Gaetano. Poder e liberdade na filosofia política de Kant. In: DUSO, Giuseppe (org.). *O poder. História da filosofia política moderna*. Petrópolis: Vozes, 2005, p. 262.

determinação prática. Disso é possível concluir que em Kant a liberdade indica que os motivos da ação provêm da razão, e, portanto, ela somente surge a partir do exercício da vontade.

Por outro lado, é sabido que a determinação do arbítrio por parte da vontade assume em Kant a forma do dever (*Sollen*), o qual deve ser entendido não como expressão manifesta da impotência da razão prática em relação à determinação concreta e efetiva do arbítrio, mas, pelo contrário, vislumbre nele o estatuto peculiar do poder exercido pela vontade sobre o arbítrio. E nesse sentido, a vontade exprime-se na forma do dever justamente porque a universalidade da máxima que dela deriva não é suscetível de nenhum desmentido por parte da realidade factual, mas é dotada de validade categórica, isto é, independente da experiência.

Assim, é preciso concluir com Rametta que na Metafísica dos Costumes é devolvida à razão, no âmbito prático, aquela função legisladora que a primeira Crítica lhe havia negado, e a autonomia da vontade se manifesta como expressão do valor constitutivo *a priori* que as idéias da razão assumem no âmbito prático.

4.1.5.2. O Contratualismo kantiano

É dentro dessa elaboração teórica que imbrica razão e vontade que deve ser compreendido o contratualismo kantiano. Distinguindo entre a motivação que leva o sujeito a agir, e as ações externas que resultam dessas motivações, resulta possível diferenciar e avaliar as ações tanto do ponto de vista da intenção ou motivação do sujeito que as realiza quanto do ponde vista da sua conformidade puramente exterior aos preceitos da razão, independentemente da intenção com base na qual o sujeito age. Disto deriva uma diferenciação entre as disciplinas da moral e as do direito. A primeira coloca na base da sua legislação a conformidade da intenção ao preceito da vontade, ao passo que o segundo considera exclusivamente a conformidade exterior de uma ação aos ditames da razão. É justamente este deslocamento da atenção do plano da interioridade e da consciência do sujeito individual. Para o plano da compatibilidade dos seus comportamentos com a liberdade e as ações dos outros indivíduos que coloca o problema de estabelecer uma ordem na qual a liberdade de cada um seja compatível, do ponto de vista externo, com a liberdade de todos aqueles com os quais ele passa ou pode passar a relacionar-se. Neste caso, a razão deixa de exercer a sua legislação no âmbito puramente moral, mas, sim, à altura da recíproca compatibilidade e conformidade à lei das ações externas realizadas pelos indivíduos.

O âmbito a que pertencem a legislação jurídica e a disciplina do direito, diferentemente da moral, é constituído pelos atos e pelos comportamentos externos de sujeitos individuais racionais em relação recíproca. E a idéia que sustenta a legislação jurídica e a constituição do Estado é a idéia do "contrato originário" que Kant define como o ato pelo qual o povo se constitui em uma cidade, e, propriamente, a simples idéia deste ato, segundo a qual se pode unicamente conceber a legitimidade do próprio ato, é o contrato originário, segundo o qual todos (omnes et singuli) se desprendem de sua liberdade exterior, diante do povo, para tornar a recobrá-la no novo instante como membros de uma República, isto é, na qualidade de membros de uma comunidade ou do povo como cidade.[170]

Kant vislumbra o contrato originário como uma idéia proporcionada *a priori* pela razão prática que, enquanto capacidade de determinação do arbítrio, se exerce na forma de vontade, resultando disto ser impossível imaginá-lo como uma construção artificial da qual se produza a universalidade desta. A vontade, de fato, não pode assumir caráter de universalidade mediante o contrato, porque o contrato não seria possível sem pressupor a universalidade como traço constitutivo e estrutural da própria vontade. É verdade que a idéia do contrato comporta a presença de uma multiplicidade de vontades individuais, porque implica na estípula de uma acordo recíproco entre sujeitos distintos, que agem com base em motivos dependentes do livre-arbítrio. Mas com relação à constituição do Estado não se trata de um contrato puro e simples, ou seja de um fato empírico, mas de um contrato em sentido "originário", devendo a idéia de originariedade ser entendida não somente como o ponto onde se inicia alguma coisa, mas designa a relação com a dimensão da idéia, em que o arbítrio dos indivíduos se substitui a vontade enquanto instância de legislação universal.

Assim é possível concluir-se que não seria possível nenhum acordo entre vontades individuais se a vontade individual não fosse já per se permeada por uma irreprimível instância de universalidade, de tal forma que exija, para suas decisões, um plano de validade categórica. Por isso, o "contrato originário" não pode depender do livre-arbítrio, de decisões individualizadas dos sujeitos que o estipulam, mas se revela, antes, como a forma através da qual a idéia de vontade se manifesta e funciona como origem do direito, ou seja, como instância de legislação universal, diante de uma multiplicidade pressuposta de vontades individuais.

Dessa forma, o contrato originário mostra-se como condição transcedental espontaneamente colocada pela razão para tornar possível a implementação do direito e, por isso mesmo, o exercício da liberdade externa por parte dos indivíduos.

Em conclusão, para melhor articular esta implicação da vontade e da razão na estruturação da idéia de contrato originário, é preciso pontuar que a vontade age nos indivíduos e através dos indivíduos, não enquanto puro e simples arbítrio deles, mas como função ou instância produtora de universalidade. Assim, o contrato, longe de ser resultado de decisões individuais, limita-se a exprimir a universalidade que já está em funcionamento nas vontades individuais. A vontade é uma enquanto função a priori da subjetividade, e, por isso, exerce-se através da formulação de leis e princípios de caráter universal. Entretanto, uma vez que investe as relações recíprocas entre uma pluralidade de indivíduos racionais, ela exerce-se

---

[170] KANT. *Metafísica dos Costumes*, p. 155.

na forma da vontade "gera", ou seja, universalmente unificada. É em virtude desta vontade que os indivíduos se reúnem em povos e "Estados".

Kant não se preocupa em examinar se, no estado original os homens se encontravam ou não em constante estado de guerra. Para ele é decisivo o fato de que os homens, em razão de interesses antagônicos, podem chegar a litígios. Segundo Kant, há um estado de permanente perigo de conflito.[171]

Para evitar tais possibilidades de conflitos, o Estado é a forma institucional de que a vontade se utiliza para obrigar o arbítrio da multidão a obedecer coercitivamente a instância da liberdade. Isso comporta a fundação de uma relação de comando e obediência, em que a totalidade do povo se institui como poder coercivo para com os membros individuais que o compõem, buscando salvaguardar a unidade e a indivisibilidade da vontade, mesmo na assimetria indispensável para o funcionamento de uma relação de poder.

O que se atua através do contrato originário, com efeito, é uma autolimitação do arbítrio mediante a vontade, que os homens, numa relação de influência recíproca, exercem em forma especular e simétrica. O dispositivo de comando se institui quando a vontade, por ser universal, molda um órgão dotado de poder coercivo externo, voltado não tanto à limitação da vontade, o que seria absurdo, quanto à limitação do arbítrio.

Os Poderes do Estado constituem, com efeito, diferentes articulações de uma vontade única; constituem as condições e, ao mesmo tempo, os órgãos de atuação da vontade geral, como poder coercivamente eficaz voltado para o arbítrio e a ação externa dos indivíduos.

Assim, é preciso afirmar que Kant, juntamente com outros contratualistas e individualistas, contribui profundamente para a construção de toda uma visão de mundo individualista que serviu de lastro filosófico-político para as Grandes Revoluções do século XVIII e, conseqüentemente, para a positivação de direitos individuais nos textos constitucionais deste período.

4.1.6. Friedrich Hegel

Hegel é, sem dúvida alguma, o principal pensador que materializou um sistema filosófico de transição entre o pensamento liberal-individualista e o pensamento holista-coletivista. Se o pensamento filosófico-político de Rousseau, ainda que tendo seus elementos fundantes vinculados a um contratualismo individualista, já se apresentava, paradoxalmente, como uma reflexão que ensaiava uma transição do atomismo para o holismo, o pensamento de Hegel expressa de uma maneira muito mais contundente esta ambigüidade. Há autores como Rawls, por exemplo, que o interpretam como um liberal reformista moderadamente progressista, e vislumbram seu liberalismo como um exemplo importante, na história da filosofia moral e política, do liberalismo de liberdade, assim como são as proposi-

---

[171] KANT. *Metafísica dos Costumes*, p. 313.

turas teóricas de Kant e, de modo menos evidente, J. S. Mill.[172] Em sentido contrário, para um considerável número de pensadores, a filosofia hegeliana do Estado é interpretada como um pensamento autoritário, fortemente conservador.

Para os que, como Rawls, o aproximam do pensamento liberal, a aceitação de Hegel do princípio da autonomia e do projeto social de conquista da liberdade como essência da modernidade, constituem-se nos traços mais relevantes de sua possível vertente liberal. Não há dúvidas acerca da influência que Kant, Rousseau e outros filósofos liberais exerceram sobre seu pensamento, entretanto, Hegel, ao teorizar sobre o problema da liberdade, argumenta que uma nova relação de felicidade e liberdade tornou-se visível quando situamos aquilo que observávamos empiricamente ao nosso redor dentro da totalidade da história filosófica. A idéia de liberdade substituiu a de soberania como fundamento do Estado, mas essa mudança parte, contrariamente ao que se possa sugerir, de uma crítica severa da concepção egoísta de liberdade. Considerar esta como uma autonomia individual que protege, para cada homem, o gozo dele mesmo, é um absurdo, pois "é uma concepção puramente negativa da liberdade". Contrariamente, sustenta Hegel, não há liberdade sem Estado, como é possível constatar com as próprias palavras do pensador que ocupou os mais altos lugares do idealismo alemão, para quem

> O Estado é a realidade da liberdade concreta. Contudo, a liberdade concreta consiste em que a individualidade pessoal e seus interesses particulares não apenas alcancem seu pleno desenvolvimento e o reconhecimento explícito de seus direitos para si (no sistema da família e da sociedade civil), mas que por uma parte se convertam por si mesmos no interesse do universal, e por outra lhe reconheçam e desejem com saber e querer como a seu próprio espírito substancial, e atuem para ele mesmo enquanto finalidade sua última, de tal maneira que nem o universal valeria nem teria plenitude sem o interesse, o saber ou o querer particular, nem os indivíduos vivem para o interesse supremo enquanto pessoas privadas sem que por sua vez queiram o universal em si e para si e tenham uma atividade consciente deste fim. O princípio dos Estados modernos tem essa imensa força e profundidade: permitir aperfeiçoar o princípio da subjetividade até o extremo autônomo da particularidade pessoal, e ao mesmo tempo voltar-lo à unidade substancial, e assim conservá-la nele mesmo.[173]

Esta idéia de liberdade é a que talvez expresse, na totalidade do pensamento sistêmico de Hegel, uma potencial ambigüidade interpretativa de seu pensamento. Se isto não bastasse, mesmo substituindo a idéia de soberania pela de liberdade como fundamento do Estado – o que poderia caracterizar um viés liberal de seu pensamento –, Hegel formula uma estruturada crítica ao liberalismo, especialmente a Kant. Mais do que isto: pouco depois de sua morte, no fim de 1831, a grande massa de seus discípulos dividiu-se em dois grandes troncos, com forte dissídio entre si, tanto sobre as concepções políticas como, sobretudo, sobre a

---

[172] RAWLS, John. *História da Filosofia Moral*. São Paulo: Martins Fontes, 2005, p. 376-377.
[173] HEGEL, G. W. F. *Fundamentos de la Filosofia del Derecho*. Madrid: Libertarias/Prodhufi, 1993, § 260, p. 687

questão religiosa, dando origem ao que, em 1837, David Strauss chamou de Direita e Esquerda hegeliana.[174]

Vista esta disposição teórica de Hegel no espectro acadêmico histórico, o que nos interessa, daqui para a frente, são duas questões fundamentais por ele abordadas em seus construções: a sua concepção de Estado e a posição dos indivíduos em relação a ele, bem como sua visão sobre as Constituições. Antes disso, uma sucinta noção de seu sistema filosófico servirá como base de compreensão destas abordagens que julgamos relevantes para o presente trabalho.

4.2. A CRÍTICA AO LIBERALISMO E EMERGÊNCIA DO SOCIALISMO

4.2.1. O sistema filosófico geral hegeliano

Uma das convicções fundamentais sobre a qual Hegel estrutura seu sistema filosófico é a de que a filosofia não é nem pode ser algo estranho à vida ou à história, de onde resulta que cada concepção ou doutrina filosófica há de ser a consciência do momento histórico que vive.

O sistema de Hegel pode ser caracterizado como a síntese de um idealismo[175] absoluto, onde no princípio está a idéia, o absoluto, o divino. Se no século anterior houve a contemplação de uma transformação do pensamento da liberdade por conta da filosofia da Ilustração, e do político, graças à força do Contrato Social, no futuro, a idéia, o absoluto, o divino, falariam para a história pelos lábios do povo ao qual o destino havia entregue o cultivo da filosofia. O idealismo hegeliano pode ser considerado, segundo o entendimento de De La Cueva, como uma superação, uma síntese do idealismo tradicional ao estilo de Berkeley e do realismo; daí a tese fundamental de que *todo o racional é real e todo o real é racional*. Uma vez concluída a descrição da idéia de Estado, teve Hegel que retornar à terra

---

[174] Reale e Antiseri observam que no que se refere à política, a direita hegeliana sustentava, grosso modo, que o Estado prussiano, com suas instituições e suas realizações econômicas e sociais, devia ser visto como o ponto de arribação da dialética, como a realização máxima da racionalidade do espírito. Já a esquerda, ao contrário, invocava a teoria da dialética para sustentar que não era possível deter-se em configuração política e que a dialética histórica deveria negá-la para superá-la e realizar uma racionalidade mais elevada. Em substância, a direita propunha a filosofia hegeliana como justificação do Estado existente, ao passo que a esquerda, em nome da dialética, pretendia negar o Estado existente. À direita hegeliana pertenceram Karl Friedrich Göschel, Kasimir Conrad, Georg Gabler, Johann Eduard Erdmann, Kuno Fischer, Karl Friedrich Rosenkranz. Na esquerda estiveram David Strauss, Bruno Bauer, Mas Stirner, Arnold Ruge, Feurbach e Marx. Ver a respeito REALE, Giovani e ANTISERI, Dario, *História da Filosofia*, v. III, p. 163 e segs.

[175] O idealismo, na modernidade, pode ter sua origem creditada à duvida cartesiana de que o único certo é nosso pensamento, portanto, nossas idéias. Sua essência consiste na tese de que o conhecimento não é uma relação entre um sujeito que conhece e um objeto que está aí, mas uma relação entre o sujeito que pensa e seu pensamento, isto é, entre o sujeito que pensa e a coisa pensada, do que se conclui que o objeto do conhecimento não é uma substância externa ao sujetio, mas unicamente uma idéia do objeto que pensa o sujetio.

e buscar ao Estado racional-real.[176] No parágrafo 259 de seus "Fundamentos da Filosofia do Direito" diz que "a idéia adquire sua realidade imediata no estado individual, que é a organização de si mesmo expressada em sua constituição ou direito interno". De acordo com esta concepção, o Estado é a realização histórica, em cada povo, da idéia de que deve ser.

O pensamento de Hegel estrutura-se a partir da compreensão do mundo real como uma totalidade, buscando princípios absolutos, universais, que visem a associação, numa ordem única, entre o indivíduo e conhecimento, a sociedade e a história, a espiritualidade e a natureza.[177]

Hegel, em sua obra, busca a libertação do espírito (razão) diante do dogma religioso. Entende que o mundo evolui no sentido do progresso universal e deve acabar numa unidade geral que marca o fim de todas as contradições (sujeito-objeto, singular-universal, ser e dever-ser, vida humana e espiritual, entre família, sociedade e Estado). Ele acredita fortemente que a razão é a marca distintiva desse progresso: toda a história da humanidade é levada pela emancipação da consciência, e o fim do progresso da razão é a liberdade. Esta deve ser entendida não como a autonomia individual ou o livre-arbítrio, concepção própria do liberalismo, mas, noutro sentido, como uma realização global, como o desenvolvimento do indivíduo que se realiza no contexto da "vida universal". No item 5 do Discurso preliminar dos "Fundamentos da Filosofia do Direito", Hegel coloca a frase que é uma compreensão perfeita de seu sistema: "O que é racional é real; e o que é real, é racional". Na origem está o espírito, que é o racional, que sai de si mesmo e se faz real, e por esta sua origem, o real é racional.

A obra filosófico-política de Hegel propõe uma reflexão sobre a organização da sociedade e sobre o poder. A originalidade de sua reflexão sobre o Estado reside na colocação deste como princípio unificador no qual o conjunto de contradições do mundo poderia ser superado.

Diferentemente da perspectiva kantiana que se funda numa postura criticista, a postura filosófica de Hegel assenta-se num sistemismo. Enquanto Kant estabelece uma crítica ao sistema, Hegel busca estruturar um sistema. O objetivo principal do sistema hegelino é compreender os princípios fundamentais que comandam o andamento da história e as condições de seu acabamento. A "história" não deve ser entendida como um encadeamento desordenado de acontecimentos e de fatos que afetam cada sociedade. Ela é uma realidade autônoma que se desenvolve independentemente das ambições humanas. Ultrapassa as vontades e os interesses humanos.

A História é, para Hegel, antes de tudo, história da consciência, o que revela o caráter idealista de suas construções. Em sua *Fenomenologia do Espírito* afirma que o movimento da História é o resultado da transformação do "espírito", ou seja, da "consciência universal". Esta não é a consciência do sujeito cartesiano;

---

[176] DE LA CUEVA, Mario, *La Idea del Estado*, p. 274.
[177] NAY, Olivier, *História das Idéias Políticas*, p. 355.

é geral e objetiva: desenvolve-se nas instituições, nos costumes, na religião, nas ciências, nas artes, e até no andar dos acontecimentos. Significa a superação da individualidade liberal.

O sistema hegeliano é, por um lado, holista, na medida em que o mundo é considerado uma totalidade cuja explicação reside em mecanismos gerais que ultrapassam amplamente o quadro das relações humanas. Coloca-se como um contraponto ao materialismo histórico, pois entende que a evolução do mundo é o resultado de um movimento de idéias e não de uma dinâmica de estruturas materiais. Por outro, deve ser compreendido como marcado por um certo determinismo, visto que nele a história segue uma marcha rigorosa, segundo leis estabelecidas (as da dialética) para uma realização, um fim, que deve marcar a realização de uma ordem absoluta, unitária, estável, a saber: a ordem do "Espírito, da razão universal".

Para Hegel, a filosofia envolve uma dimensão universal. A verdadeira filosofia deve se dedicar a buscar o "universal", uma verdade que deve levar em conta a totalidade dos pontos de vista e abordá-los com a razão. A filosofia é, necessariamente, uma "filosofia da história" que se coloca acima de situações particulares. Condena o uso de princípios "vazios e abstratos". Rechaça os procedimentos puramente especulativos e, do mesmo modo, reprova o romantismo que recorre ao imaginário, que formula sobre utopias sociais e despreza a história real. Quando afirma que o Universal é o infinitamente concreto, lembra que o objeto da filosofia é a compreensão das realidades assim como existem.

Rawls, em sua "História da Filosofia Moral", aborda a filosofia de Hegel como um projeto de reconciliação.[178] Neste aspecto, para Hegel, o esquema mais apropriado de instituições para a expressão da liberdade já existe. Encontra-se diante de nossos olhos. A tarefa da filosofia, especialmente da filosofia política, é compreender esse esquema no pensamento. E uma vez que o fizermos, pensa Hegel, reconciliar-no-emos com nosso mundo social. Nesta perspectiva, para Hegel, reconciliação não significa resignação, mas noutro sentido, significa que chegamos à percepção de nosso mundo social como uma forma de vida em instituições políticas e sociais que realiza nossa essência – isto é, a base de nossa dignidade

---

[178] Este objetivo fundamental da filosofia hegeliana está expresso no item 6 do Prólogo da sua obra "Fundamentos da Filosofia do Direito". Nas palavras de Hegel: "Comprender lo que es constituye la tarea de la filosofía, pues lo que es es la razón. En lo que respecta al individuo cada uno es de todos modos hijo de su época; así también es la filosofia su tiempo aprehendido en pensamientos. Por eso resulta tan insensato creer que cualquier filosofia pueda ir más allá de su mundo actual como que un individuao pueda saltar por encima de su época, que salte más allá de Rhodus. Si effectivamente su teoria va más allá de esto, si se construye un mundo tal y como debería ser, entonces ciertamente esse mundo existe, pero únicamente en su imaginación, elemento dúctil al que se permite fantasear cualquier capricho. Con alteración menor aquella expresión antementada diria: Aquí está La rosa, baila aquí. Lo que se interpone entre la razón como espíritu autoconsciente y la razón como realidad presente, lo que separa aquella razón de esta y no permite hallar la satisfacción en ella es la cadena de algo abstracto que no se há liberado para el concepto. Conocer la razón como la rosa en la cruz de la actualidad y de este modo gozar de esa actualidad, esta comprensión racional es la reconciliación con la realidad que la filosofia garantiza a aquellos que alguna vez han sentido la íntima exigência de comprender y también de conservar en aquello que es sustancial la libertad subjetiva así como de permanecer con la libertad subjetiva no en algo particular y contingente, sino en aquello que es en si e para si".

como pessoas livres. Dessa forma, o papel da filosofia política, como Hegel a vê, é apreender o mundo social no pensamento e expressá-lo em uma forma na qual possamos ver como racional.[179] Assim, quando em nossas reflexões compreendemos nosso mundo social como algo que expressa nossa liberdade e nos capacita a alcançá-la à medida que conduzimos nossa vida diária, reconciliamo-nos com ele. A filosofia, neste papel, não é apenas um exercício acadêmico. Ela nos diz algo sobre nós mesmos; mostra-nos a liberdade de nossa vontade – que a possuímos através das instituições, não de outras maneiras. Esse entendimento, segundo Rawls, torna real, no pensamento de Hegel, uma forma de vida. A explicação é que uma forma de vida não se torna real ou efetiva *(wirklich)* até que se torne autoconsciente. O *Geist* só se realiza plenamente no pensamento e na autoconsciência humanos. Assim, a forma de Estado moderno, que expressa em suas instituições políticas e sociais a liberdade das pessoas, não é plenamente efetiva até que seus cidadãos compreendam como e por que são livres nela.[180] O trabalho da filosofia, neste sentido, é ajudá-los a compreender isto. Ela não olha para um mundo que deve ser e que existe para além do mundo (como Hegel pensava que a filosofia de Kant fazia), mas para um mundo diante de seus olhos que efetiva sua liberdade.

A filosofia de Hegel pode também ser entendida como uma crítica ao liberalismo, especialmente dirigida a alguns pontos fundamentais do pensamento de Kant, tais como a questão da liberdade, do dever ser, da autonomia e da concepção formal de moralidade, dentre outros menos importantes.

A primeira crítica, dirigida à concepção kantiana de liberdade estrutura-se a partir da negação por Hegel de que a liberdade possa ser plenamente efetivada se apartada da estrutura social apropriada. Contrariamente a Kant que pensa que nossa liberdade nos eleva acima de todas as contingências da natureza humana, acima de todas as contingências de nossa sociedade e sua história e, por conseguinte, pensa que nos é sempre possível agir segundo a lei moral, Hegel entende que é apenas no interior de um mundo social racional, um mundo que, pela estrutura de suas instituições, garanta nossa liberdade, que podemos conduzir nossas vidas plenamente racionais e boas. E embora nenhum mundo social possa garantir nossa felicidade, é apenas no interior desse mundo que a plena felicidade pode ser alcançada.

O segundo ponto da crítica de Hegel ao liberalismo kantiano diz respeito à ética do *Sollen*. Hegel que evitar a ética do dever ser e, portanto, mudar o ponto central da ética. A modificação básica é encontrada na idéia de *Sittlichkeit*. Ela é o lugar do ético, todo o conjunto das instituições políticas e sociais racionais que tornam a liberdade possível: a família, a sociedade civil e o Estado. Hegel considera que a ética de Kant procura fornecer uma orientação específica para as pessoas em suas situações particulares de vida cotidiana. Ao contrário, Hegel quer que encontremos nossa medida moral nas instituições e costumes de nosso mundo

---

[179] RAWLS, John. *História da Filosofia Moral*, p. 378.
[180] *Idem*, p. 379.

social mesmo, uma vez que essas instituições e costumes tornaram-se parte de nós à medida que crescemos em seu interior e desenvolvemos hábitos de pensamento e ação que lhes são conformes.

Esta segunda crítica de Hegel a Kant fornece os elementos teóricos necessários para a articulação de um terceiro ponto de discórdia: o problema da autonomia. Para Hegel, a afirmação de uma autonomia real somente pode acontecer se pertencermos a um mundo social racional, que os indivíduos, depois de refletir, possam aceitar e com o qual possam se reconciliar por satisfazer suas necessidades fundamentais.

Segundo Rawls, para Hegel, pois, ao contrário de Kant, o objetivo da teoria da ética como *Sittlichkeit* não é dizer-nos o que devemos fazer – nós o sabemos – mas reconciliar-nos como nosso mundo social real e convencer-nos a não fixarmos nosso pensamento e reflexão em um mundo social ideal.[181]

Uma outra crítica contundente de Hegel a Kant está estruturada no § 135 da obra "Fundamentos da Filosofia do Direito". Para Hegel, Kant é movido por um desejo de pureza radical, por um desejo de agir segundo a lei moral e por nada mais. Também pensa que na doutrina de Kant a maneira como devemos ver a nós mesmos como agentes morais é tão estreita quanto alienante. Estreita porque, primeiramente, não toma em consideração as características que nós mesmos assumimos como membros de nosso mundo social ou de nossa comunidade particular. Em segundo lugar, porque restringe imensamente o tipo de motivos compatíveis com o caráter moral bom. Alienante porque a forma de vida moral que a doutrina de Kant requer exclui tantos desejos e aspirações da vida cotidiana e nos distancia tanto deles que nos aliena das coisas cotidianas. Para Hegel, somente adquirimos conhecimento moral na *Sittlichkeit*.

Em suma, num plano mais genérico, o programa total da filosofia hegeliana, nas palavras de Mario de La Cueva, pode ser estruturado da seguinte forma: a tese é a idéia considerada em si mesma; a antítese é a natureza; e a síntese é o retorno do espírito sobre si mesmo, estágio que por sua vez se desenvolverá dialeticamente, em tese, antítese, espírito subjetivo e espírito objetivo, para depois alcançar a síntese suprema, que é o mesmo espírito absoluto do qual partiu.[182]

Morrison resume as principais idéias do sistema filosófico hegeleiano em sete pontos:

1. a realidade é um processo histórico;

2. o processo histórico determina fatores que lhe são intrínsecos; por exemplo, como os seres humanos se comportam. A natureza humana não é uma constante; acha-se implantada em estilos de vida e em sociedades;

3. há um desenvolvimento perceptível na história; a "história" progride, e esse progresso é dialético;

---
[181] RAWLS, John. *História da Filosofia Moral*, p. 381
[182] DE LA CUEVA, Mario, *La Idea del Estado*, p. 246.

4. o objetivo da humanidade é a felicidade, mas esta deve ser encontrada na liberdade; a história é um movimento em direção à concretização da liberdade humana; esse processo é reflexivo, isto é, implica nossa consciência da liberdade e do conhecimento cada vez maior de nós mesmos;

5. o perigo da liberdade é a alienação; alienação é a situação em que parte de nosso eu parece alheio ao nosso verdadeiro eu – em que a humanidade entra em desacordo consigo mesma. A alienação será superada quando se entender que tanto a razão social quanto a razão pessoal são uma só coisa, e que tal coisa é verdadeiramente racional;

6. o conhecimento traz liberdade. Em fases anteriores da história do mundo não estávamos no controle da situação, pois as coisas nos aconteciam sem que nos déssemos conta de que aconteciam, nem compreendíamos totalmente qual era sua natureza. Porém, como hoje temos consciência de que o mundo social é criação nossa, nossa própria razão pode estipular suas leis;

7. procuramos a vida em uma sociedade racionalmente ordenada. Para chegar a tal sociedade, não devemos impor-lhe algum padrão de racionalidade, mas sim trazer à luz a racionalidade dos processos que historicamente a tem constituído, e construir a partir daí. A técnica consiste em descobrir o que é racional no ral, intensificá-lo e desenvolvê-lo de modo que permita que possa realizar-se.[183]

4.2.1.1. Sobre a sociedade civil e o Estado em Hegel

Para melhor entender, a reflexão de Hegel sobre o Estado, é necessário que compreendamos uma parte mais geral de seu Sistema Filosófico que se apresenta como base de todas as suas construções. Refiro-me particularmente à sua filosofia do espírito subjetivo e do espírito objetivo.

No parágrafo 381 da *Encyklopädie* diz Hegel, estabelecendo o conceito de espírito, que "O espírito, *para nós*, tem como seu *pressuposto* a *natureza*, cuja *verdade* ele é, e, por isso, *absolutamente primeiro*. Nesta verdade, a natureza desvanece-se, e o espírito surge assim como a Idéia que chegou ao seu ser-para-si, e cujo *objeto*, e igualmente *sujeito*, é o conceito. Esta identidade é *negatividade absoluta*, porque na natureza o conceito tem a sua perfeita objetividade exterior; mas ab-rogou esta sua exteriorização e tornou-se nela idêntico a si. Por conseguinte, o conceito é esta identidade ao mesmo tempo só enquanto retorno a si a partir da natureza". E acrescenta nesta definição, no parágrafo seguinte que "A *essência* do Espírito é, portanto, formalmente a liberdade, a negatividade absoluta do conceito enquanto identidade consigo. Segundo esta determinação formal, o Espírito *pode* abstrair de todo o exterior, e até da sua própria exterioridade, da sua existência; pode suportar anegação de sua imediaticidade individual, a *dor* infinita, isto é, pode manter-se afirmativo na negatividade e ser para si idêntico. Mais adiante, já no parágrafo 385, ao tratar da divisão do espírito, diz o mestre do idealismo de

[183] MORRISON, Wayne, *Filosofia do Direito. Dos Gregos ao Pós-modernismo*, p. 195-196.

Berna e Heidelberg que "O desenvolvimento do espírito consiste em que ele: I. É na forma da *relação a si mesmo*; dentro de si, torna-se para ele a totalidade *ideal* da Idéia, a saber, o que o seu conceito é torna ele, e o seu ser consiste, para ele, em estar em–si, ou seja, ser livre – eis o *espírito subjetivo;* II. É na forma da *realidade* como um *mundo* a produzir e por ele produzido, em que a liberdade reside como necessidade existente – eis o *espírito objetivo*".

O espírito subjetivo se refere à intimidade da pessoa, ao espírito individual em sua ação própria sobre si mesmo, a alma individual, a um não-sair de si mesmo, ou se se prefere, um permanecer em seu interior, mas ao mesmo tempo e posto que é já o espírito liberado da natureza, da causalidade e da contingência desse ser-outro, o espírito subjetivo é a liberdade para si mesmo.

O outro lado desta construção – o espírito objetivo – se ocupa de um mundo espiritual não palpável que vive fora de nós, mas que nos rodeia e penetra sutilmente em nossas almas, como o ar que respiramos, deste conjunto de realizações e cristalizações que vive fora de nós, mas que nos envolve desde que nascemos, que nos acompanha e dirige e conforma nosso desenvolvimento, e que, ao mesmo tempo e em outra relação dialética, se enriquece no contato com os espíritos individuais; realizações e cristalizações que constituem nossos modelos, nossos padrões e os elementos para nossas valorações. O espírito objetivo é o patrimônio da história da humanidade, tudo o que chamamos a sociedade, a civilização, a cultura: a forma e o sentido da vida familiar, as regras dos jogos dos filhos, o esporte, os princípios da ética, a ordem jurídica, as idéias de igualdade. Liberdade e dignidade humanas, os sistemas econômicos, as idéias políticas, as manifestações das belas artes, isto é, nas palavras do próprio Hegel, "a vida espiritual das comunidades humanas, marcadas dentro do estado, concebido como a idéia ética absoluta que se objetiva, quer dizer, que se realiza em cada povo".[184] As palavras de Hartmann sintetizam de forma definitiva esta chave fundamental do pensamento hegeliano:

> Este maravilhoso algo *(etwas)*, que é o espírito objetivo, é um meio através do qual vemos, compreendemos, julgamos e valoramos todas as coisas; mas ao mesmo tempo é algo mais que um meio, porque é um escultor, um forjador, um conformador, um dirigente que está em n´so mesmos [...] Falamos de diretrizes espirituais, de correntes de uma época histórica, de suas tendências, de suas idéias, de seus valores, de sua moral, de sua arte e de suas ciências. E concebemos estes fenômenos como algo historicamente real, que tem seu nascimento, sua vida e sua desaparição no tempo, da mesma forma que os seres individuais. E não os atribuímos a um indivíduo determinado, mas simplesmente os vemos expressados, com maior ou menos força, em algumas pessoas, mas sabemos que elas são unicamente seus representantes, isto é, que aquilo que aparece fortemente marcado nelas como algo real, nem é o seu, nem o seu conteúdo total está nelas.[185]

No parágrafo 513 da *Encyklopädie*, Hegel refere que "A eticidade é o cumprimento do espírito objetivo, a verdade do próprio espírito subjetivo e objetivo.

---

[184] DE LA CUEVA, Mario, *La Idea del Estado*, p. 258.
[185] HARTMANN, Nicolai. *Die Philosophie des deutschen Idealismus*. Berlin: Walter de Gruyter Verlag, 1960, p. 497.

A unilateralidade deste último consiste, em parte, em ter a sua liberdade *imediatamente* na realidade, por conseguinte, no exterior, na *coisa* e, em parte, no bem enquanto universal abstrato".

Neste estágio, o espírito objetivo se desenvolve em três instituições que são as que invariavelmente rodeiam ao homem desde seu nascimento até sua morte, nelas se encontrando seu desenvolvimento integral. Nos "Fundamentos da Filosofia do Direito", em seu parágrafo 157, Hegel precisa que o espírito ético-social *(Sittlichkeit)*, dada sua natureza ativa, não pode permanecer com idéia pura, mas que necessita sair de si mesmo, objetivar-se e converter-se em realidade, o que dá por resultado as instituições seguintes: a) a família, que é sua forma imediata e natural; b) a sociedade civil, que é a união de famílias como membros de uma generalidade formal, a qual, mediante suas exigências, sua constituição e sua ordem exterior, se converte em meio para a segurança das pessoas e de suas propriedades, e de seus interesses particulares e gerais; c) o Estado, que em sua constituição põe a seu cargo a substancialidade do espírito objetivo no que tem de universal, e ávida pública.

Mesmo não sendo uma questão sobre o qual lançaremos um foco dedicado, a percepção de Hegel da sociedade civil revela-se como importante, pois sua construção iria refletir-se mais tarde nas reflexões de Marx e Engels, especialmente a consideração acerca da divisão da sociedade em classes sociais. Neste aspecto entende Hegel que a igualdade de todos os homens que propõem as correntes democráticas, é contrária à razão, porque a desigualdade é um resultado da evolução do espírito e de seu trânsito pelos caminhos do espírito subjetivo e ainda objetivo.[186]

Já o Estado para Hegel "é a realidade da idéia ética, o espírito ético enquanto vontade patente, ostensível a si mesma, substancial, que se pensa e sabe e cumpre aquilo que sabe e na medida em que o sabe. No costume tem sua existência imediata, e na autoconsciência do indivíduo, em seu saber e atividade, tem sua existência mediada, assim como esta autoconsciência – pelo caráter – tem nele qual essência sua, finalidade e produtos de sua atividade, sua liberdade substancial".[187] Ainda nesta perspectiva da relação entre o Estado e a vida ética, vamos encontrar no parágrafo 535 da *Encyklopädie* que "O Estado é a substância ética autoconsciente – a unificação do princípio da família e da sociedade civil; esta mesma unidade, que na família existe como sentimento do amor, é a sua essência; esta, porém, mediante o segundo princípio do querer que discerne e é por si ativo, recebe ao mesmo tempo a forma da universalidade conhecida, a qual, como as suas determinações que se desenrolam no saber, tem por conteúdo e fim absoluta a subjetividade que discerne; ou seja, quer por si tal racionalidade".

Dessas passagens podemos extrair dois princípios referentes ao Estado: primeiro, o Estado é concebido como a unidade ou síntese das idéias da família e da sociedade civil, quer dizer, o Estado representa os princípios espirituais de uma e outra, pelo que seguimos nos movendo no mundo do racional e, conseqüentemen-

---

[186] HEGEL, *Fundamentos de la Filosofia del Derecho,* § 200.
[187] HEGEL, *Fundamentos de la Filosofia del Derecho*, § 257.

te, o Estado não pode nem deve ser concebido como uma associação de fato de famílias e tampouco pode confundir-se com a sociedade civil; segundo, o Estado recorre ao princípio do amor que é a essência da família, transformado na união, na simpatia, na camaradagem e no afeto e no amor dos cidadãos.

Outro ponto importante na concepção hegeliana de Estado é a impossibilidade de assimilação de Estado e sociedade civil. Nas palavras de Hegel: "Se se substitui ao Estado com a sociedade civil e se lhe atribuem como finalidades a segurança e a proteção da propriedade e da liberdade pessoal, resulta que o interesse dos particulares seria o fim supremo para o qual se associam os homens, do que se depreende, dentro desta concepção, que é facultativo ser membro do Estado. A relação entre o Estado e o indivíduo é completamente distinta: posto que é espírito objetivo, o indivíduo tem unicamente objetividade, verdade, eticidade social, enquanto é membro do Estado. A união ou a associação, enquanto tal, é o conteúdo e o fim verdadeiro, enquanto o destino do indivíduo é conduzir uma vida coletiva; suas outras satisfações particulares, sua atividade, suas modalidades de sua conduta têm na substancialidade e universalidade da associação seu ponto de partida e seu resultado".[188]

Essas palavras de Hegel são, antes de tudo, uma crítica da concepção individualista da vida social. Na sociedade civil pode o homem pensar em si mesmo, mas no Estado, que é a realidade da idéia ética, universal por essência, o indivíduo deve pensar e atuar cumprindo o absoluto e não o particular, isto é, deve conduzir sua vida até a universalidade, porque desta maneira caminha sua perfeição.

Podemos concluir, assim, que o Estado, como vontade substancial consciente do espírito objetivo, colocado sobre o conjunto das famílias e da comunidade dos homens, é uma força ativa de natureza espiritual, chamada a desenvolver sua essência, que não é outra senão a realização na terra dos valores espirituais supremos ou, em uma fórmula diversa: *o Estado de cada povo e de cada época é o portador, o guardião, o executor do bem, da justiça e do belo*, ou para dizer em outras palavras: *o Estado é o espírito cultural de uma nação*. O Estado é a realização histórica em cada povo da idéia racional do que deve ser. Não é um fenômeno social produto da sociedade civil, mas um momento na evolução da idéia originária, que é idêntica à divindade.

Essa sua teoria filosófica do Estado se estende diretamente à sua concepção de Constituição, o que veremos a seguir.

4.2.1.2. Sobre a Constituição em Hegel

Nas obras políticas e jurídicas de Hegel o conceito de Constituição tem uma significativa importância. Sua concepção da Constituição política é, segundo Bobbio, não-formal, não-normativa e não-valorativa.[189]

---

[188] *Idem*, § 258.
[189] Ver a respeito BOBBIO, Norberto. *Estudos sobre Hegel. Direito. Sociedade Civil e Estado*. 2. Ed. São Paulo: Brsiliense/Unesp, p. 96-98.

Por não formal entende-se que Hegel pretende referir-se à estrutura objetiva de um organismo político, e não ao documento ou aos documentos em que esta estrutura é estabelecida e regulada com autoridade.

Por não normativo, refere Bobbio que quando Hegel fala de Constituição, não pretende absolutamente falar de Constituição no sentido de lei superior ou suprema do país, de lei que regula as relações de poder no âmbito do Estado e a que todos os Poderes do Estado estão subordinados de vários modos. Para Hegel, neste sentido, a Constituição não é uma lei ou um conjunto de normas jurídicas. Com a linguagem da teoria jurídica moderna, Bobbio menciona que Hegel tem uma concepção "institucional" da Constituição. Da Concepção da Constituição como lei suprema deriva a teoria política do constitucionalismo, não havendo nada mais alheio ao pensamento político de Hegel do que o ideal do constitucionalismo, isto é, do Estado limitado pelo direito ou, em outros termos, do Estado fundado da *rule of Law*, no sentido anglo-saxão da expressão.

Quanto ao aspecto não valorativo de usar o termo Constituição, Bobbio refere-se à diferença entre o uso hegeliano e o uso predominante após as grandes Constituições, segundo o qual mais precisamente tem uma Constituição – isto é, é um Estado constitucional, um Estado não absoluto – um Estado em que: a) estão garantidos alguns direitos fundamentais de liberdade; b) os três Poderes do Estado não estão mais concentrados numa só pessoa ou num só órgão público, mas estão diversamente distribuídos e separados. Mais uma vez, para Hegel cada formação política tem um Constituição,e não somente o Estado chamado constitucional. Hegel, neste aspecto, dirige uma crítica à teoria da separação dos poderes, chegando a uma conclusão de viés nitidamente hobbesiano, onde expressa sua visão de que a divisão de poderes, especialmente legislativo e executivo, conduz inevitavelmente ao abalo do Estado.

Hegel também possui um conceito positivo de Constituição. Este conceito está estritamente relacionado com sua concepção orgânica do Estado, totalmente contraposta à teoria atomista típica dos contratualistas e jusnaturalistas. Neste sentido, segundo Hegel, o Estado é a união e não uma associação, um organismo vivo e não um produto artificial, uma totalidade e não um agregado, um todo superior e anterior às partes, e não uma soma de partes independentes entre si. Tanto em sua obra "Fundamentos de Filosofia do Direito", quanto em sua "Enciclopédia da Ciência Filosóficas", a Constituição é definida como "organização do Estado", devendo ser entendida, neste sentido, como a estrutura, o conjunto das estruturas através da qual um poço se torna um Estado. A Constituição assim entendida é a distribuição das partes no todo, é a forma específica em que as várias partes que compõem um povo são chamadas a cooperar, ainda que desigualmente, para um único fim, que é o fim superior do Estado, diferente do fim dos indivíduos singulares.

As partes de que se compõem e que se articula o organismo político são, na teoria hegeliana do Estado, os estamentos. Contrariamente à teoria política predominante dos jusnaturalistas, o Estado de Hegel não é um Estado de indivíduos, mas um Estado estamental. Quem considerar um conjunto de indivíduos singulares não ordenados em estamentos jamais chegará, segundo Hegel, ao conceito de Estado. Ilustrativa disto é uma passagem de sua *Encyklopädie:* "O agregado de indivíduos provados costuma muitas vezes ser chamado de povo, mas, considerado tal agregado como tal, tem-se *vulgus*, não *populus*; sob este aspecto, o único escopo do Estado é que um povo não venha à existência, ao poder e à ação, enquanto for agregado",[190] mas, precisamente, quando estiver articulado em estamentos, que são momentos orgânicos da sociedade civil.

Enquanto organização de um todo, cujas partes são os estamentos, a Constituição, portanto, é a forma específica que assume a relação entre as categorias sociais de um determinado povo histórico diante da distribuição diversa e desigual do poder político e, assim, da participação diversa e desigual desta ou daquela categoria na formação da vontade do Estado. Este processo de distribuição do poder entre os estamentos, que ao mesmo tempo é um processo de distinção entre um estamento e outro, se dá, pelo menos idealmente, em dois momentos: num primeiro temo, através da distinção entre governantes e governados; num segundo tempo, através da distinção dos poderes do Estado e de sua distribuição dentro da classe ou das classes governantes, como decorre da definição de Constituição que se encontra em sua "Fundamentos de Filosofia do Direito", em que diferentes aspectos da Constituição, definida como "organismo do Estado", demonstram ser "os diferentes poderes, suas tarefas e atividades".[191]

Assim, a Constituição é o princípio de unificação de uma sociedade dividida em grupos que têm interesses diversos e, às vezes, contrapostos; enquanto tal, é o *médium* através do qual o momento da sociedade civil é superado no momento sucessivo e superior do Estado. Aqui, nitidamente se vê quanto a concepção hegeliana do Estado está distanciada daquela do liberalismo clássico; o Estado liberal pretendia eliminar os grupos intermediáridos, como forma de superação do modelo medieval; Hegel os incorpora e tenta compô-los numa unidade superior. Também se observa um outro ponto em que fica manifesta a contraposição da concepção hegeliana em relação à liberal. Enquanto sob o ponto de vista do constitucionalismo liberal, nem todos os Estados têm uma Constituição, para Hegel, sendo a Constituição como "organização do Estado", em sentido contrário não poderia haver Estado sem Constituição e que, por isto, "Estado" e "Constituição" seja termos co-extensivos.

Por outro lado, no sistema hegeliano, a Constituição não é uma categoria jurídica: pertence, como de resto o Estado do qual é o princípio organizador, à esfera da eticidade. É verdade que em "Fundamentos da Filosofia do Direito" e também na *Encyklopädie*, Constituição é sinônimo de direito público interno.[192] Mas isto acontece porque, principalmente em "Fundamentos de Filosofia do Direito", o termo "direito" é ampliado até marcar, ainda que com significados muito diversos

---

[190] HEGEL, *Enciclopédia das Ciências Filosóficas em Epítome*. Lisboa: Edições 70, 1969, § 544.
[191] Idem, *Fundamentos de la Filosofia del Derecho*, § 269
[192] HEGEL, *Fundamentos de la Filosofia del Derecho*, § 259 e *Enciclopédia*, § 536.

em cada caso, todos os momentos do espírito objetivo, e não só o momento do direito propriamente dito, que é o direito abstrato. Segundo Bobbio, nas obras ético-políticas precedentes, até a primeira edição da *Encyklopädie*, que precede de poucos anos a *Rechtsphilosophie*, o tema da Constituição (e também do Estado) é tratado sem nenhuma referência ao direito.[193]

No pensamento de Hegel, observa-se que a esfera do "sistema jurídico" coincide em tudo e por tudo com a esfera do direito privado e desta se destaca a esfera da Constituição como momento não só sucessivo mas também compreensivo de todos os momentos precedentes. A Constituição estatal é aquilo pelo qual a abstração do Estado chega à vida e à realidade.

Em Hegel, a esfera a que se aplica o direito por excelência, isto é, o direito privado, é aquela das relações entre os indivíduos singulares; a Constituição ao contrário, diz respeito às relações entre o todo e suas partes. Um dos alvos preferidos dos ataques hegelianos são as teoria que utilizam as duas categorias fundamentais do direito privado para explicar o Estado: daí a crítica, por um lado, ao patrimonial, que resolve o Estado na "propriedade" príncipe; e a crítica, por outro, ao contratualismo, que funda o poder estatal no contrato social.

Como categoria ético-política, a Constituição está estritamente ligada a um dos conceitos fundamentais de que é preciso partir para compreender a formação e a função da categoria de eticidade no sistema hegeliano: o conceito de espírito do povo. A vontade racional do Estado se expressa juridicamente através da lei, a qual é "aquilo que é em si direito, quando é posto em sua existência objetiva,[194] isto é, é a fonte por excelência do direito positivo. Ora, enquanto a garantia da existência de uma lei é, em última instância, a força do Estado, a garantia da existência de uma Constituição reside unicamente, como diz Hegel num parágrafo da *Encyklopädie*, "no espírito do povo". A lei é um ato formal; a Constituição é o produto de uma criação contínua e informal. Enquanto a lei é algo "formado" por um poder disposto para tal, uma Constituição só pode ser modificada, jamais "formada"; antes, é essencial que "a Constituição, ainda que derivada no tempo, não seja considerada algo formado".[195]

Ligada como é ao espírito do povo, uma Constituição não pode se constituir em gabinetes e impor-se com a força: quando Napoleão experimentou fazê-lo com os espanhóis, sua tentativa fracassou.[196] As Constituições se encontram perfeitas e acabadas: não são um objeto de livre escolha, acordadas.

Para resolver esta aparente contradição entre a idéia da Constituição como algo que se desenvolve no tempo e a política constitucional em favor de uma Constituição saída inteiramente da cabeça de um soberano, é preciso considerar a importância que, na interpretação hegeliana da história, tem, ao lado do espírito do

---
[193] BOBBIO, *Estudos sobre Hegel*, p. 103.
[194] HEGEL, *Fundamentos de la Filosofia del Derecho*, § 211.
[195] HEGEL, *Fundamentos de la Filosofia del Derecho*, § 273 A.
[196] *Idem*, § 274 A.

povo (*Volksgeist*), o espírito do tempo (*Zeitgeist*). Não é o caso de examinar aqui o problema da antítese ente estas duas categorias fundamentais na filosofia hegeliana da história: não é inevitável que aquilo que corresponde ao espírito do povo corresponda ao espírito do tempo e vice-versa, tanto que em determinados períodos, isto é, nos períodos de crise, de grandes transformações, a adequação ao espírito do tempo precede e de algum modo reforça a mudança do espírito do povo. Em suma, se poderia dizer que na interpretação da história o espírito do povo representa o princípio da continuidade e o espírito do tempo representa o princípio da mudança.

Considerando estes dois princípios, pode-se compreender que, ainda que uma Constituição deva corresponder ao espírito do povo para ser eficaz, deste espírito possa ser melhor intérprete, em determinados períodos históricos – sem dúvida nos períodos de mudança de uma época para outra –, um príncipe iluminado, capaz de visar ao interesse geral, e não os representantes dos vários estamentos, cuja visão do bem comum é ofuscada pelo predomínio de seus interesses particularistas. Se é verdade que geralmente as Constituições são produto de uma lenta evolução social, é igualmente verdade que, quando a mudança social é profunda e repentina, tornam-se necessários procedimentos extraordinários para adequar as instituições ao espírito do tempo. Neste passo, a razão de Hegel não se sobrepõe à história, mas também não se limita a justificá-la. Boa Constituição é aquela que, mesmo não sendo dada *a priori*, mesmo não contradizendo ou não forçando o espírito de um povo, se adapta pouco a pouco, ou até imediatamente, se for necessário, ao espírito do tempo.

Reforçando todas estas descrições, Bobbio é enfático ao afirmar que os escritos políticos de Hegel são uma comprovação do lugar central que o conceito de Constituição, justamente como "organização do todo", ocupa em seu sistema ético-político. Para o neopositivista italiano, o que leva Hegel a ocupar-se dos problemas típicos de seu tempo é sempre um estado de desorganização, de desagregação, de decomposição ou dilaceramento. E prossegue argumentando que a divergência fundamental que estimula o pensamento político hegeliano é aquela hobbesiana, ou, se quisermos, maquiavélica, entre anarquia e ordem, e não aquela lockiana, ou, se quisermos, rousseauniana, entre ordem e liberdade. A política lhe aparece como luta pela unidade contra a desunião, não luta pela liberdade contra o despotismo.[197] Assim, em consideração final a este tópico, é possível fechar dizendo que o constitucionalismo, nos moldes liberais, é uma teoria da Constituição como garantia das liberdades individuais, enquanto o "constitucionalismo" de Hegel é uma teoria da Constituição como fundamento da unidade estatal.

4.2.1.3. Algumas considerações sobre as contribuições de Hegel ao constitucionalismo contemporâneo

A primeira grande observação a ser feita em relação a possíveis contribuições de Hegel ao atual estado de desenvolvimento do direito constitucional contempo-

---

[197] BOBBIO, *Estudos sobre Hegel*, p. 109.

râneo diz respeito à ruptura por ele perpetrada referentemente ao contratualismo individualista. Sua teoria filosófica, de base eminentemente holista, centraliza-se sobre uma razão histórica distinta de vontades e ações individuais. Razão e história são inseparáveis. Disso resulta que em Hegel alteram-se completamente, em relação aos contratualistas, os critérios de causalidade e legitimação de pontos fundamentais abordados neste trabalho, como por exemplo, o poder, o Estado e as Constituições. Distancia-se Hegel do individualismo e aproxima-se inevitavelmente de um holismo absoluto.

Um segundo ponto altamente importante que cumpre-nos destacar é que o pensamento holista de Hegel influenciou fortemente o pensamento socialista que se estruturou ao longo do século XIX e que, em uma convergência histórica com as lutas dos trabalhadores neste mesmo período, desencadeou todo um processo de mutação ocorrido no constitucionalismo, notadamente com a positivação de direitos fundamentais não-individuais nas Cartas políticas do começo do século XX, o que marcou o acontecimento histórico dos Estados Sociais de Direito, paradigma político-jurídico que legou permanências até hoje presente nas estruturas constitucionais dos Estado Democráticos e Sociais de Direito. É importante não esquecer que, negativamente, o pensamento hegeliano foi utilizado como elemento justificador de ditaduras que marcaram odiosamente a história da humanidade.

Também é altamente relevante no pensamento de Hegel as bases por ele lançadas acerca da questão do reconhecimento dos indivíduos como pertencentes a determinadas comunidades reais, e, por isto, merecedores do reconhecimento de determinados direitos. Taylor, em sua obra, "O multiculturalismo e a política de reconhecimento", reconhece que Hegel adotou e fez célebre uma "nova crítica do orgulho" em sua dialética do amo e do escravo. Para ele, Hegel considerou fundamental o fato de que somente podemos florescer na medida em que se somos reconhecidos. Toda consciência busca o reconhecimento de outra consciência e isso não é sinal de uma falta de virtude. Ainda que Taylor entenda como insuficiente a postura de Hegel, reconhece o passo por ele dado neste sentido. Hegel, sem dúvida alguma, antecipa um universo temático que ao final do século XX viria a ser articulado pelo multiculturalismo.[198]

4.3. O SOCIALISMO: UMA TRADIÇÃO HOLÍSTICA COMO CONTRAPOSIÇÃO À TRADIÇÃO LIBERAL-ATOMISTA E A BASE TEÓRICA DE SURGIMENTO DO ESTADO SOCIAL DE DIREITO

O contraponto à tradição liberal, já consolidada em termos filosófico-políticos e com profundos reflexos na vida institucional dos países europeus, deu-se

---

[198] Ver a respeito TAYLOR, Charles. *El multiculturalismo y "la política del reconocimiento"*. México D.F.: Fondo de Cultural Económica, 2001, p. 76.

num ambiente de fatos e idéias que proporcionaram o surgimento de construções teóricas organicistas, que alimentaram o surgimento de uma nova tradição de pesquisa, com graves reflexos na configuração das sociedades dos séculos XIX e XX: o socialismo. No campo da reflexão filosófica, conforme já apontamos, o idealismo absoluto hegeliano foi o solo fértil que propiciou o surgimento do socialismo, especialmente no que toca ao materialismo histórico. Por outro lado, as lutas sociais do século XIX formaram o substrato fático-histórico que, em convergência com as idéias socialistas, possibilitaram a ocorrência histórica de incomensuráveis modificações nos rumos do constitucionalismo contemporâneo, especialmente pelo acontecimento dos Estados Sociais de Direito.

Os filósofos, já dizia o jovem Marx, não saem da terra como cogumelos, mas são frutos de sua época, de seu povo, cujas energias mais sutis, mais preciosas e menos visíveis, exprimem-se nas idéias filosóficas. Pois foi um ambiente propício historicamente a fatos e idéias que possibilitou o surgimento do socialismo. A atmosfera que proporcionou o afloramento das construções socialistas se caracteriza por um contraste paradoxal entre o rebaixamento do povo na ordem social e sua ascensão na cena política.

A Revolução Industrial deu início, na segunda metade do século XVIII, ao processo de mecanização das fábricas, que continua ininterruptamente até nossos dias, com o conhecido fenômeno da robotização. A industrialização consolidou o modo de produção capitalista, pelo qual o empresário burguês concentra, em suas mãos, os bens de produção, enquanto o trabalhador vende sua força de trabalho por um salário.[199]

Paradoxalmente, a introdução das máquinas, na mesma medida em que representou uma revolução tecnológica na indústria, deteriorou as condições de trabalho e de vida dos operários, gerando a chamada "questão social". O grande número de homens, mulheres e crianças à procura de emprego aviltava cada vez mais os salários. A jornada de trabalho se estendia por 15 horas ou mais, visto que as máquinas podiam funcionar sem parar. Os edifícios das fábricas eram inadequados, com ambientes fechados, insalubres, mal-iluminados. Não havia segurança no trabalho, causando constantes acidentes, e muitos produtos utilizados faziam danos à saúde. Como o

---

[199] Leo Huberman refere-se a uma tripla revolução acontecida na Europa a partir da segunda metade do século XVIII. Cita ele, em primeiro lugar, a revolução acontecida na indústria, por força da invenção da máquina a vapor por Watt; por segundo, a revolução ocorrida no setor agropecuário, em razão das experiências exitosas no manuseio e recuperação do solo e pela utilização de novas ferramentas, com um conseqüente aumento da produção, bem como com experiências frutíferas destinadas a melhorar a qualidade das raças, o que resultou em significativa melhoria da produção pecuária; por fim, fala de uma revolução nos transportes, ocorrida em função das duas outras revoluções, pois as produções industrial e agropecuária necessitavam de infra-estrutura de escoamento para chegarem aos destinatários finais. Esta evolução tecnológica, em sua opinião, proporcionou um significativo aumento da população que, em reação com os outros fatores revolucionários agiam e reagiam mutuamente, criando um mundo totalmente novo, com características e demandas até então inexistentes. Ver a respeito HUBERMAN, Leo. *História da Riqueza do Homem*. Rio de Janeiro: Zahar, 1964, p. 196 e ss.

manejo das máquinas era simples, cresceu o emprego de mulheres e de crianças, cujo trabalho recebia menor remuneração, trazendo mais lucro ao empresário.[200]

Assim, de acordo com Piettre, o capitalismo nascente arrasta à proletarização uma imensidade de artífices e de camponeses (tecelões a domicílio etc.), arruinados pela concorrência das fábricas novas e obrigados a se empregarem como operários a salários de fome. Na ausência de qualquer legislação social (liberalismo), essa proletarização foi rematada por uma angústia material e moral da qual as investigações da época deixaram gravado um terrível quadro.[201] Engels fez seu testemunho em seu "Situação das Classes Trabalhadoras na Inglaterra (1845)".[202]

Esta situação levaria Marx a referir no Manifesto Comunista que "A burguesia cria os seus próprios coveiros".[203] Era a tentativa de condenar o capitalismo, ou o núcleo econômico do liberalismo, pelos próprios fatos por ele gerados. A dialética do capitalismo ou a sua contradição fundamental incluía, segundo Marx, de um lado, pelo alto, a condução por esse regime a uma concentração crescente dos capitais e das empresas; de outro, por baixo, em conseqüência dessa concentração, a uma proletarização e pauperização igualmente crescentes.[204]

O crescimento do operariado, a sua concentração nos centros urbanos, as constantes revoltas por melhores condições de vida e de trabalho fizeram com que a classe operária, aos poucos, aprendesse a se organizar, dando origem aos primeiros movimentos e associações de operários.[205] Essa situação levou a uma as-

---

[200] Profundamente ilustrativo desta situação caótica vivida pelos trabalhadores ingleses é o depoimento de John Moss, antigo capataz de aprendizes numa fábrica de tecidos de algodão, sobre as crianças obrigadas ao trabalho fabril. Este depoimento foi coletado por Huberman junto ao *Report of the Minutes of Evidence Taken Before the Selected Committee on the State of the Children Employed in the Manufactories*. O depoimento constitui-se do seguinte diálogo: – *Eram aprendizes órfãos?* – Todos aprendizes órfãos. – *E com que idade eram admitidos?* – Os que vinham de Londres tinham entre 7 e 11 anos. Os que vinham de Liverpool, tinham entre 8 e 15 anos. – *Até que idade eram aprendizes?* – Até 21 anos. – *Qual o horário de trabalho?* – De 5 da manhã até 8 da noite. – *Quinze horas era um horário normal?* – Sim. – *Quando as fábricas paravam para reparos ou falta de algodão, tinham as crianças, posteriormente, de trabalhar mais para recuperar o tempo parado?* – Sim. – *As crianças ficavam de pé ou sentadas para o trabalho?* – De pé. – *Durante todo o tempo?* – Sim. – *Havia cadeiras nas fábricas?* – Não. Encontrei, com freqüência, crianças pelo chão, muito depois da hora em que deveriam estar dormindo. – *Havia acidentes nas máquinas com as crianças?* – Muito freqüentemente. Ver a respeito HUBERMAN, Leo. *História da Riqueza do Homem*, p. 205.

[201] PIETTRE, André. *Marxismo*. Traduzido por Paulo Mendes Campos e Waltensir Dutra. Rio de Janeiro: Zahar Editores, 1967, p. 19.

[202] Ao referir-se a um desses bairros em Londres, em viagem realizada em 1840, assim se expressou Frederich Engels: "Não há um único vidro de janela intacto, os muros são leprosos, os batentes das portas e janela estão quebrados, e as portas, quando existem, são feitas de pranchas pregadas. (...) Aí moram os mais pobres dentre os pobres. Os trabalhadores mal-pagos misturados aos ladrões, aos escroques e às vítimas da prostituição". Ver BRESCIANI, M. Stella M. *Londres e Paris no século XIX*: o espetáculo da pobreza. São Paulo: Brasiliense, 1985, p. 25.

[203] ENGELS, Frederic; MARX K. *Manifesto Comunista*. Paris: Costes, 1947, p. 79.

[204] PIETTRE, André. *Marxismo*, p. 80.

[205] Sobre esta contradição do capitalismo de, ao mesmo tempo, em que realiza a exploração do proletários para se manter cria a sua sepultura, diz Marx, em "O Capital": "Á medida que diminui o número de potentados do capital que usurpam e monopolizam todos os benefícios deste período da evolução social, aumentam a miséria, a escravidão, a degradação, a exploração; todavia, também aumenta a resistência da classe operária, cada vez mais numerosa e melhor disciplinada, unida e organizada pelo próprio mecanismo da produção capitalista. O monopólio do capital chegou a ser um obstáculo para ele. A socialização do trabalho e a centralização das suas forças materiais chegaram a um ponto em que não podem já conter-se na envoltura capitalista. Esta envoltura está próxima

censão das idéias democráticas que elevou o povo ao poder político: a Revolução de 1848 dará a inaugural experiência: pela primeira vez, o sufrágio universal será realmente levado a efeito.

Assim, no entendimento histórico de Piettre, "afirmam-se ao mesmo tempo um imenso sofrimento e um imenso potencial. Fazer servir a revolta de um ao estalar do outro será precisamente o objetivo essencial do marxismo".[206]

Face a essa situação social vivida pela Europa ao final do século XVIII e na maior parte do século XIX, expandiram-se pesquisas e idéias em contraponto ao individualismo liberal, que se configuraram como instrumentos de crítica social e de luta política, propondo, genericamente, o estabelecimento de uma nova sociedade que suprimisse as desigualdades entre os homens. Inicia-se, assim, uma nova tradição de pensamento e pesquisa, como crítica e alternativa de construção teórica e prática em relação às elaborações e práticas liberais-individualistas,[207] com resultados concretos significativos.[208]

Os primeiros pensadores socialistas eram na sua maioria franceses e desenvolveram suas idéias no período entre a Revolução Francesa de 1789 e as Revoluções de 1848. Entre eles, pode-se destacar: Saint Simon, Charles Fourier, Robert Owen, Pierre-Joseph Proudhon e Louis Blanc.[209]

---

a romper-se: a hora em que se há de prostar a sociedade capitalista soou já; por sua vez, os expropriadores vão ser expropriados. A apropriação capitalista, conforme o modo de produção capitalista, também constitui a primeira negação da propriedade privada resultante do trabalho independente e individual. Porém, a mesma produção capitalista engendra a sua própria negação com a fatalidade que preside às evoluções da natureza. Essa produção tende a restabelecer, não a propriedade privada do trabalhador, mas sim, a propriedade do mesmo fundada nos progressos realizados pelo período capitalista na cooperação e posse comum de todos os meios de produção, incluso a terra. O que a burguesia capitalista produz, antes de tudo, à medida que a grande indústria se desenvolve, são as suas próprias sepulturas; a eliminação daquela e o triunfo do proletariado são igualmente inevitáveis". Cfe. MARX, Karl. *O Capital*. Traduzido por Gesner Wilton Morgado. Edição condensada. Rio de Janeiro: Melso, 1961, p. 373-4. Sobre a teoria marxista da derrocada do capitalismo, ver também OHLWEILER, Otto Alcides. *Materialismo Histórico e Crise Contemporânea*. Porto Alegre: Mercado Aberto, 1984, p. 162 e ss.

[206] PIETTRE, André. *Marxismo*, p. 20.

[207] Quanto ao início dessa tradição teórica, inobstante os numerosos exemplos históricos de comunidades cristãs comunistas – independentemente dos diferentes graus de conhecimento que delas se tinha – estes não podem ser indicados entre os inspiradores das modernas idéias socialistas e comunistas. Não está claro, esclarece Hobsbawn, em que medida as mais antigas destas comunidades eram conhecidas da maioria. De qualquer modo, acrescenta este autor que é certo que o jovem Engels, mencionando diversas comunidades desse tipo para demonstrar a praticabilidade do socialismo, limitou-se a exemplos relativamente recentes: os *shakers* (que ele considerava "as primeiras pessoas que, na América e no mundo em geral, fazem nascer uma sociedade sobre a base da comunidade dos bens"), os "raptados" e "separatistas". Na medida em eu eram conhecidas, confirmavam sobretudo uma aspiração ao socialismo já existente, ao invés de estarem na origem desses ideais. Ver a respeito HOBSBAWN, Eric. *História do Marxismo*. 2. ed. Rio de janeiro: Paz e Terra, 1983. 7.v, p. 34-5.

[208] Em 1832, o Parlamento inglês aprovou o "Reform Act", uma lei eleitoral que privou os operários do direito ao voto. Os trabalhadores reagiram e formularam suas reivindicações na "Carta do Povo", fundando o primeiro movimento nacional operário do nosso tempo, o Cartismo, que ajudou os operários ingleses a melhorarem suas condições de vida e deu-lhes experiência na luta política. Assim, em 1833, surgiu a primeira lei limitando a 8 horas de trabalho a jornada diária das crianças operárias. Em 1842, proibiu-se o trabalho de mulheres em minas. Em 1847, houve a redução da jornada de trabalho adulta para 10 horas.

[209] Sobre o pensamento de Saint-Simon, ver MARCUSE, Herbert. *Razão e Revolução*. 2. ed. Rio de Janeiro: Paz e Terra, 1978, p. 300 e ss.

Esses filósofos acreditavam que podiam transformar a sociedade capitalista, eliminando o individualismo, a competição, a propriedade individual e os lucros excessivos, fatores responsáveis pelas desigualdades e miséria dos trabalhadores, através da compreensão e da boa vontade da burguesia. Consideravam que, do ponto de vista da razão (base do pensamento filosófico liberal), nada poderia existir de mais racional e justo do que uma sociedade fraterna, igualitária e livre da pobreza. Portanto, pensavam, utopicamente, que a burguesia seria capaz, por si só e em nome da razão, de criar o bem estar geral.

Para concretizar suas idéias, os primeiros socialistas propuseram e tentaram a fundação de comunidades-modelo (Fourier) e a criação de fábricas-cooperativas pelo Estado (Louis Blanc) ou associação dos produtores (Owen), nas quais os meios de produção seriam coletivos. Apesar do fracasso de tais iniciativas, esses pensadores fizeram importantes críticas ao mundo e à ideologia burguesa. À ação de Roberto Owen, por exemplo, devem ser creditadas modificações significativas na vida da classe operária da Inglaterra, como a regulamentação do trabalho de mulheres e crianças.[210]

Por pretenderem reformar a sociedade através da boa vontade e dos bons exemplos da burguesia, os primeiros socialistas foram classificados pelos pensadores alemães Karl Marx e Friederich Engels de "utópicos", deles recebendo uma série de críticas.[211] Do ponto de vista de Marx e Engels, baseados na análise científica do sistema capitalista e no estudo das leis de desenvolvimento das sociedades, somente os trabalhadores, através de sua organização e de uma ação revolucionária para tomar o poder, seriam capazes de transformar a sociedade capitalista, eliminando as desigualdades e a miséria. Por isso, o socialismo de Marx e Engels deixava de ser "utópico" para se tornar "científico".

Na seqüência da formação da tradição socialista, Marx e Engels transmitem, não só através de seus textos, mas também de suas atividades políticas, os fundamentos do comunismo contemporâneo, a mais ortodoxa construção de oposição ao liberalismo individualista. Forneceram, pelas suas elaborações teóricas, uma

---

[210] Ver a respeito CHÂTELET, François; DUHAMEL, Olivier; PISIER-KOUCHNER, Evelyne. *História das Idéias Políticas*, p. 139 e ss.

[211] Não obstante as críticas de Marx e Engels ao socialistas utópicos, são identificáveis, segundo inúmeros pesquisadores do marxismo, nítidas influências deles nos seus trabalhos. Segundo Piettre, baseado em Gurvitch, "De Sismondi, manterão (e o reconhecem expressamente no Manifesto Comunista) a idéia fundamental das contradições internas do capitalismo: anarquia e crises, concentração de riquezas e empobrecimento crescente. Em Saint-Simon, beberão uma certa concepção do determinismo social, e sobretudo o pensamento antiestatista, segundo o qual o governo político deve ceder este à organização econômica (Engels tomará textualmente nesse ponto a fórmula de Saint-Simon). Fourier lhe fornecerá a sua crítica da troca; Proudhon, seu messianismo proletário. Blanqui contribuirá à espera apaixonada de uma revolução violenta; e não seria fácil pormenorizar as numerosas contribuições devidas aos socialistas inglêses (Thompson, Owen, os Cartistas) ou alemães, estes últimos sob a influência francesa". Cfe. PIETTRE, André. *Marxismo*, p. 20. Para Magridis, quatro foram as fontes que se combinaram para produzir a síntese geral constituída pelo marxismo. São elas: 1) a filosofia de Hegel, em especial sua filosofia da história; 2) as obras dos economistas britânicos, notadamente Ricardo, Adam Smith, Malthus e outros; c) os socialistas utópicos franceses, apesar de terem sido severamente criticados por Marx e Engels; d) a realidade social e econômica de meados do século XIX, particularmente a Inglaterra. Cfe. MAGRIDIS, Roy. *Ideologias Políticas Contemporâneas*, p. 117-8.

filosofia global da vida econômica, social e política, a qual inclui a rejeição da sociedade liberal-capitalista, a instauração do processo de uma revolução comunista e a promessa de uma nova sociedade.

Tanto a teoria quanto a filosofia marxistas da história são marcadas pelos traços da dialética hegeliana, do materialismo histórico, do racionalismo objetivista e do determinismo evolucionista.[212]

O Manifesto Comunista de Marx e Engels foi publicado no mesmo ano das Revoluções de 1848, mas não teve influência direta sobre esses acontecimentos. Surgiu como o programa da Liga dos Comunistas, organização de caráter socialista que agregava representantes de vários países e da qual ambos participavam. A palavra comunista foi usada para diferenciar o socialismo marxista do socialismo "utópico" dos pensadores franceses.

O Manifesto faz uma análise da história e do papel da burguesia e do proletariado, referindo que toda a história da sociedade humana até hoje é a história das lutas de classes, uma vez que homem livre e escravo, patrício e plebeu, barão e servo, patrão e assalariado, numa palavra, opressores e oprimidos, estiveram em constante oposição uns com os outros, numa luta sem tréguas que, de um lado a outro, terminou por uma transformação revolucionária da sociedade inteira ou pela destruição comum das classes em luta. Para Marx e Engels, cada vez mais se divide a sociedade inteira em dois grandes grupos inimigos, em duas grandes classes diametralmente opostas uma à outra: a burguesia e o proletariado.

O Manifesto sugere, então, um conjunto de medidas, todas de natureza coletivizante, em total oposição ao individualismo liberal que, uma vez seguidas, propiciariam o início da transformação da sociedade. Tais medidas estavam centradas sobre os seguintes pontos:

1) a expropriação da propriedade privada da terra, em proveito do Estado;

2) a criação de um imposto de renda progressivo e de um banco nacional para monopolizar as operações bancárias;

3) a estatização dos meios de comunicação, das ferrovias e das indústrias;

4) a oferta de ensino gratuito para as crianças e de trabalho obrigatório para todos.[213]

Em 1867, Marx publicou o primeiro volume de "O Capital – Análise Crítica da Produção Capitalista", no qual analisa detalhadamente o funcionamento do

---

[212] Acerca dessas características da teoria marxista ver CANTO-SPERBER, Monique (org.) *Dicionário de Ética e Filosofia Moral*. Verbete "materialismo". São Leopoldo: Unisinos, 2003. v. 02, p. 143, CASTORIADIS, Cornelius. *A Instituição Imaginária da Sociedade*. 3. ed. Rio de Janeiro: Paz e Terra, 1982, p. 54 e ss., MÉSZÁROS, István. Marx Filosófico. In: HOBSBAWN, Eric J. (org.) *História do Marxismo*., p. 157 e ss. Sobre o marxismo e o individualismo metodológico, ver WRIGHT, Erik Olin et al. *Reconstruindo o Marxismo*. Petrópolis: Vozes, 1993, p. 189 e ss.

[213] Ver a respeito GALBRAITH, John Keneth. *A Era da Incerteza*. São Paulo: Pioneira e UnB, 1979, p. 87 e HARNECKER, Marta. *Os conceitos elementais do materialismo histórico*. Santiago, Chile, 1971, p. 231 e ss.

sistema capitalista e mostra como suas condições o levariam, inevitavelmente, à destruição.

Através do conceito de "mais valia", Marx demonstrou que o capitalismo se baseia na exploração do trabalho. Para ele, o sistema capitalista se ocupa da produção de artigos para a venda, isto é, de mercadorias. O valor de uma mercadoria é determinado pelo tempo de trabalho socialmente encerrado na sua produção. O trabalhador não possui os meios de produção (terras, ferramentas, fábricas etc.), que pertencem ao capitalista. O valor de sua força de trabalho, como o de qualquer mercadoria, é o total necessário à sua reprodução – no caso, a soma necessária para mantê-lo vivo. Os salários que lhe são pagos, portanto, serão iguais apenas ao necessário à sua manutenção. Mas, esse total que recebe, o trabalhador pode produzir em parte de um dia de trabalho, o que significa, na visão marxista, que, apenas em uma parte do dia de trabalho o trabalhador estará trabalhando para si. O resto do dia, ele está trabalhando para o patrão. A diferença entre o que o trabalhador recebe de salário e o valor da mercadoria que produz é a mais-valia. A mais-valia fica com o empregador – o dono dos meios de produção. É a fonte dos lucros, dos juros, das rendas das classes, que são proprietárias. A mais-valia é também a medida da exploração do trabalhador no sistema capitalista.[214]

Assim, segundo Marx, a exploração do trabalhador não decorre do fato de o patrão ser bom ou mau, e sim, da lógica individualista do sistema capitalista: para o empresário vencer a concorrência entre os demais produtores e obter lucro para novos investimentos, ele se utiliza da mais-valia, que constitui a verdadeira essência do individualismo capitalista. Sem ela, este não existe, e a exploração do trabalho acabaria por levar, por efeito da tendência decrescente da taxa de lucro, ao colapso do sistema capitalista.

No sistema capitalista, o empresário obtém lucros por ser o dono do capital. Ele investe a maior parte dos lucros na ampliação de sua fábrica ou em novos empreendimentos. Com isso, aumenta seu capital e obtém, numa etapa seguinte, maiores lucros. Torna a reinvesti-los sucessivamente, caracterizando o processo de acumulação de capital. A crescente acumulação de capital traz o crescimento da produção e a contratação de novos empregados.

Como todos os capitalistas fazem o mesmo, a tendência é a expansão do valor dos salários, devido à necessidade de trabalhadores. Mas o aumento de salários provoca a diminuição da mais-valia. Para isso não ocorrer, introduzem-se aperfeiçoamentos técnicos, como novas máquinas, que economizam mão-de-obra. Em conseqüência, os trabalhadores são despedidos, criando-se uma reserva de desempregados que impede o aumento dos salários, restabelecendo-se novamente o lucro capitalista.

Entretanto, para Marx, as novas máquinas são caras e têm um custo alto, diminuindo o lucro do empresário. As dispensas de empregados contribuem também para diminuir o consumo, provocando a recessão. Isso significa salários me-

---

[214] Ver a respeito HUBERMAN, Leo. *História da Riqueza do Homem*, p. 232-3.

nores e mais sacrifícios para os trabalhadores que conseguem manter o emprego. Para os capitalistas, traz dificuldades e falências. Os que sobrevivem, compram a preços inferiores as máquinas e as fábricas fechadas, auferindo grandes lucros e levando à concentração do capital em poucas grandes empresas. Essas passam a monopolizar determinados setores da produção, eliminando a concorrência.

Com o aperfeiçoamento constante das máquinas, consegue-se produzir mais mercadorias do que o poder de compra dos salários, dando origem a uma crise de superprodução. O capitalista, que agora não consegue mais vender o seu produto com o mesmo lucro, é obrigado a reduzir o investimento e a dispensar mão-de-obra, desorganizando o mercado e o sistema.

Diante das crises cada vez mais constantes e agudas do capitalismo, a classe operária, unida e disciplinada, toma o poder, destruindo o Estado burguês e implantando o Estado operário ou a "ditadura do proletariado". Esse Estado possui um caráter mais democrático do que o seu antecessor, porque a classe operária que vai assumi-lo constituía a maioria da população. Seu estabelecimento implica a supressão da propriedade privada dos meios de produção, que passa a pertencer à coletividade. Conseqüentemente, desaparecem as classes sociais.

A coletivização dos meios de produção é o passo fundamental para a transição para a sociedade comunista, sem propriedade particular, sem conflitos de classe e, portanto, sem necessidade de Estado. No comunismo, o produto do trabalho de todos é repartido, segundo o trabalho realizado individualmente, extinguindo-se toda exploração. Constitui, assim, o último estágio da História da Humanidade.

Com esses fundamentos, o Socialismo contrapõe-se historicamente ao liberalismo como construção teórica privilegiadora do coletivismo, em detrimento do individualismo. Como tradição de pesquisa e pensamento, apesar de autores como Hobsbawn considerá-lo como a escola teórica que teve a maior influência prática (e as mais profundas raízes práticas) na história do mundo moderno,[215] não restam dúvidas de que, nesse aspecto, foi em muito superado pelo liberalismo que, contemporaneamente, permanece mais vivo do que nunca.

Transferindo essa análise para o campo do Direito, a influência do liberalismo se faz sentir ainda mais, especialmente pelas construções e instituições que possibilitaram a emergência do Estado de Direito. No campo constitucional, a influência do Liberalismo é ainda maior. As Constituições contemporâneas guardam uma profunda herança da tradição filosófico-político-jurídica liberal. Por um lado, porque nelas estão positivados extensos catálogos de liberdades individuais, que colocam ao Estado barreiras intransponíveis a uma variedade enorme de ações por parte das instituições estatais; por outro, porque a esmagadora maioria das engenhosidades político-jurídicas utilizadas na Modernidade, como alternativas de racionalização humanista ao mau uso do poder, está ligada a um processo histórico com raízes assentadas no liberalismo. A título exemplificativo basta citar a

---

[215] HOBSBAWN, Eric. *História do Marxismo*, p. 12.

estruturação dos processos político-eleitorais que caracterizam as democracias representativas atuais; os direitos políticos; as formas e sistemas de governo criados em substituição as formas absolutistas; os sistemas de divisão e descentralização do poder, como a tripartição dos poderes e o sistema federativo; os sistemas de freios e contrapesos entre os poderes; o controle de constitucionalidade etc.

A Constituição brasileira de 88, assim como uma quantidade enorme de outras Constituições pelo mundo todo, traz como permanência das projeções liberais-individualistas todas estas construções liberais-individualistas que, ao atuarem como dispositivos de barreiras a intervenções despóticas, autoritárias e violentas do Estado, garantem espaços de liberdades fundamentais à concretização da cidadania contemporânea.

Em contraposição, das projeções socialistas a partir do século XIX, surgiram uma série de lutas sociais por parte dos trabalhadores que forçaram os quadros hegemônicos capitalistas a cederem uma série de direitos sociais aos operários que redundaram em positivações constitucionais que inauguraram uma nova fase do constitucionalismo no início do século XX – o constitucionalismo social –, notadamente com as Constituições Mexicana de 1917 e de Weimar de 1919. Estes documentos marcaram definitivamente uma nova era constitucional que definiu novos papéis e obrigações ao Estado. Neste sentido, a principal contribuição do constitucionalismo social, como decorrência parcial das construções teóricas coletivistas-socialistas, foi uma ampliação material das Constituições, especialmente através da constitucionalização de direitos não-individuais. Este processo ampliou-se durante o século XX, chegando-se ao paroxismo dos Estados constitucionais de Direito com a consolidação do que hoje se conhece como paradigmas de Estado Democráticos e Sociais de Direito, onde coabitam simultaneamente nos textos constitucionais, soluções liberais aos problemas do mau uso do poder e direitos individuais que negam ações ao Estado que possam atingir os indivíduos em suas perspectivas de liberdades, juntamente com soluções coletivistas materializadas nos sistemas positivos de direitos fundamentais através de direitos não-individuais que impõem aos Estados obrigações de efetivação substancial de uma vida boa aos cidadãos considerados em uma perspectiva de grupos de interesse.

Parte III

1. O embate contemporâneo entre liberais e comunitaristas

Mais uma vez, da mesma forma como ocorrera nos debates que antecederam o choque de tradições contemporâneas, o conflito entre individualismo e coletivismo tem, utilizando as palavras de Arantes Vieira, como cerne, questões sobre a natureza humana, sobretudo no que se refere ao fato de se os seres humanos seriam independentes uns dos outros e possuidores de características únicas e separadas ou se seriam seres sociais, com identidade e comportamento moldados pelo grupo ao qual pertencem.[216]

Enquanto os liberais se sentem herdeiros dos sofistas, dos epicuristas, dos estóicos, de Locke, Hobbes, Stuart Mill e Kant, os comunitaristas têm suas raízes no aristotelismo, em Hegel e na tradição republicana da Renascença. Os primeiros partilham a idéia da liberdade de consciência, respeito pelos direitos do indivíduo e desconfiança frente à ameaça de um Estado paternalista; os comunitaristas comungam da desconfiança pela moral abstrata, têm simpatia pela ética das virtudes e uma concepção política com muito espaço para a história das tradições. Inobstante haver entre as teorias atomistas contemporâneas uma defesa uníssona do princípio dos direitos individuais, esta se desenvolve numa diversidade de abordagens que freqüentemente dá origem a teses e conclusões contraditórias.[217]

O comunitarismo retoma as críticas que fazia Hegel a Kant: enquanto Kant aludia à existência de certas obrigações universais que deviam prevalecer sobre aquelas mais contingentes derivadas de nosso pertencimento a uma comunidade

---

[216] Cfe. VIEIRA, Daniela Arantes. *Alasdair MacInteyre e a crítica da modernidade*. Uma contribuição para o debate liberais *versus* comunitários. Porto Alegre: SAFE, 2002, p. 39.

[217] Para Koula Mellos, seria mais adequado, face a essas diversidades, falar das filosofias políticas liberais anglo-saxônicas, para sublinhar a sua pluralidade, pois, de fato, surgem diferenças nítidas entre as teorias individualistas, orientadas para direitos que conferem ao indivíduo o domínio de si próprio e de seus bens, e as teorias que atribuem ao indivíduo tanto direitos como deveres para com a comunidade. O individualismo mais radical – a que se chama também "Liberalismo libertário" ou "libertarismo" – sustenta uma concepção fundamentalmente individualista da liberdade, enquanto o individualismo moderado, a que se chama ainda "Liberalismo social-democrata" ou "Liberalismo igualitário – preconiza a cooperação social e a colaboração, baseando-se num princípio de justiça como eqüidade, visando a dar a todos os indivíduos os meios mínimos que lhes permitam realizar os seus objetivos esssenciais. Ver a respeito MELLOS, Koulas. A filosofia política anglo-americana contemporânea. In: RENAULT, Alan (dir.). *História da Filosofia Política*. As Filosofias Políticas Contemporâneas. Lisboa: Instituto Piaget, 2002. v. 5, p. 243.

particular,[218] Hegel invertia aquela formulação para outorgar prioridade aos laços comunitários. Assim, em lugar de valorar – junto a Kant – o ideal de um sujeito "autônomo", Hegel sustentava que a plena realização do ser humano derivava da mais completa integração dos indivíduos em sua comunidade.[219]

Concordando com a análise de Kymlicka, há de fato, numerosas semelhanças entre as críticas comunitaristas ao Liberalismo moderno e a crítica feita por Hegel à teoria clássica liberal. Enquanto liberais clássicos como Locke e Kant tentaram identificar uma concepção universal das necessidades humanas ou da racionalidade humana e depois invocaram essa concepção a-histórica do ser humano para avaliar a organização social e política existente, Hegel via neste tipo de concepção – que ele chamava *Moralität* –, algo demasiadamente abstrato para ser de grande utilidade, mas também demasiadamente individualista, pois nela havia a negligência do fato de que os humanos se inserem, inevitavelmente, em práticas históricas e relações particulares. A outra ótica – que Hegel chamava *Sittilichkeit* – sublinha que o bem dos indivíduos – na verdade, sua identidade mesma e sua capacidade de ação moral – está estreitamente ligado às comunidades às quais pertencem, bem como aos papéis sociais e políticos particulares que nelas ocupam.[220]

Do lado liberal, encontramos autores como John Rawls, Thomas Nagel, Bruce Ackerman e Charles Larmore, sem falar de liberalistas (liberais-individu-

---

[218] A diferenciação entre universalidade e particularidade está em Kant na análise que faz da diferença entre conhecimento puro e conhecimento empírico. Kant, ao analisar a essência do imperativo categórico, considerado por ele como a lei moral, refere que esta não depende do conteúdo, restando, portanto, senão a sua forma. Assim, para ele, a essência do imperativo consiste precisamente em sua validade em virtude de sua *forma de lei*, isto é, por sua racionalidade. Palavras textuais de Kant sobre os imperativos categóricos: "Por esta razão designaremos, doravante, por juízos *a priori*, não aqueles que não dependem desta ou daquela experiência, mas aqueles em que se verifica absoluta independência de toda e qualquer experiência". Com isso, Kant elabora uma teoria sobre o conhecimento segundo a qual a universalidade, autonomia moral, liberdade e formalismo estão indissociavelmente ligados e constituem elementos fundamentais do que ele chama a "lei moral", construção esta que definitivamente abre as portas de todas as construções liberais-iluministas orientadas por uma pretensão de negação das tradições e elaboração de universalismos. Em Kant, a liberdade assume o *status* de condição e fundamento da lei moral, sendo o seu aspecto positivo o que o pensador de Königsberg vai chamar de autonomia, ou seja, a possibilidade de determinar-se a si mesmo a sua própria lei. Ver a respeito KANT, Immanuel. *Crítica da Razão Pura*. 4. ed. Traduzido por Manuela Pinto dos Santos e Alexandre Fradique Morujão. Lisboa: Fundação Calouste Gilbenkian, 1997, p. 37-8, §§ B3, B4, B5 e B6. Ver também a respeito do pensamento kantiano REALE, Giovanni; ANTISERI, Dario. *História da Filosofia*. v. 01, p. 911-8.

[219] Disto vai resultar em Hegel a concepção da relação entre os indivíduos e o Estado. Para ele, "Os cidadãos enquanto indivíduos estão submetidos à autoridade do Estado e prestam-lhe obediência. O conteúdo e o fim do mesmo, porém, é a realização dos direitos naturais, isto é, absolutos, dos cidadãos, os quais, no Estado não renunciam a ele; pelo contrário, só nele chegam à fruição e ao aperfeiçoamento dos mesmos. Cfe. HEGEL, GWF. *Propedêutica Filosófica*. Traduzido por Artur Morão. Lisboa: Edições 70, 1989, p. 302, § 29. Já em seu "Fundamento da Filosofia do Direito", Hegel constrói duas concepções que fundamentalmente marcam o pensamento comunitarista contemporâneo: a) a realização da liberdade do indivíduo no Estado; b) e~, novamente, a realização dos direitos dos indivíduos nas instituições sociais. *In verbis*: "Está en la naturaleza de la cosa que el Estado cumpla un deber al proporcionar todo apoyo a la comunidad para su fin religioso y al asegurarle protección e incluso, en la medida en que la religión es el momento que le integra para lo más profundo del carácter, al exigir de todos sus miembros que se inserten en una comunidad eclesial, por lo demás en cualquiera, pues el Estado no puede inmiscuirse en el contenido, ya que éste se refiere a lo inteirior de la representación". HEGEL, GWF. *Fundamentos de la Filosofia del Derecho*. Madrid: Libertarias/Prodhufi, 1993, p. 697, § 260 e p. 701, § 264.

[220] Ver a respeito KIMLICKA, Will. Comunitarismo. In: CANTO-SPERBER, Monique. (org.). *Dicionário de Ética e Filosofia Moral*, p. 292-3 e HEGEL, GWF. *Fundamentos de la Filosofia del Derecho*, p. 523, § 141.

alistas ortodoxos) como Frederic Hayek e Roberto Nozick.[221] Já no rol de autores que constituem o movimento comunitarista, ou a versão contemporânea da tradição coletivista, encontram-se teóricos que são críticos do Liberalismo mas que, por vezes definitivamente, se encontram teoricamente próximos dessa tradição – como, por exemplo, Charles Taylor -; outros que oscilam entre a defesa de posições socialistas e republicanas, como Michael Sandel; e ainda outros que assumem posturas mais decididamente conservadoras, como Alasdair MacIntyre.[222]

Do elevado número de intervenientes neste debate, resulta a impossibilidade de se afirmar que existe uma resposta liberal e uma resposta comunitarista definitivas ao problema do julgamento político e dos princípios que regem as práticas e as instituições políticas. Há um *continuum* de respostas em que só os dois extremos se encontram indiscutivelmente no campo liberal ou no comunitarista. Daí poder-se falar em comunitarismo radical e moderado, assim como em Liberalismo radical (muito individualista) e em Liberalismo moderado (mais suscetível às condições culturais e sociais da vida política).

Na realidade, as divergências teóricas não se refletem necessariamente no plano das posições concretas, já que a própria tradição liberal não é homogênea. Os liberais, na linha de Hobbes, defendem que a política está desprovida de significação moral, que o Estado não é mais do que um instrumento destinado a assegurar a coexistência pacífica dos indivíduos numa determinada sociedade contratualista. Já, na linha de Kant, consideram que o Estado tem uma função moral autêntica e que transcende às considerações pragmáticas ou naturalistas determinantes para os anteriores. Aqui, incluídos, encontram-se Rawls e Dworkin, para quem a política não tem por obrigação responder às exigências de sobrevivência, mas sim, garantir a cada um e de maneira igualitária, a liberdade de escolher e de perseguir uma concepção de "vida boa", nos limites do respeito de uma capacidade eqüitativa por parte dos outros.

Do lado oposto, o comunitarismo propõe que o indivíduo seja considerado membro inserido numa comunidade política de iguais. E para que exista um aperfeiçoamento da vida política na democracia, exige-se uma cooperação

---

[221] Existem alguns autores que insistem em situar Ronald Dworkin e Bruce Ackerman como pertencentes ao rol de autores liberais.Entretanto, tal pretensão se esboroa quando confrontada com a obra destes pensadores. Apesar de haver nelas um forte apelo pela proteção às liberdades, consideradas numa perspectiva liberal, o caráter igualitário é tão ou mais forte em suas construções. Dworkin e Ackerman podem ser colocados numa posição internediária entre liberais igualitários e comunitaristas, pendendo ambos mais para a segunda posição do que para a primeira.

[222] É preciso frisar que a proximidade, em alguns pontos, que se verifica entre neoliberais e comunitaristas, deve-se muito mais a uma aproximação dos primeiros a concepções holistas-coletivistas do que propriamente dos segundos a posições individualistas. O melhor exemplo dessa afirmação são as construções filosófico-políticas de Rawls e Dworkin que, dentro da tradição liberal, criaram uma tendência que pode hoje ser identificada como Liberalismo igualitário. O embate interno surgido no seio da tradição liberal em torno do Liberalismo igualitário rawlsiano deu margem ao surgimento da crítica de Nozick a Rawls, cujo ponto central se funda na insuficiência liberal da teoria do pensador inglês. Ver a respeito NOZICK, Robert. *Anarquia, Estado e Utopia*. Rio de Janeiro: Jorge Zahar, 1994. Em sentido contrário, Dworkin reprova a teoria de Rawls por ser insuficientemente igualitária. Ver a respeito DWORKIN, Ronald. *Ética Privada e Igualitarismo Político*. Barcelona: Paidós, 1993.

social, um empenho público e participação política, isto é, formas de comportamento que ajudem o enobrecimento da vida comunitária. Conseqüentemente, o indivíduo tem obrigações éticas para com a finalidade social, deve viver para a sua comunidade, organizada em torno de uma idéia substantiva de bem comum.

Subjacentes a esses princípios comunitaristas, encontramos *éticas substanciais* que determinam que uma teoria moral só pode desenvolver-se a partir de uma concepção específica do bem, ou mesmo, de uma hierarquia de bens. São *éticas perfeccionistas,* ao afirmarem que não se pode definir aquilo que é politicamente justo sem invocar uma concepção substancial do bem, e *contextualistas* (na justificação mais radicalmente comunitarista), ao defenderem que não é possível apontar uma concepção de bem sobre uma base natural e abstrata, mas apenas por referência aos valores substanciais, veiculados pela tradição de uma comunidade histórica particular.

No caso dos liberais, *éticas procedimentais* definem uma teoria moral fundada segundo normas procedimentais, formais, desligadas de qualquer concepção específica do bem. São éticas que em vez de decidirem o que é que há de ser feito, dizem de que forma deve ser decidido corretamente aquilo que se há de fazer. Por essa razão, são *antiperfeccionistas* ou *neutralistas* na justificação de regras que orientem a vida pública.[223]

Assim, a partir da obra fundamental de Rawls, uma série de debates foram estabelecidos entre essas duas tradições teóricas, havendo um significativo número de temas que, sendo objetos de construções por uma tradição, foram refutados e reconstruídos pela outra. No presente trecho deste trabalho, serão apresentados, sucintamente, alguns dos principais debates temáticos estruturados entre liberais e comunitaristas, tendo em vista o interesse específico que ora se desenvolve, ou seja, a repercussões dessas construções na estruturação amterial do constitucionalismo contemporâneo. Particularmente, será dada prioridade ao enfoque estabelecido por uma e outra tradição em relação à concepção de indivíduo, à concepção de bem, de Estado, bem como às diferentes noções de liberdade, temas que interessam mais proximamente ao direito constitucional.

---

[223] Sobre concepções perfeccionistas e antiperfeccionistas, ver PARIJS, Philippe van. *O que é uma sociedade justa?* São Paulo: Ática, 1991, p. 207-8. Para este autor, "quando o problema da justiça se apresenta, podemos nos esforçar para respondê-lo de diversas maneiras. Para isso, podemos nos apoiar, primeiramente, em uma concepção específica de vida boa, no é o verdadeiro interesse de cada um. A justiça consistirá, então, por exemplo, em recompensar adequadamente a virtude ou em assegurar que todos disponham dos bens que correspondem a seu verdadeiro interesse, ainda que eles mesmos não escolham adquiri-los. Também podemos nos esforçar para elaborar uma teoria da justiça que seja neutra em relação às diversas concepções particulares da vida boa, que não repouse sobre a afirmação da superioridade intrínseca de um tipo particular de conduta ou experiência. No primeiro caso, podemos falar de concepções *perfeccionistas* e, no segundo, de concepções *liberais*, em um sentido suficientemente amplo para cobrir um domínio que vai dos libertarianos a certos marxistas, passando pelos utilitaristas, e de Frederic hayek a Jürgen Habermas, passando por John Rawls. Uma concepção liberal nesse sentido é uma concepção que rejeita qualquer hierarquização das diversas concepções de vida boa que podemos encontrar na sociedade ou, ao menos, que atribui um respeito igual a todas as que, dentre elas, são compatíveis com o respeito aos outros".

1.1. O SUJEITO DESCOMPROMETIDO E ATOMIZADO DO LIBERALISMO E A CRÍTICA COMUNITARISTA

Entre as filosofias políticas neoliberais, há um cerne comum consistente numa representação e numa valorização do indivíduo que se deu através da elaboração de uma nova imagem sua: o eu autônomo. Elas são inseparáveis do indivíduo moderno, ao valorizá-lo em relação ao grupo social e por se oporem às visões coletivistas da política que tendem a priorizar o grupo social, e não o indivíduo.

Isso conduziu a críticas ferozes por parte dos filósofos comunitaristas, nas quais se podem encontrar pelo menos três dimensões ou perspectivas de abordagem: antropológica, em que se critica a concepção liberal de um sujeito descomprometido e atomizado; normativa, ao se questionar o princípio moral sobre o qual se rege a moral política – valorização da liberdade individual; e sociológica, porque a sociedade induz os membros da sua sociedade a uma atitude individualista, egocêntrica que tem efeitos desestruturantes sobre a identidade individual e do grupo.[224]

Nesse aspecto, para Rawls – o precursor liberal da fase contemporânea do debate entre atomistas e holistas –

> uma pessoa moral é um sujeito com fins que ela própria escolheu e sua preferência fundamental é por condições que lhe permitam estruturar um modo de vida que expresse sua natureza como ser livre e racional, igual, dentro do que lhe permite as circunstâncias. A unidade da pessoa é revelada pela coerência de seu plano, esta unidade se fundando no desejo superior de seguir os princípios da escolha racional, de modo coerente com seu sentimento de direito e de justiça. Naturalmente, uma pessoa não forma seus objetivos de uma só vez, trata-se de um processo gradual: mas, dentro do que permite a justiça, ela pode formular e seguir um plano de vida, e com isso moldar sua própria unidade.[225]

Essa concepção de Rawls é, na visão de Gargarella, uma das que compõem uma ampla visão liberal do eu, que, genericamente, considera que os indivíduos

---

[224] Razão assiste a Kimlicka, ao referir-se às construções filosófico-políticas que constituem o pensamento da modernidade, que com exceção da formulação perfeccionista do marxismo, praticamente todas as outras compartilham um pressuposto comum: a autodeterminação individual. Ainda que diferem no fato de mostrar uma igual preocupação pelos interesses das pessoas, estão de acordo em como caracterizar tais interesses, ou ao menos coincidem em um ponto central de tal caracterização: todas acreditam que os interesses das pessoas devem ser promovidos deixando-se que elas elejam por si mesmas o tipo de vida que querem desenvolver. Diferem acerca de qqual tipo de conjunto de direitos e de recursos é o que melhor capacita as pessoas para a prossecução das próprias concepções do bem, mas coincidem no aspecto segundo o qual negar às pessoas esta autodeterminação implica não tratá-las como iguais. Cfe. KIMLICKA, Will. *Filosofia Política Contemporánea*. Ariel: Barcelona, 1995, p. 219.

[225] RAWLS, John. *Uma Teoria da Justiça*. Traduzido por Vamireh Chacon. Brasília: UnB, 1981, p. 407. Para Gargarella, essa afirmação quer dizer simplesmente que, mais além do pertencimento do indivíduo a qualquer grupo, categoria, entidade ou comunidade, os indivíduos têm (e é valioso que tenham) a capacidade de questionar tais relações, até o ponto de separar-se delas se assim o preferirem. Para o Liberalismo não se deve assumir que, por exemplo, e pelo fato de haver nascido dentro de uma determinada comunidade, o homem não possa ou não deva questionar dito pertencimento, para optar por fins ou metas distintas a partir dos quais poderiam ser distinguidos os membros de uma comunidade. Ver a respeito GARGARELLA, Roberto. *Las teorías de la justicia después de Rawls*. Barcelona: Paidós, 1999, p. 229.

são livres de questionar sua participação nas práticas sociais existentes e de fazer eleições independentemente destas, no de caso de tais práticas não merecerem ser seguidas. Como resultado, os indivíduos já não se definem enquanto participantes de nenhuma relação econômica, religiosa, sexual ou recreativa em particular, já que são livres de questionar e rechaçar qualquer relação.[226]

Destarte, na perspectiva liberal, os indivíduos não são definidos pelas suas interdependências, mas, pelo contrário, são livres de colocar em questão e de rejeitar qualquer forma de participação em grupos, instituições ou atividades particulares. São livres para questionar as suas convicções, mesmo as mais profundas. Todo fim é suscetível de uma possível revisão por parte do eu. Isso é o que habitualmente se denomina de uma concepção "kantiana" do eu, pois Kant foi um dos mais firmes defensores da idéia segundo a qual o eu é anterior aos papéis e relações socialmente dados e é livre somente se for capaz de ver em perspectiva estes componentes de sua situação social e de julgá-los atendendo aos ditados da razão.[227]

Muitos liberais pensam que o valor da autodeterminação é tão óbvio que não requer nenhuma defesa. Argumentam que permitir que as pessoas se autodeterminem constitui o único modo de respeitá-las como seres morais plenos. Negar a autodeterminação a alguém é tratá-lo como uma criança ou um animal, e não como um membro pleno de uma comunidade.

Partindo da constatação de que algumas pessoas são incapazes e cometem erros acerca de suas vidas e elegem realizar coisas banais, degradantes e inclusive prejudiciais, grande parte dos liberais entende que o respeito à autodeterminação dessas pessoas pode implicar, na prática, abandoná-las a um destino pouco feliz. Assim, admitem os liberais em suas teorias que se dêem atos de paternalismo, por exemplo, nas relações entre as pessoas capazes e seus filhos, ou com dementes, ou com qualquer um que tenha temporariamente a sua capacidade de compreensão da realidade diminuída. Insistem que cada adulto capaz deve estar provido

---

[226] Ver a respeito GARGARELLA, Roberto. *Las teorías de la justicia después de Rawls*, p. 127.

[227] A primazia que dá Kant ao sujeito considerado numa perspectiva individual aparece em inúmeros momentos de seu pensamento. Enumerando os princípios da "razão pura prática", no teorema II, diz ele, destacando a pessoa da individualidade no que tange à vontade, que "todos os princípios práticos materiais são enquanto tais, no seu conjunto, de uma só e mesma espécie e classificam-se sob o princípio geral do amor de si ou da felicidade pessoal. O prazer proveniente da representação da existência de uma coisa, na medida em que ele deve ser um princípio determinante do desejo dessa coisa, funda-se na capacidade de sentir do sujeito, porque depende da existência de um objeto". Mais adiante, na mesma obra, fala da lei fundamental da razão pura prática, a qual expressa toda a crença kantiana no indivíduo. *In verbis:* "Age de tal modo que a máxima da tua vontade possa valer sempre ao mesmo tempo como princípio de uma legislação universal". Essa legislação universal será para Kant a "lei moral", cujo único princípio é a autonomia da vontade, sendo, assim, a lei moral a expressão da autonomia da razão pura prática, da liberdade, considerada esta por ele como a condição formal de todas as máximas, sob a qual unicamente elas podem harmonizar-se com a lei prática suprema. Cfe. KANT, Immanuel. *Crítica da Razão Prática*. Lisboa: Edições 70, 1994, p. 40, § 3, p. 42, § 7, p. 45, § 8. Também na "Crítica da Razão Pura", o indivíduo é destacado, especialmente quando trata Kant da relação entre moral e liberdade, afirmando ele quanto a isso que "a moral pressupõe a liberdade (no sentido mais estrito) como propriedade da nossa vontade, porque põe *a priori*, como dados da razão, princípios práticos que têm a sua origem nessa mesma razão e que sem o pressuposto da liberdade seriam absolutamente impossíveis". Cfe. *Idem. Crítica da Razão Pura*, p. 26.

de uma esfera de autodeterminação que respeite o mesmo âmbito dos demais. Um bom representante desta tradição é Mill, para quem, quando as pessoas alcançaram a maturidade dos anos, adquirem o direito e a prerrogativa de interpretar por si mesmas o significado e o valor de suas experiências. Para aqueles que superam o umbral de uma certa idade e uma certa capacidade mental, o direito a autodeterminar-se nas principais decisões de sua vida é inviolável.[228] Se os próprios liberais admitem a possibilidade de que algumas pessoas possam vir a cometer erros e realizar coisas banais, degradantes e inclusive prejudiciais, não há qualquer dificuldade em imaginar que as teorias perfeccionistas se fundamentaram, em boa medida, no questionamento do alcance da autodeterminação. Ser um "adulto capaz", no sentido de não ser alguém com capacidade mental reduzida, não garante que seja capaz de fazer algo valioso com sua própria vida, quanto menos em relação à comunidade. Se isso é assim como se põe, não deveriam os governos decidir qual é a melhor forma de vida para seus cidadãos? O perfeccionismo marxista, como bem lembra kimlicka, constitui um exemplo de tal política, uma vez que proíbe que as pessoas realizem aquilo que se considera má eleição, isto é, escolher desempenhar um trabalho alienante.[229]

Os liberais, em sentido bastante diverso, consideram tais políticas uma limitação ilegítima da autodeterminação, não obstante o mais plausível que possa

---

[228] Outro célebre representante do Liberalismo clássico, em seu viés utilitarista, é John Stuart Mill, particularmente com a contribuição que fez a esta tradição de pesquisa através da sua obra "Sobre a Liberdade". Nela, obedecendo, na sua articulação, à *forma mentis* inglesa e também ao estilo dedutivo do reformismo utilitarista, Mill estabelece uma das mais sólidas referências teóricas do Liberalismo. Nessa esteira liberal-utilitarista, Stuart Mill trata, no terceiro capítulo da referida obra, da individualidade como um dos elementos do bem-estar. Nele, expande esta importante tese de von Humboldt, em cujo ensaio sobre os limites que devem circunscrever a ação do Estado, colheu a epígrafe de "Sobre a Liberdade", sustentadora, precisamente, do desenvolvimento humano baseado na diversidade. Para Stuart Mill, assim como para Humboldt, a individualidade é um fim, e não, um meio, pois ambos partilham a tese de que aquilo que caracteriza a natureza humana não é a uniformidade, mas sim, a criatividade. Por isso. Mill enxerga, nas diferentes experiências de maneiras de viver, um bem que a liberdade enseja, chamando a atenção para os riscos do conformismo socialmente imposto por uma opinião pública majoritária. Aponta ele que a iniciativa de coisas novas e originais provêm dos indivíduos que devem poder ter a liberdade de mostrar os caminhos do alternativo. Mill não pretende que as ações devam ser tão livres como as opiniões. Pelo contrário. Para ele, mesmo as opiniões perdem a sua imunidade quando as circunstâncias em que se exprimem são tais que a sua expressão constitui um incitamento positivo a algum ato nocivo. Nesse sentido, atos de qualquer espécie que, sem causa justificável, produzem danos a outrem, podem ser refreados pelos sentimentos desfavoráveis e, quando necessário, pela interferência ativa da coletividade, e, nos casos mais importantes, exigem mesmo tal. A liberdade do indivíduo deve ser, assim, em grande parte limitada – ele não deve tornar-se prejudicial aos outros. Traçando os limites da autoridade da sociedade sobre o indivíduo, pela delimitação tanto da soberania individual quanto pelo que deve pertencer à sociedade e ao indivíduo, Mill entende que a individualidade deve pertencer a parte da vida na qual o indivíduo é o principal interessado, à sociedade aquilo que a ela interessa. Estabelece uma função de proteção a ser feita pela sociedade aos indivíduos, devendo, neste aspecto, cada beneficiário da proteção da sociedade pagar pelo benefício, e o fato de viver-se em sociedade torna indispensável que cada um seja obrigado a observar certa linha de conduta para com o resto, seja, não ofendendo um ao outro, seja suportando sua parte nos labores e sacrifícios em que se incorra na defesa da sociedade ou de seus membros contra danos e incômodos. Ver a respeito Cfe. MILL, John Stuart. *Sobre a Liberdade*. Petrópolis: Vozes, 1991, p. 59 e ss e HUMBOLDT, Wilhelm von. *Escritos Políticos*. México: Fondo de Cultura Econômica, 1943, p. 94-9. Talvez seja possível dizer-se que Mill é o primeiro grande liberal igualitário, aos moldes contempor.

[229] Kimlicka afirma que políticas perfeccionistas como a marxista, por se basearem em uma concepção muito restrita do bem, ao identificá-lo com uma única atividade – o trabalho produtivo –, resultam inaceitáveis, pois consideram apenas isto como distintivamente humano. Ver a respeito KIMLICKA, Will. *Filosofia Política Contemporánea*, p. 221.

Elementos de Filosofia Constitucional

ser a teoria do bem a elas subjacentes. Tendo em conta que o argumento a favor do perfeccionismo depende do pressuposto de que as pessoas possam cometer erros quanto ao valor de suas atividades, uma possível linha de defesa é negar que as pessoas possam equivocar-se em seus juízos acerca do que é valioso na vida. Os defensores da autodeterminação poderiam sustentar que os juízos de valor, diferentemente dos juízos sobre fatos, constituem simplesmente expressões de respeito do que subjetivamente agrada ou desagrada aos indivíduos. Nessa ótica, tais eleições, no fundo, são arbitrárias, não-suscetíveis de uma justificação ou crítica racional. Todas essas eleições são igualmente racionais e, portanto, o Estado carece de razões para nelas interferir. Muito perfeccionistas aceitam que este tipo de ceticismo acerca dos juízos de valor é o que tem de configurar a posição liberal, porque, se há a concessão da possibilidade de que as pessoas cometam erros, então, o governo, sem dúvida, deve alentar sobre as formas de vida corretas e desalentar ou proibir as equivocadas. Os liberais rechaçam esse ceticismo, pois nele não se apóia a autodeterminação, eis que se as pessoas não podem cometer erros sobre suas eleições, então, o governo tampouco pode cometê-los.

Os liberais defendem a importância da autodeterminação a partir de consideração de que essa implica decidir o que os indivíduos podem fazer com suas vidas e refletir acerca de todas as possibilidades ainda quando sabem o que vai ocorrer. É em defesa dessa concepção que se manifesta Rawls para dizer que assim como um a pessoa escolhe seu plano de vida à luz de toda informação, uma pluralidade de pessoas determina seus termos de cooperação de modo a que todas tenham representação igual enquanto seres morais. Seu interesse fundamental pela liberdade e pelos meios de usá-la de maneira justa decorre do fato de elas se verem, acima de tudo, como pessoas morais com idêntico direito a escolher seu modo de vida.[230]

Para o comunitarismo, em sentido oposto, a identidade dos indivíduos como pessoas, ao menos em parte, encontra-se profundamente marcada pelo pertencimento a determinados grupos: os indivíduos nascem inseridos em certas comunidades e práticas sem as quais deixariam de ser quem são.[231] Ditos vínculos

---

[230] RAWLS, John. *Uma Teoria da Justiça*, p. 408. Elaborando uma teoria ainda mais radical da autodeterminação, Nozick, ao relacionar utopia e Estado mínimo, diz que "o Estado mínimo trata-nos como indivíduos invioláveis, que não podem ser usados de certas maneiras por outros como meios, ferramentas, instrumentos ou recursos. Trata-nos como pessoas que têm direitos individuais, com a dignidade que isso pressupõe. Tratando-nos com respeito ao acatar nossos direitos, ele nos permite, individualmente ou em conjunto com aqueles que escolhermos, determinar nosso tipo de vida, atingir nossos fins e nossas concepções, na medida em que sejamos capazes disso, auxiliados pela cooperação voluntária de outros indivíduos possuidores da mesma dignidade. Como ousaria qualquer Estado ou grupo de indivíduos fazer mais ou menos?". Cfe. NOZICK, Robert. *Anarquia, Estado e Utopia*, p. 357-8. Nozick pertence a uma corrente liberal ortodoxa denominada libertarista, a qual também se filia Frederic Hayek, outro célebre defensor da autonomia, da liberdade individual e de um modelo de Estado mínimo. Acerca da distinção entre Liberalismo igualitário e libertarismo ver GUILLARME, Bertrand. Justiça e democracia. In: RENAULT, Alan. *História da Filosofia Política*. As filosofias políticas contemporâneas. Lisboa: Instituto Piaget,. v. 5, p. 285 e ss.

[231] Importante análise da questão do pertencimento comunitário é feita por Walzer em sua obra "As Esferas da Justiça". Para o filósofo-político da Escola de Ciências Sociais do Instituto de Estudos Avançados de Princeton, "La pertenencia es importante porque es lo que los miembros de una comunidad política se deben unos a otros, a nadie más en el mismo grado. Y lo primero que se deben entre sí es la previsión comunitaria de la seguridad y el

aparecem assim como vínculos valiosos, enquanto essenciais na definição das identidades. Daí que, para os comunitaristas, a pergunta vital de cada pessoa não é a de "o que quero ser", ou a de "o que quero fazer de minha vida" – perguntas que parecem próprias da tradição liberal –, defensora da plena autonomia dos indivíduos, mas a de "quem sou" ou "de onde provenho". A identidade de cada um, segundo Charles Taylor, define-se em boa medida a partir do conhecimento de onde se acha alguém situado, quais são suas relações e seus compromissos: com quem e com que projetos se sente o indivíduo identificado.[232] Frente aos que apresentam uma idéia vazia de liberdade, os comunitaristas defendem uma idéia de liberdade "situada", capaz de levar em conta o formar parte o indivíduo de certas práticas compartilhadas.

Nesse sentido, uma das críticas comunitaristas mais destacadas à concepção liberal de pessoa é a realizada por Michael Sandel a Rawls. Sandel contesta o pressuposto rawlsiano, conforme o qual as pessoas escolhem seus fins, seus objetivos vitais. À idéia central de Rawls, de que a justiça é a primeira virtude das instituições sociais e para que tal seja verdade as pessoas têm de ser independentes de interesses particulares, ou seja, devem ser sujeitos morais desvinculados das características advindas da experiência, capazes de construir uma moral sem autoconhecimento, Sandel acredita que nas sociedades reais, não como os indivíduos se libertarem de seus interesses, pois eles definem não só as obrigações, mas também a própria identidade. O pressuposto da teoria liberal de Rawls, segundo este autor comunitarista, conduz a uma visão descritivamente pobre do ser humano. A adoção deste pressuposto implica deixar de lado uma visão mais adequada da pessoa, aquela que reconhece a importância que tem, para cada um, o conhecimento dos valores próprios de sua comunidade – valores que as pessoas não elegem, mas descobrem, reconhecem olhando para trás até as práticas próprias dos grupos aos quais pertencem.[233]

---

bienestar". Prossegue esta linha de raciocínio afirmando a importância da comunidade ao dizer que "una de nuestras necesidades es la comunidad misma: la cultura, la religión y la política. Sólo bajo la égida de estas tres cuestiones cualquier otra cosa requerida por nosotros se convierte en una necesidad socialmente reconocida y adquiere una forma histórica determinada. El contrato social es un acuerdo para llegar con otros individuos a decisiones sobre los bienes necesarios para nuestra vida común, y después para proveermos unos a otros de esos bienes". Cfe. WALZER, Michael. *Las Esferas de la Justicia*. México: Fondo de Cultura Económica, 1997, p. 75.

[232] Realizando uma crítica em perspectiva das interpretações dominantes acerca da identidade moderna, e entendendo-as como estreitas e arraingando vários tipos de cegueira seletiva, diz Taylor o seguinte: "Como vimos com Descartes e Locke, o poder crescente da razão desprendida e auto-responsável tendeu a dar crédito a uma visão do sujeito como um *self* descontextualizado, até mesmo pontual. Em determinada perspectiva, isso é muito compreensível: envolve interpretar a postura do desprendimento, por meio da qual objetificamos facetas de nosso próprio ser, na ontologia do sujeito, como se nós fôssemos por natureza uma atividade separável de tudo quanto é apenas dado em nós – uma alma desencarnada (Descartes) ou uma potência pontual de auto-remodelação (Locke), ou um ser racional puro (Kant. Portanto, essa postura recebe a maior justificativa ontológica possível, por assim dizer. Mas por mais compreensível que seja, esse movimento é errôneo. Não tive espaço para desenvolver esse raciocínio aqui, mas a maior parte da filosofia mais penetrante do século XX veio a refutar esse quadro do sujeito desprendido". Cita Taylor Merleau-Ponty e Heidegger como dois dos expoentes que refutam esta idéia do "eu descontextualizado. Ver a respeito TAYLOR, Charles. *As fontes do self*. A construção da identidade moderna. Traduzido por Adail Ubirajara Sobral e Dinah de Abreu Azevedo. São Paulo: Loyola, 1994, p. 655-6.

[233] SANDEL, Michael. *Liberalism and the Limits of Justice*. Cambridge: Cambridge University Press, 1982. Para Kukathas, o que Sandel está a atacar é a asserção fundamental de Rawls (e do Liberalismo) de que a comunidade é o produto da associação de indivíduos independentes e de que o valor dessa comunidade deve

O Liberalismo defende uma posição peculiar, profundamente identificada com o atomismo. O atomismo é um termo com o qual os comunitaristas tendem a descrever aquelas doutrinas contratualistas, surgidas no século XVIII, que adotam uma visão da sociedade como um agregado de indivíduos orientados por objetivos individuais.[234] O atomismo parte de um exame sobre os indivíduos e seus direitos, aos quais confere uma óbvia prioridade frente às questões sociais. Defender uma postura atomista, segundo os comunitaristas, implica ignorar que os indivíduos somente possam crescer e auto-realizar-se dentro de certos contextos particulares. Para os comunitaristas, resulta claro que os indivíduos não são auto-suficientes, em razão do que requerem a ajuda e o contato dos demais. Ou que não são entes capazes de viver no vazio, já que necessitam de um certo tipo de ambiente social e cultural. A história da vida dos indivíduos inscreve-se dentro de uma narração maior que é a história das comunidades, pelo que não é possível levar adiante a existência das pessoas desconhecendo que elas fazem parte dessa narração.[235]

Para Charles Taylor, o ponto de partida dos atomistas denota falta de visão, um engano de auto-suficiência, que os impede de ver que o indivíduo livre, detentor de direito, somente pode assumir esta identidade graças à sua relação com uma civilização liberal desenvolvida; que é um absurdo situar esse indivíduo no estado de natureza no qual nunca poderia alcançar a identidade e, portanto, nunca poderia criar por contrato uma sociedade que o respeite. O indivíduo livre que se afirma como tal, já tem uma obrigação de completar, de restaurar ou de manter a sociedade dentro da qual é possível alcançar essa identidade.[236] Assim, não há que se preocupar exclusivamente com as eleições individuais das pessoas, mas sim, com o marco dentro do qual essas eleições são levadas a cabo.

Nesse sentido, Taylor contrapõe-se à tese atomista com uma perspectiva social. Frente ao atomismo que parece assumir que as pessoas são capazes de desenvolver suas potencialidades humanas isoladamente, a tese social de Taylor,

---

ser estimado pela justiça dos termos segundo os quais esses indivíduos se associam. De acordo com ele ainda, Sandel, como todos os comunitários, pretende sustentar que não faz sentido pensar numa comunidade dessa forma, porque a própria existência de indivíduos capazes de se estabelecerem nos termos dos acordos, propõe a existência de uma comunidade. Qualquer explicação da comunidade que tente mostrá-la como o produto do acordo de indivíduos pré-sociais acabará por ser incoerente, porque a tais pesoas acabará por faltar a capacidade para deliberar, refletir, escolher. Ver a respeito KUKATHAS, Chandran; PETIT, Philip. *Rawls*: uma teoria da justiça e seus críticos. Lisboa: Gradiva, 1995, p. 124-5.

[234] TAYLOR, Charles. Atomism. In: *Philosophical Papers*. Cambridge: Cambridge University Press, 1985. v. 02, p. 210. Em Thomas Nagel encontra-se, por exemplo, uma clara orientação contratualista-atomista, ao manifestar-se ele no sentido de que "Cualquier acorod social que gobierne las relaciones entre los individuos, o entre el individuo e la colectividad, depende del correspondiente balance de fuerzas en el fuero interno, donde se refleja com em um microcosmos. Para cada individuo esa imagen refleja la relación entre la posición personal y la impersonal, de ella depende el acuerdo social que requiere nuestra contribuición. Si determinado acuerdo reclama el apoyo de quienes viven bajo él, en otros términos, se reclama legitimidad, debe producir o apoyarse en alguna forma de integración razonable de los elementos naturalmente divididos del yo. La división no es estricta y contiene uma enorme complejidad subordinada, pero me parece insdispensable considerarla a la hora de pensar el tema. Cfe. NAGEL, Thomas. *Igualdad y Parcialidad*. Bases éticas de la teoria política. Barcelona: Paidós, 1996, p. 11-2.

[235] TAYLOR, Charles. Atomism, p. 210.

[236] *Idem*, p. 209-10.

como tese antiatomista, vem a afirmar o contrário: o ser humano somente pode desenvolver-se socialmente, dentro de uma perspectiva aristotélica. O homem não é auto-suficiente individualmente, fora da comunidade, já que, sem a existência de determinado contexto social, ele não pode afirmar sua autonomia moral, não pode firmar as convicções morais nas quais põe sua atenção o Liberalismo.

MacIntyre, por sua vez, ridiculariza o "agente moral autônomo" defendido pela tradição de pensamento individualista. O ponto de partida de MacIntyre aparece enfocado no caráter arbitrário do debate moral contemporâneo. Este debate surge diferenciado pelo seu caráter "emotivista, e, assim, pela sua invocação de razões pessoais ("isso deve ser feito porque eu assim considero") e não impessoais ("faça isso porque é teu dever") nas discussões sobre moral. O objetivo, nestas discussões, parece ser o de reverter por qualquer meio as emoções e preferências dos demais, de tal modo que elas cheguem a coincidir com as próprias. Essa situação (que o comunitarismo reconhece como) de declive cultural teria sua causa de origem e sua fonte de permanência na cultura mesma do Iluminismo: Essa cultura seria responsável pela presente arbitrariedade do debate moral, a partir do fracasso de suas principais figuras intelectuais na provisão de uma justificativa racional da moral.[237]

Segundo MacIntyre, os filósofos do Iluminismo tenderam a coincidir no conteúdo da moral (a importância de manter as promessas; a centralidade do valor justiça), mas fracassaram finalmente em seus intentos fundacionais, por desconhecer ou simplesmente deixar de lado a idéia de finalidade própria da vida humana. A restauração de um papel importante para a moral requeriria a readoção dessa idéia de finalidade, a qual implicaria, por sua vez, deixar de lado aquele ser emotivista e a filosofia abstrata na qual se fundamenta, para começar a pensar as pessoas como situadas em seu próprio contexto social e histórico.[238]

Dar atenção à finalidade das pessoas e, por isso, à situação contextual na qual aparecem inseridas exigiria voltar a reconhecer o papel jogado pelas virtudes no desenvolvimento pleno da vida de cada uma delas. De acordo com MacIntyre, "o que constitui o bem para o homem é uma vida humana completa, vivida do melhor modo, e o exercício das virtudes é uma parte necessária e central da vida".[239] Tais virtudes, por outro lado, só poderiam desenvolver-se através da participação dos sujeitos em certas práticas próprias de sua comunidade.

Esse debate estruturado sobre diferentes concepções de sujeito – o atomizado liberal ou o inserido socialmente comunitarista – sustenta, contemporaneamente, controvérsias constitucionais sobre temas fundamentais. Qual destas perspectivas de compreensão do sujeito prevalecem nos textos constitucionais sobre os quais se alicerçam os modelos de Estados Democráticos e Sociais de Direito? Se, por um lado, a Constituição brasileira elenca como fundamento da República Federativa

---

[237] MACINTYRE, Alasdair. *Além da virutde*, p. 51 e ss.
[238] *Idem*, p. 115.
[239] *Idem*, p. 53.

do Brasil a dignidade da pessoa humana e a livre iniciativa, bem como, em seu art. 5°, positiva uma série de direitos de natureza estritamente individual, que possibilitam a concretização de uma autonomia atomizada, por outro, a solidariedade e o bem comum, juntamente com um amplo catálogo de direitos transindividuais, constituem um núcleo de projeções de racionalidades comunitaristas que reacendem, no plano prático, o debate teórico encetado há dois mil e quatrocentos anos entre sofistas e a escola platônica-aristotélica.

1.2. DUAS CONCEPÇÕES ANTAGÔNICAS DE BEM E JUSTIÇA DISTRIBUTIVA

As idéias de justiça distributiva e bem, além das respectivas concepções de bens e direitos, constituem outros pontos fundamentais do debate que reúne neoliberais e comunitaristas e que possui uma significativa importância nas discussões que partem do campo filosófico-político e deságuam com enorme força e intensidade nas celeumas político-criminais, especialmente em função do lugar de destaque que hoje assumiu a preocupação com os delitos de natureza econômica, que, em última análise, encerram uma discussão filosófica de fundo relativa a questões de distribuição.

Mais uma vez, o problema remete à dicotomia individualismo e coletivismo. Em que pese a distância das duas tradições em relação aos mais diferentes temas, não pode ser dito que os liberais não possuem uma concepção de bem comum em suas teorias políticas. O que acontece, na opinião de Kimlicka, é que a forma que utilizam os liberais para determinar o bem comum é a de combinar preferências individuais com a eleição da sociedade como um todo, através de processos políticos e econômicos. Afirmar a neutralidade estatal para este autor, portanto, não implica rechaçar a idéia de uma concepção liberal de bem comum, mas dar-lhe uma certa interpretação. Em uma sociedade liberal, em suma, o bem comum é o resultado de um processo de combinação de preferências, todas as quais consideradas igualmente.[240]

Dessa visão liberal do bem comum, surgem as limitações ao poder estatal. Pela versão liberal, o Estado não pode se pronunciar sobre os méritos intrínsecos

---

[240] A concepção de bem como racionalidade, encontrada em Rawls, constitui uma típica acepção liberal-individualista de bem. Essa idéia supõe que os membros de uma sociedade democrática têm, pelo menos de forma intuitiva, um projeto racional de vida, à luz do qual planejam suas atividades mais importantes e distribuem seus vários recursos (inclusive os do intelecto e do corpo, tempo e energia), de modo a procurar realizar suas concepções do bem ao longo de toda a vida, quando não da maneira mais racional, pelo menos de uma maneira sensata (ou satisfatória). Ao traçar esses planos, supõe-se, evidentemente, que as pessoas levem em conta suas expectativas razoáveis em relação a suas necessidades e exigências nas circunstâncias futuras de todos os estágios da vida, tanto quanto podem prevê-las a partir da posição atual na sociedade e nas condições normais de uma vida humana. RAWLS, John. *Liberalismo político*. 2. ed. Traduzido por Dinah de Abreu Azevedo. São Paulo: Ática, 2000, p. 223-4. Percebe-se claramente na concepção de Rawls a presença de uma visão individualista, em que a idéia de bem está toda centrada sobre bens individuais e sua obtenção constitui, na totalidade, a idéia geral de bem.

de diferentes modos de vida ou de diferentes concepções do bem que, nessa ótica, são construídas no plano individual, nem tampouco hierarquizar o mérito arraigado dos modos de vida dos indivíduos, constituindo, assim, a "neutralidade do Estado".

Em sentido contrário, em uma sociedade comunitarista, o bem comum é interpretado como uma concepção independente da boa vida que define o modo de vida da comunidade. Este bem comum, mais que adaptar-se às preferências das pessoas, proporciona o critério para avaliar tais preferências. A forma de vida da comunidade constitui a base para uma valoração social das concepções do bom, e a importância que se concede às preferências de um indivíduo depende do grau em que dita pessoa se mostra adequada ao bem comum e para ele contribua.[241]

A partir disso, um Estado comunitarista estimula os indivíduos a adotarem concepções do bem que sejam conformes ao modo de vida da comunidade, e desestimula as concepções do bem que dele divergem. Um Estado comunitarista é, portanto, um Estado perfeccionista, posto que carrega consigo uma valoração social do valor de formas de vida distinta.

Essas concepções de bem levam a uma teoria dos bens, correspondente que, por sua vez, inexoravelmente, conduz a uma formulação paralela e vinculada dos direitos. Esse encadeamento sucessivo de conseqüências, diretamente ligado ao debate em torno do justo e do bem, carrega consigo o embate travado por posições deontológicas e teleológicas. O bem, numa perspectiva procedimental, conduz, quase que de modo inevitável, a uma teoria individualista dos bens e a um privilegiamento de direitos individuais sobre os não-individuais, pois o que importa nas concepções liberais é o ponto de partida do processo. Noutro sentido, uma perspectiva finalista do bem guia a uma compreensão não exclusivamente individuaiista e, por conseqüência, a uma percepção mitigada dos direitos individuais pela legitimação dos bens de natureza coletiva, difusa ou transindividual, importando, nessa ótica, o ponto de chegada.

Na esteira do pensamento liberal, a teoria dos bens, ao priorizar a eqüidade do ponto de partida, privilegia os direitos e garantias individuais em detrimento do espaço não-individual, pois são elas que permitem formalmente, dentro dos moldes do Estado de Direito, uma equalização dos pontos iniciais das disputas e distribuições sociais.

Já, dentro da tradição comunitarista, Walzer e Taylor publicizam posições teóricas consolidadoras em defesa de uma necessária institucionalização e tutela desses bens. Walzer, relacionando a análise de concepções de justiça com uma respectiva concepção de bens, entende que os princípios de justiça, são em si mesmos, plurais em sua forma e que tais bens deveriam ser distribuídos por razões distintas, em ajuste a diferentes procedimentos e por distintos agentes. Para ele, manifestando um modo de ser claramente comunitarista, todas essas diferenças

---

[241] KIMLICKA, Will. Comunitarismo, p. 228.

derivam da compreensão dos bens sociais mesmos, os quais são produtos inevitáveis do particularismo histórico e cultural.[242]

Partindo disso, Walzer propugna a necessidade inafastável de uma teoria dos bens, para explicar e limitar o pluralismo das possibilidades distributivas. A teoria dos bens de Walzer estrutura-se sobre seis proposições: a) todos os bens que a justiça distributiva considera são bens sociais; b) os indivíduos assumem identidades concretas pela maneira na qual concebem e criam – e logo possuem e empregam – os bens sociais; c) não existe um só conjunto de bens básicos ou primários concebíveis para todos os mundos morais ou materiais; d) toda distribuição é justa ou injusta em relação aos significados sociais dos bens de que se trate; e) os significados sociais possuem caráter histórico, da mesma forma que as distribuições; f) quando os significados são distintos, as distribuições devem ser autônomas.[243]

Charles Taylor é outro comunitarista que contribui enormemente para o estabelecimento de uma postura tradicional comunitária, voltada ao enfrentamento de posturas individualistas relativas à concepção do que sejam bens em uma determinada sociedade. Taylor, em seu ensaio denominado "Bens Irredutivelmente Socias", oferece uma análise da constituição cultural de determinados bens sobre um pano de fundo que seria a linguagem. Para ele, a linguagem decorre de práticas normativas de uma determinada comunidade, não podendo jamais ser reduzida a uma matéria individual, com a possibilidade de ser decomposta em práticas individuais. A linguagem, assim, tem como *locus,* uma sociedade, uma comunidade, e é, por esse local, que determinadas coisas assumem valor, não só para indivíduos separadamente, mas para toda a comunidade. Nessa esteira, Taylor entende que a cultura é um local social de determinação de bens e, mais, que a cultura valiosa é uma característica irrdutível da sociedade como um todo.

Taylor busca desqualificar a compreensão comum ou mútua como um composto de estado individuais. É preciso distinguir o que seja meramente convergente do genuinamente comum. Uma questão é convergente quando tem o mesmo significado para muitas pessoas, mas onde isso não é reconhecido entre elas ou no espaço público. Segundo ele, "uma coisa é comum quando existe não só para mim e para você, mas para nós, sendo reconhecida como tal".[244]

A partir disso, Taylor concebe duas maneiras de definir bens irredutivelmente comuns: a) os bens de uma cultura que torna concebíveis ações, sentimentos, modos de vida valorizados e b) bens que incorporam essencialmente compreensões comuns de seu valor.[245]

Essas concepções comunitaristas de bens se contrapõem a entendimentos cunhados numa perspectiva metodológica individualista que conclamam as construções teóricas a tratar todas as coletividades como compostas por indivíduos,

---

[242] WALZER, Michael. *Las Esferas de la Justicia*, p. 19.
[243] *Idem*, p. 21-3.
[244] TAYLOR, Charles. *Argumentos Filosóficos*. São Paulo: Loyola, 2000, p. 154-5.
[245] *Idem, ibidem*.

como, por exemplo, aparecem em Bentham, em Hobbes, em Locke, e em todos os neoliberais, como Nozick, Hayek, Rawls e outros.

Dessas concepções divergentes de bem resultam, conseqüentemente, entendimentos diversos acerca da justiça distributiva. Ao longo da história, o mercado foi um dos principais mecanismos para a distribuição dos bens sociais, mas nunca foi um sistema distributivo completo, havendo, contemporaneamente, uma série de outros instrumentos distributivos que auxiliam ou complementam a função distributiva do mercado. O direito penal, por exemplo, tem ocupado uma função distributiva, especialmente a partir de modelos penais cunhados sob a vigência dos modelos de Estados sociais de Direito. Sob esse cânone, como bem assevera Sandel, a sociedade humana é uma comunidade distributiva, não se reduzindo somente a isso, mas em essência é o que é, pois os homens se associam a fim de compartilhar, dividir e intercambiar, ou para fazer as coisas que são compartilhadas, divididas ou intercambiadas.[246] Esse é um dos pontos que mais divergências suscita no debate entre neoliberais e comunitaristas.

A distribuição dos recursos mobiliza, na opinião de Kolm, dois critérios morais opostos, cujo conflito, colocando uma ética da liberdade contra uma ética da solidariedade, sintetiza o debate em torno desse tema travado entre neokantianos e neo-aristotélicos. Um princípio é o de liberdade de processo, isto é, a liberdade de beneficiar-se dos resultados dos próprios atos, que pressupõe o usufruto de si mesmo (possivelmente "autopropriedade"). O outro princípio não vê essa distribuição "natural" como uma razão válida para a correspondente distribuição de seus benefícios e, de modo ideal, portanto, compartilha igualmente o benefício desse recurso (igualdade que decorre da racionalidade). Assim, existem dois casos extremos, opostos, que encarnam o referido debate, nos quais somente um desses princípios é respectivamente seguido.[247]

Um desses casos mencionados por Kolm é a liberdade de processo plena, regido pela máxima "a cada um segundo seu trabalho", por trocas livres e desimpedidas e pela resultante legitimidade aquisitiva de direitos e propriedades. Esse Liberalismo de processo pleno é a justificação historicamente central, baseada na liberdade deontológica do livre mercado. Contudo, na verdade, logicamente também requer setores públicos notáveis, tributos e transferências que, de modo vicário, implementem as livres trocas e os acordos prejudicados por falhas do mercado (o contrato social liberal).[248] Essa forma de conceber, *a priori,* procedimentalmente à justiça distributiva, recorre a Locke, no que tange à parte exlusivamente privada, ou a Nozick; já a parcela referente ao aspecto mais social pode ser buscada em Rawls, ou Dworkin.

O caso situado no extremo oposto equipara, em termos ideais, os efeitos de todos os recursos usados na produção e no consumo e na vida em geral. Essa

---

[246] WALZER, Michael. *Las Esferas de la Justicia,* p. 17.
[247] KOLM, Serge-Cristophe. *Teorias Modernas da Justiça.* São Paulo: Martins Fontes, 2000, p. 15-6.
[248] *Idem, ibidem.*

é a justiça distributiva plena ou completa (ou eudomonística), da qual há uma proximidade no momento em que se busca ajudar primeiro os miseráveis quando a igualdade é impossível ou ineficiente. É uma concepção que remete à idéia de bens não mais restritos ao plano individual, mas social. Charles Taylor e Michael Walzer personificam tal acepção de justiça distributiva.

1.3. O DEBATE ENTRE LIBERAIS E COMUNITARISTAS EM RELAÇÃO AOS DIREITOS COLETIVOS

Um outro tema que tem ocupado contemporaneamente o debate entre penalistas das mais variadas vertentes teóricas diz respeito à incidência do direito penal sobre condutas que violem ou lesionem bens de natureza coletiva. Da mesma forma esse debate ocupa os espaços da filosofia política e tem se constituído em matéria-prima de grande fertilidade para o desenvolvimento das tradições culturais liberais e comunitaristas.

O questionamento fundamental que se coloca nesse aspecto resume-se à dúvida em se conceber a existência de direitos e interesses coletivos? Particularmente, em relação à matéria aqui tratada, é de se questionar se resulta justificável a intervenção estatal e, mais precisamente, a atividade estatal penal, para tutelar direitos ou interesses coletivos.

Os liberais trafegam desde a negação total da possibilidade de existência desses direitos ou interesses e, conseqüentemente, partilham a idéia da total inviabilidade de qualquer alternativa de sua defesa – liberais ortodoxos ou liberistas como Nozick ou Hayek – até aqueles que admitem, ainda que de forma um tanto quanto comedida, a possibilidade de existência e tutela desses bens como modo de funcionalização do Direito para fins de execução de uma pauta igualitária.

Autores como M. Hartney mantêm uma posição cética em relação à idéia de que existem direitos coletivos. Essa postura se baseia em uma gama variada de justificativas. Primeiramente, afirma Hartney, a tradicional consideração segundo a qual a última razão capaz de sustentar a existência de direitos (morais) vincula-se ao valor de tais direitos para os indivíduos particulares (mais que para algum grupo). O que realmente importa é a defesa dos direitos das pessoas , e não, os interesses de alguns grupos. Por outro lado, a idéia de direitos coletivos resulta, na opinião desse autor, tanto desnecessária quanto inconveniente. Desnecessária, devido ao fato de que, basicamente, os mesmos resultados que se podem obter a partir do estabelecimento de direitos grupais podem também ser obtidos dotando-se os indivíduos de direitos mais apropriados. Essa idéia é também inconveniente porque gera confusões. Tal noção, segundo Hartney, "nos distrai do fato de que a última razão para a necessidade de proteger coletividades é sua contribuição ao bem estar do indivíduo.[249]

---

[249] HARTNEY, M. Some Confusions Concerning Colletive Rights. In: KIMLICKA, Will (comp.). *The Right of Minority Cultures*. Oxford: Oxford University Press, 1995, p. 203-4.

Ainda dentro da tradição liberal, entretanto, com postura contrária à de Hartney, Joseph Raz considera que é possível defender-se a adoção de direitos coletivos dentro da tradição de pensamento liberal. Afirma ele que a alusão a direitos coletivos deve ser vista como uma forma de referir-se a interesses individuais que surgem a partir do pertencimento dos indivíduos a comunidades particulares.[250] O que ocorre nesse caso, diferentemente da situação habitual na qual são discutidos os direitos individuais, é o seguinte: por um lado, os indivíduos encontram-se com um bem (não só público) coletivo, um bem que aparece a partir do fato de que eles formam parte de um determinado grupo. Nesse sentido, sucede que, como afirma Raz, nenhum dos membros particulares do grupo pode alegar seu próprio interesse como base para demandar satisfação do bem coletivo em jogo.[251]

De modo similar ao Liberalismo moderado de Raz, porém, com influências nitidamente comunitaristas e culturalistas, Will Kimlicka manifesta uma postura favorável ao reconhecimento de direitos coletivos, sustentando, como Raz, que é possível defender direitos diferenciados em favor de minorias nacionais de um modo consistente, com a defesa de princípios liberais básicos, como os princípios liberais em favor da igualdade. Todavia, para Kimlicka, princípios liberais como os mencionados requereriam o estabelecimento de direitos especiais para as minorias. Em apoio à sua postura, Kimlicka recorre a concepções como as defendidas por Rawls e Dworkin. De acordo com esses autores, a justiça exige remover ou compensar as desvantagens não-merecidas ou moralmente arbitrárias, particularmente se elas resultam profundas e abrangentes e estão presentes desde o momento do nascimento.[252] Por isso mesmo, sustenta Kimlicka, se o Liberalismo quer ser coerente com as premissas das quais parte, então, deve considerar, como fatos moralmente arbitrários, não só as desigualdades vinculadas à raça e à classe, mas também as derivadas de contextos culturais diferentes. Para Kimlicka, resulta óbvio que, se não se estabelecerem direitos diferenciados em favor de alguns grupos, os membros de certas culturas minoritárias careceriam da mesma capacidade para viver e trabalhar em sua própria linguagem e cultura que lhes é garantida pelos membros de culturas majoritárias.[253]

---

[250] RAZ, Joseph. *The Morality of Freedom*. Oxford: Oxford University Press, 1986, p. 208.

[251] Essa afirmação de Raz pode ser ilustrada claramente num exemplo oferecido pelo próprio Raz. Pense-se, diz ele, no caso de Arafat reclamando a autodeterminação da Palestina. O interesse de Arafat não justifica por si mesmo a imposição de deveres tão amplos e custosos sobre outra gente, como os que podem estar implícitos na demanda de autodeterminação palestina. O fato de que Arafat, por si só, careça do direito em questão, não implica que o direito à autodeterminação palestina não exista: a própria nação palestina pode ser portadora de tal direito. O direito à autodeterminação representa, assim, tipicamente, um direito coletivo; um interesse de grande importância para o bem-estar e a efetivação da concepção de vida boa de um número significativo de pessoas; um bem coletivo que surge a partir do pertencimento dos indivíduos a um grupo, e os deveres que gera não surgem a partir das demandas de nenhuma pessoa do grupo em particular, mas dos interesses conjuntos de uma multiplicidades de indivíduos. RAZ, Joseph. *The Morality of Freedom*, p. 208-9.

[252] KIMLICKA, Will. *Multicultural Citizenship*. A liberal theory of minority rights. Oxford: Oxford University Press, 1995, p. 126.

[253] KIMLICKA, Will. *Multicultural Citizenship*, p. 126.

Elementos de Filosofia Constitucional

Com a exposição de alguns pontos deste embate entre neoliberais e comunitaristas, conclui-se a primeira parte deste trabalho, consistente num sucinto resgate de alguns pontos fundamentais destas tradições de pesquisa, que constituem o substrato histórico sobre o qual se alicerça uma boa parte, senão a maior parcela, da pré-estrutura de compreensão que limita as possibilidades, na e pela linguagem, dos sujeitos da compreensão e dos juristas em suas atividades cotidianas de interpretação da lei. São os pré-conceitos transmitidos por estas tradições que, de uma ou outra forma, assaltam cotidianamente legisladores e operadores jurídicos, pois, como bem destaca Gadamer, *cuando intentamos comprender un fenómeno histórico desde la distancia histórica que determina nuestra situación hermenéutica en general, nos hallamos siempre bajo los efectos de esta história efectual.*[254]

A finalidade fundamental desta reconstrução é trazer à tona os elementos fundamentais deste debate, que constituem o legado da tradição, um legado compulsório, cuja renúncia é impossível e que possui uma relação estreitíssima com a experiência hermenêutica do direito penal contemporâneo. Esses elementos formam o conjunto dos pré-conceitos basilares de toda uma discussão política, que tem sido travada no âmbito do direito penal, especialmente em relação ao seu âmbito de incidência para a tutela de bens de natureza individual e não-individual. Destarte, toda a compreensão hermenêutica, voltada á configuração do direito penal ao Estado Democrático de Direito, pressupõe uma inserção no processo de transmissão acontecido historicamente desde o debate entre individualistas e coletivistas, pois é a partir destas duas tradições que se constitui o momento essencial da pré-compreensão que constantemente está a intervir nos processos hermenêuticos.[255]

A compreensão da dimensão histórica deste debate assume ainda mais importância para o direito penal por três aspectos. Por primeiro, em razão das características da criminalidade contemporânea, uma vez que esta, mais do que nunca, cada vez mais atinge bens não-individuais e a proteção destes tem implicado em restrições que são impostas a bens individuais. Neste aspecto, o que tem se observado, historicamente, é que a prevalência na tutela dos interesses dos indivíduos, em detrimento dos interesses não individuais, tem demonstrado que os efeitos dos elementos que estruturaram a tradição liberal têm sido muito mais intensos que os gerados pela tradição coletivista.

A esse primeiro aspecto, some-se um segundo, em função de que, como jamais havia acontecido antes, a positivação de direitos privilegiou, em sede

---

[254] GADAMER, Hans-Georg. *Verdad y Método*. Salamanca: Sigueme, 1977. v. I, p. 371.

[255] Quanto à importância da estrutura de pré-compreensão na totalidade do processo hermenêutico, lembra Streck que Heidegger reconhece que a compreensão do texto está determinada permanentemente pelo movimento antecipatório da pré-compreensão. Para este jusfilósofo vinculado ao pensamento heideggeriano, o que Heidegger assim descreve não é senão a tarefa de concretização da consciência histórica. Trata-se, assim, de descobrir as próprias prevenções e pré-juízos e realizar a compreensão desde a consciência histórica, de forma que detectar o historicamente diferente e a aplicação dos métodos históricos não se limitam a uma confirmação das próprias hipóteses ou antecipações. Ver a respeito STRECK, Lenio Luiz. *Hermenêutica Jurídica e(m) Crise*. Uma exploração hermenêutica da construção do Direito. 5. ed. Porto Alegre: Livraria do Advogado, 2004, p. 206-7.

constitucional, a coletividade, criando uma complexidade para a configuração do sistema normativo penal brasileiro, a partir do modelo constitucional, sem precedentes. Nisto se fez sentir uma projeção de efeitos da tradição não-individualista, que agudizou, no campo prático, o debate entre estas duas vertentes filosófico-políticas do pensamento humano.

Por último, a importância do resgate desse debate histórico, entre individualistas e coletivistas, reside no fato de que é pelos pré-conceitos emergentes destas tradições de pesquisa e pelo choque produtivo que se estabelece entre eles, em relação a temas fundamentais pertinentes ao direito constitucional, que pode ser desvelado o ser do Estado Democrático de Direito brasileiro e o seu vir a ser, a partir de práticas hermenêuticas que considerem a equação composta por sistema e problema, por modelos normativos abstratos e demandas sociais concretas, dentro do contexto de uma hermenêutica crítica.

2. Racionalidade liberal-individualista e racionalidade social-coletivista

Essa problemática toda reflete, em certa medida, a dúvida acerca da possibilidade de realização de uma síntese entre Estado de Direito Liberal e Estado de Direito Social, através do paradigma de Estado Democrático de Direito, o qual, com as ampliações que lhe são peculiares em relação à fusão dos modelos anteriores, encerra, em sua estrutura normativa, esta tentativa de aglutinação. Tal situação é o resultado inevitável da extensão a um conjunto de exigências sustentadas em uma racionalidade jurídica e moral formal, de uma previsão de atuação estatal baseada em critérios de racionalidade e justiça materiais. Pablo Lucas Verdú adverte sobre a relevância de tal problema já que, como bem observa,

> si llegamos a la conclusión de que el Estado del Bienestar social no es reductible a los términos del Estado de Derecho, no sólo no es posible um Estado social de Derecho sino que además, y esto es más grave, parece que desaparece toda posibilidad de fundamentarlo jurídicamente y entonces el Estado del Bienestar Social queda situado extramuros del Derecho.[256]

Essa crise de paradigma que atravessa o Direito e, em especial, o Direito brasileiro, notadamente em função do atraso na construção de uma sólida teoria jurídica com bases na filosofia e na ciência política, é o resultado inexorável das tensões existentes entre a racionalidade formal do Direito Liberal e a material do Direito Social. Esse quadro conflitivo tem dado lugar, em diferentes tradições do pensamento jurídico, filosófico e econômico, a distintas conclusões quanto a possibilidades de solução.

Para Frederic Hayek, autor totalmente identificado com a tradição liberal, este paradoxo consistente na existência normativa concomitante de direitos individuais e não-individuais nos textos constitucionais seria um claro sinal da necessidade de abandonar os programas intervencionistas do Estado Social e retornar ao Estado Liberal.[257]

Com postura teórica semelhante, aparece, na dogmática constitucional alemã, um importante setor encabeçado por Forsthoff que sustentará que o Estado de

---

[256] VERDÚ, Pablo Lucas. La lucha por el Estado de Derecho. In: *Studia Albornotiana*, XX. Madrid: Tecnos/Publicaciones del Real Colegio de España, 1975, p. 117.

[257] HAYEK, Frederic. *Camino de servidumbre*. Traduzido por J. Vergara. Madrid: Alianza, 1978, p. 98.

Direito e o Estado Social não são compatíveis no plano constitucional, já que não se pode estender a Constituição do Estado de Direito até a garantia da previsão da existência, pois a Constituição do Estado Liberal de Direito é uma Constituição de garantias e, posto que somente se pode garantir o que já existe, e não um mero plano ou programa, dita Constituição vincula-se, em grande medida, ao *status quo* social.[258] Está, por isso, indicada, por sua lógica e estrutura, para a garantia da liberdade, para assegurar a certeza da liberdade no marco da lei, fim este que cumpre com perfeição. Assim, o Estado Liberal de Direito se estabelece e se manifesta com o predomínio da lei no sentido da norma geral e abstrata. Essa norma não pode ter qualquer conteúdo senão que o mesmo há de ser concreto, de modo que a norma seja suscetível de aplicação. Isso é possível em relação às limitações que concedem ou reconhecem as liberdades. No caso da previsão da existência, o interesse do indivíduo e, todavia, de caráter oposto. Trata-se de assegurar sua participação nos serviços do Estado. Diferentemente das liberdades, os direitos de participação carecem de um conteúdo constante e suscetível de regulamentação prévia, já que necessitam de modulação e diferenciação segundo o caso concreto. A fixação desse padrão deve ser atribuída à lei e aos atos administrativos que a desenvolvem. O ato de assegurar, para resumir o pensamento de Forsthoff, constitucionalmente esta participação deve fracassar ante a lógica e a estrutura do Estado de Direito.[259]

Com uma postura teórica um pouco mais niilista, Corsale entende que este quadro de tensionamento axiológico composto pela convivência conjunta, num mesmo texto constitucional, de direitos individuais de natureza liberal e direito e interesses não-individuais, com um caráter mais social, encerra um problema sem solução, que não deixa outra saída a não ser o abandono da segurança do Direito como segurança legal sem que, por sua vez, se vislumbre alternativa alguma a esta última, visto ser irrealizável no Estado contemporâneo.[260] As causas de tal diagnóstico devem ser buscadas em certas transformações institucionais irreversíveis, conectadas com a dinâmica real da sociedade contemporânea. Entretanto, diferentemente de Hayek, deixa claro este autor que, ao realizar tais afirmações, não está a propugnar um retorno ao modelo estatal liberal, o que significaria uma saída reacionária. Pelo contrário, considera a existência de uma situação de impasse.[261]

---

[258] Em Bercovici encontra-se uma bem estruturada crítica a Forsthohh. Esse pesquisador da Universidade de São Paulo critica as teses minimizadoras da força normativa da Constituição proposta por não só por Forsthoff, mas também, por exemplo, Burdeau. Para Ernest Forsthoff, Constituição é uma lei, devendo, por essa condição, ser interpretada como tal. Já para George Burdeau, a Constituição , cuja razão de ser é a limitação do poder estatal, é, jurídica e politicamente, criadora de ordem e unidade. Por isso, a natureza da Constituição, para tais autores, é estática, pois se limita a consolidar o resultado de um equilíbrio momentâneo entre as forças políticas de um país. Ver a respeito BERCOVICI, Gilberto. A Constituição Dirigente e a Crise da Teoria da Constituição. In: *Teoria da Constituição*. Rio de Janeiro: Lumen Juris, 2002, p. 106.

[259] FORSTHOFF. E. *El Estado em la sociedade industrial*. Madrid: Instituto de Estúdios Políticos, 1975, p. 124, *Stato di Diritto em transformazione*. Milão: Giuffrè, 1973, p. 195 e ss e Concepto y esencia del Estado Social de Derecho. In: *El Estado Social*. Madrid: Centro de Estudios Constitucionales, 1986, p. 69-115.

[260] CORSALE, M. *Certeza del Diritto e Crisi de Legitimita*. Milão: Giuffrè, 1979, p. 234 e ss.

[261] *Idem*, p. 235.

Elementos de Filosofia Constitucional

Com outra visão deste quadro de tensionamento, Habermas entende que a saída às contradições assinaladas passa por uma relativização do Estado Liberal de Direito ou, ao menos, de seus princípios tão essenciais como a legalidade e a segurança jurídica. Uma relativização que ainda que não alcançaria todos os espaços de intervenção pública far-se-ia efetiva em âmbitos como a gestão da economia, o urbanismo, a proteção do meio ambiente, a atuação frente a emergências ou necessidades especiais dentre outros.[262]

Habermas aprofunda a contradição entre a estrutura formal do Direito liberal e a racionalidade material, característica do Estado Social. Segundo ele, somente a Administração clássica do período liberal pode resolver, de um modo adequado, seus problemas por meio de instrumentos jurídico-normativos. Em sentido contrário, a Administração do *Welfare State*, que se apóia na ampliação dos recursos monetários e do conhecimento, deve distanciar-se do instrumental liberal. A prática administrativa atual mostra tal grau de complexidade e incerteza que o legislador não pode antecipar-se completamente a todas as situações nem, em conseqüência, determiná-las a um nível normativo. O modelo clássico de lei em grande medida desaparece e, junto às leis clássicas, surge um amplo espectro de formas jurídicas: leis especiais, leis temporais experimentais, diretivas de regulação ampla, conceitos jurídicos determinados etc. A isso deve agregar-se a crise de concepção da separação dos poderes e a falta de controles constitucionais sobre a atuação da Administração.[263]

Segundo Habermas, ao assumirem a regulação de esferas cada vez mais complexas da vida social, os legisladores se vêem obrigados a apoiar-se em amplos resultados, em delegações de poder orientadas à consecução de objetivos e em *standarts* jurídicos vagos. Em suma, para esse pensador germânico, um direito desformalizado e para situações específicas oferece a flexibilidade de que as agências da Administração e os tribunais necessitam para tratar com os diferentes problemas próprios do capitalismo atual.[264]

Sustenta ainda Habermas que a deterioração da qualidade formal do Direito e, conseqüentemente, de sua segurança, contribuiu para tornar possível o Estado de Bem-Estar, sem que isso suponha uma perda de legitimidade do Direito. Contrariamente ao que sustenta Weber e o Liberalismo clássico, Habermas, em uma postura claramente procedimentalista, estima que não é a forma semântica das normas jurídicas, mas a sua forma de elaboração, o elemento chave da racionalidade e legitimidade do Estado de Direito, e o que permite falar de uma verdadeira legitimidade através do procedimento.[265]

Mesmo que a Habermas assistam inúmeras razões quanto a diferentes pontos por ele abordados em relação à complexa conjuntura contemporânea consistente

---

[262] HABERMAS, J. *The Structural Transformation of the Public Sphere*. Cambridge: Mit Press, 1989, p. 178
[263] *Idem. Between Facts and Norms*. Cambridge: Polity Press, 1996, p. 431 e ss.
[264] *Idem*. The Structural Transformation of the Public Sphere, p. 225.
[265] *Idem*. Derecho y Moral. In: *Facticidad y Validez* (Sobre el Derecho y el Estado Democrático de Derecho en términos de Teoria del Discurso). Madrid: Trotta, 1998, p. 551.

na coabitação nos textos constitucionais de projetos liberais e sociais simultaneamente, não é possível com ele concordar quando se refere ao fato de que somente a Administração clássica do período liberal pode resolver, de um modo adequado, seus problemas por meio de instrumentos jurídico-normativos. A grande luta que atualmente se ensaia no Brasil consiste no futurível de poder realizar as promessas constitucionais do bem-estar social prometido pela modernidade e ainda não-acontecido, por aqui, pela via do Direito, com a concretização da Constituição em todos os níveis e instâncias pelo Poder Judiciário e pelos diferentes segmentos ativos da sociedade civil.[266]

Por outro lado, mais necessário que o afastamento da Administração do *Welfare State* do instrumental liberal é a mudança do modo de ser dos juristas na utilização de uma boa parte desses instrumentos que precisam ser adequados no processo de aplicação a circunstâncias contemporâneas.

Não há dúvida, pois, de que o funcionamento do Estado Social, através da realização de direitos de caráter não-individual, supõe uma crise de fato de todos os princípios que estruturam juridicamente o Estado Liberal de Direito. Aos espaços regulados por um Direito integrado pelas clássicas leis que adotam a forma de regras muito determinadas e preparadas para sua aplicação por meio da interpretação, acrescentam-se outros elementos, em que a regulação jurídica adota a estrutura de normas indeterminadas, informais e flexíveis, pensadas para reconhecer uma ampla discricionariedade às agências administrativas. Os sistemas jurídicos atuais movem-se em meio a essa complexidade, com uma diversidade de formas normativas, umas respeitosas dos princípios formais e materiais do Liberalismo, outras com a flexibilidade da atuação pública.

Isso tem levado à constituição de correntes teóricas por caminhos diferentes: a) umas, com nítida vinculação liberal, aferram-se à imagem clássica da lei em sentido formal e insistem em subordinar a proteção dos cidadãos à existência de uma estrutura jurídica que proporcione autonomia frente ao poder;[267] b) outras optam por traduzir às categorias de uma dogmática jurídica renovada as mudanças já consolidadas na estrutura da lei, no princípio da legalidade ou no controle da atuação da administração pública.

Defensor dessa segunda posição, K. C. Davis assinala que a tentativa de sujeitar a atuação da Administração ao esquema jurídico do Estado de Direito

---

[266] Alguns outros autores, tal como Habermas, também percebem elementos de incompatibilidade entre as exigências do Estado Liberal de Direito e a distribuição de poderes e tarefas desenvolvidas pelo Estado Social. Dentre eles podem ser arrolados FULLER, L. *The Morality of Law*. 2. ed. New Haven: Yale University Press, 1964 e AUBERT, V. The Rule of Law. In: *In Search of Law*. Oxford: Martin Robertson, 1983, p. 34-57 e The Rule Of Law and the Promotional Function of the Law in the Welfare State. In: TEUBNER G. (org.). *Dilemmas of law in the Welfare State*. Berlim: Walter de Gruyter, 1985, p. 28-39.

[267] Vinculados a esta postura estão autores liberais como Hayek que, como já mencionado anteriormente, propugnam um retorno ao Estado Liberal de Direito. Além dele, podem ser alinhados nesta frente pensadores como Rawls, Nozick e até mesmo liberais igualitários como Dworkin, para quem "a justiça, no fim, é uma questão de direito individual, não isoladamente, uma questão de bem público". Cfe. DWORKIN, Ronald. *Uma questão de princípio*. São Paulo: Martins fontes, 2001, p. 39.

clássico tem provocado o efeito inverso de aumentar, em vez de reduzir, a discricionaridade. Entende esse autor que, no lugar de ficar-se preso a uma imagem do Direito e sua força vinculante, que não faz mais que encobrir os fenômenos reais de deslegalização e discricionaridade administrativa, a saída mais realista é aceitar a sua existência e efetivar o controle por meio de novas estruturas jurídicas.[268] Nessa linha, uma importante corrente da dogmática européia e norte-americana vem insistindo em reservar espaços de poder normativo à Administração com vistas a levar a cabo adequadamente aquilo que, antes de sua projeção plena ao Direito, define o Estado Social: a realização de seus programas. Impõe-se, assim, a recuperação da legitimidade da discricionaridade sem que isso signifique a admissão de uma ação administrativa completamente livre e carente de controle algum, mas reconhecendo, concomitantemente, que não existe o mesmo substrato de desconfiança entre cidadãos e Administração, no qual se sustentava a imagem clássica do princípio da legalidade.[269]

Assim, nesse quadro conflituoso entre individualismo e coletivismo, ou entre racionalidade formal-liberal e material-social, os esforços encaminham-se para uma nova teorização da lei em sentido material e formal. Sob esse enfoque a renovação dos mecanismos de controle e proteção deve refletir o novo modo de entender as relações entre os cidadãos e a Administração no Estado Social e Democrático de Direito. No lugar da antiga visão liberal do indivíduo como alguém que afirma sua independência frente ao Estado, no Estado Social e Democrático de Direito, vê-se uma relação de interdependência entre ambos.[270]

Para acabar com as desconfianças de setores da doutrina constitucional e juspublicistas em relação a possíveis perigos e desvantagens em função do tamanho da discricionaridade que passaram a gozar as agências administrativas para a concretização das gerações de direitos fundamentais vinculados ao *Welfare State*, aposta-se no desenho de um marco normativo, presidido pela obtenção da determinação e pela previsibilidade jurídica. Os defensores dessa alternativa de política jurídica estimam que a qualidade da estrutura do Direito há de jogar um papel muito mais importante no controle da atuação pública e da proteção do cidadão do que o que lhe foi conferido pela dogmática juspublicista no presente século. Essa é a linha seguida, entre outros, por W. Scheurmann e T. Lowi.

Os esforços teóricos de Scheurmann dirigem-se a enfrentar as colocações de Habermas, que vinculam o funcionamento e a viabilidade do Estado do Bem-Estar a uma deterioração da qualidade formal do Direito e, o que é tanto ou mais importante, que ignoram a importância da forma semântica das normas jurídicas como instrumento de controle do poder e garantia da liberdade individual. Scheurmann acredita que o descontentamento existente em relação à atuação da Admi-

---

[268] DAVIS. K. C. *Discretionary Justice*. Connecticut: Greenwood Press Publishers, 1980, p. 27.

[269] PAREJO, L. *Crisis y renovación de Derecho Público*. Madrid: Centro de Estudios constitucionales, 1991, p. 63.

[270] HANDLER, J. Discretion in the Social Welfare: The Uneasy Position in the Rule of Law. In: *The Yale Law Journal*, n. 92. New Haven: Yale University Press, 1983, p. 1276-7.

nistração pública convida ao questionamento acerca de fato de que se o projeto inacabado do *Welfare State,* de maior igualdade social e participação política, é necessariamente incompatível com a "defasada" demanda liberal de um Direito formal, lógico e previsível. Um novo Estado de Direito democrático buscaria, na visão desse autor, tanto a segurança do Direito como uma política de igualdade social extensiva e potencialmente liberadora, sem que, por isso, exista uma burocracia que goze de uma ampla dicricionaridade regulada. Rechaça, com esse posicionamento, a tese conservadora segundo a qual a segurança jurídica somente é realizável em um Estado abertamente burguês, e não, intervencionista. Supõe, também, abandonar a idéia, defendida por uma ala da esquerda, de que o progresso social e econômico somente é alcançável ao preço de um incremento da irregularidade do Direito.[271]

Assim, segundo Scheurmann, não existe uma contradição empírica, como assinalada por Habermas, entre a racionalidade formal e o Estado Social. A origem dessa afirmação se encontra em uma fundamentação que acaba por mostrar-se uma falácia: o capitalismo necessita de previsibilidade; o Direito formal subministra esta previsibilidade e, portanto, há uma relação direta entre Direito formal e capitalismo. Assim, qualquer desafio ao capitalismo deve implicar necessariamente uma deterioração do clássico Direito liberal-individualista. Em vez de considerar-se, empiricamente, a possibilidade de sintetizar o Direito liberal e o *welfare State*, insiste-se na necessidade de optar-se por um ou outro.[272]

Na defesa de um conceito social de Estado de Direito, Scheurmann chama a atenção sobre a importância de a intervenção típica do *Welfare State* não adotar qualquer forma, mas que se auto-restrinja para evitar perigos como a burocratização, o espírito de servilismo, a diminuição de autonomia da sociedade etc. Seu diagnóstico é que, se existe alguma solução para os paradoxos da intervenção estatal atual, ela passa pelo modo de da estrutura jurídica no momento de configurar e organizar o poder político.[273]

Paulatinamente, consolida-se, cada vez mais, o entendimento acerca da inexorabilidade da existência conjunta de princípios e dispositivos normativo-constitucionais que tutelam direitos e interesses que, *a priori,* parecem antagônicos e excludentes. Nesse sentido, Juan Jose González Rus, para quem as estruturas sociais e a intervenção estatal não só não são incompatíveis com um marco jurídico de garantias individuais, como, ao contrário, o requerem, impondo os limites próprios do Estado de Direito Liberal à atividade positiva de ingerência estatal.[274]

---

[271] SCHEURMANN, W. *Between the Norm and the Exception.* The Frankfurt School and the rule of Law. Massachusets: MIT Pres, 1994, p. 210-2.

[272] SCHEURMANN, W. *Between the Norm and the Exception.* The Frankfurt School and the rule of Law, p. 217.

[273] *Idem.* The Rule of Law and the Welfare State: Toward a New Synthesis. In: *Politics and Society,* v. 22, n. 02, jun. 1994.

[274] GONZÁLEZ RUS, J. J. Teoria de la pena y Constitución. In: *Estudios Penales y Criminológicos.* Santiago de Compostela: Servicio de Publicación e Intercambio Científico de la Universidade de Santiago de Compostela, 1984. v. VII, p. 255.

Também apontam para o mesmo caminho as construções de Pérez-Luño, para quem,

> cada generación aparece así aclarada y exigida por la situación humana que la reclamó, pero, al mismo tiempo, descubre su relativa insuficiencia, de la que toma su punto de arranque la generación sucesiva. La nueva generación no es simplemente "otra" que la anterior, sino que, en cierto modo, es también la anterior, porque necesariamente ha debido tenerla en cuenta para completar sus insuficiencias y corregir sus errores. De esta forma evolucionan los derechos humanos en dirección al presente, acumulando el pasado e integrándolo con cada innovación.[275]

Com a mesma orientação está a manifestação de Castillo e Pavajeau, os quais entendem, em análise ao texto da Constituição colombiana de 1991, que a totalidade dos dispositivos desta Carta jurídico-política introduz uma concepção moderna de pessoa, concebida numa perspectiva social, o que significa o abandono do individualismo atomizante do Estado Liberal, mas não implica um novo transpersonalismo, tendo-se em conta que segue sendo a dignidade da pessoa humana o valor principal reconhecido, ao qual se soma a solidariedade e o pluralismo, cumprindo este último um importante papel não só em sua versão política, mas também, social e cultural.[276]

Essa visão integrada entre direitos individuais e direitos não-individuais também está presente no pensamento de Paolo Barile, que entende que não há necessidade de se falar em gerações de direitos fundamentais se, na verdade, bastaria intentar uma interpretação extensiva das gerações anteriores.[277]

Mais proximamente, Ferrajoli sofisticou sobremaneira a teorização acerca dessa aparente contradição entre racionalidade formal e substancial, que caracteriza os ordenamentos jurídicos contemporâneos ocidentais. Os reflexos da complexidade axiológico-normativa, decorrente da evolução das diferentes etapas de constituição do Estado de Direito foram estendidos por Ferrajoli à teoria da validade das leis, conforme já visto anteriormente, bem como em relação a uma concepção de democracia e garantia, vinculadas ao Estado Democrático de Direito.

Ferrajoli, partindo de uma perspectiva substancial dos direitos fundamentais, entende que essa dimensão do Estado de Direito se traduz em uma dimensão substancial da própria democracia. Para ele, a constitucionalização rígida desses direitos serve para injetar uma dimensão substancial não só no Direito, mas também na democracia. Efetivamente, as duas classes de normas sobre a produção de normas que se distinguem – as formais, que condicionam a vigência e as

---

[275] PÉREZ LUÑO, Antonio-Enrique. Derechos Humanos y Constitucionalismo en la Actualidad. In: PÉREZ LUÑO, Antonio-Enrique (coord.). *Derechos Humanos e constitucionalismo ante el tercer milenio*. Madrid: Marcial Pons, 1996, p. 11-51, p. 15.

[276] CASTILLO, Gerardo Barbosa; PAVAJEAU, Carlos Arturo Gómez. *Bien Jurídico y Derechos Fundamentales*. Sobre um conceito de bien jurídico para Colombia. Bogotá: Universidad Externado de Colombia, 1996, p. 40.

[277] BARILE, Paolo. Garanzie costituzionali e diritti fondamentali: un'introduzione. In: MIRANDA, Jorge (org.). *Perspectivas Constitucionais nos 20 anos da Constituição de 1976*. Coimbra: Coimbra, 1997. v. II, p. 138.

substanciais, que condicionam a validade – garantem outras tantas dimensões da democracia: a) a dimensão formal da democracia política, que faz referência ao *quem* e ao *como* das decisões, e que se acha garantida pelas normas formais que disciplinam as formas das decisões assegurando com elas a expressão da vontade da maioria; b) e a dimensão material, que bem se poderia chamar democracia substancial, posto que se refere ao *que* é que não pode ser decidido ou deve ser decidido por qualquer maioria e que está garantido pelas normas substanciais, que regulam a substância ou o significado das mesmas decisões, vinculando-as, sob pena de invalidade, aos direitos fundamentais e aos demais princípios axiológicos estabelecidos constitucionalmente.[278]

De outra parte, relativamente a uma teoria da garantia dos direitos fundamentais, o pensador da Universidade de Camerino entende que os vícios da incoerência e da falta de plenitude ainda que são irredutíveis mais além de certos limites, dentro desses são redutíveis mediante as adequadas garantias. Nessa, esteira, as garantias não são outra coisa do que as técnicas previstas pelo ordenamento para reduzir a distância estrutural entre normatividade e efetividade, e, portanto, para possibilitar a máxima eficácia dos direitos fundamentais em coerência com sua estipulação constitucional. Por isso, refletem a diversa estrutura dos direitos fundamentais para cuja tutela ou satisfação foram previstas: *as garantias liberais*, ao estarem dirigidas a assegurar a tutela dos direitos de liberdade, consistem essencialmente em técnicas de invalidação ou anulação dos atos proibidos que as violam; *as garantias sociais*, orientadas como estão a assegurar a tutela dos direitos sociais, consistem, de maneira diversa, em técnicas de coerção e/ou de sanção contra a omissão das medidas obrigatórias, que as satisfazem.[279]

Fica claro, conforme o exposto, que, na construção teórica de Ferrajoli, está efetivamente presente toda a problemática que envolve complexamente essa aparente contradição excludente entre individualismo e coletivismo, entre racionalidade formal e substancial, entre substancialismo e procedimentalismo, entre o modelo liberal e o social. Diga-se, aparente, pois mais uma vez ratifica-se a possibilidade de convivência e efetividade de valores, princípios e valores de natureza e função política tão diversas.

Há, sem dúvida alguma, um amplo espectro de alternativas no quadro axiológico-normativo do Estado Democrático de Direito brasileiro, independentemente de todas estarem sob a condição *sine qua non* do respeito aos direitos e deveres atribuídos aos indivíduos e às diversas categorias não-individuais, seja pela tutela através dos preceitos constitucionais, seja pela proteção instrumentalizada pelos imperativos do processo legislativo, exercido em conformidade e sintonia com os limites e horizontes que a Carta Magna traça para o ordenamento jurídico do País.

Não ocorre hesitação em afirmar que as diretrizes gerais de ação política, previstas, por exemplo, nos artigos 1º e 3º do Estatuto Fundamental, encerram

---

[278] FERRAJOLI. Luigi. *Derechos y Garantías*. Madrid: Trotta, 1999, p. 23.
[279] FERRAJOLI. Luigi. *Derechos y Garantías*, p. 25.

possibilidades hermenêuticas divergentes, abrindo-se um leque de opções, em alguns casos até mesmo antagônicas, que, de uma ou outra forma, podem, aparentemente, o que constitui um paradoxo, estar formalmente de acordo com os valores indicados no texto constitucional.

Qualquer tentativa de determinação uníssona das diretrizes ideológicas da Constituição de 1988 manifesta-se como uma dura tarefa, recheada de conflitos e divergências. Entretanto, mesmo diante de uma gama de possibilidades hermenêuticas que se afiguram como possíveis a partir da Constituição, especialmente se forem tomados, como ponto inicial de análise, os dispositivos concernentes à ordem econômica e todas as conseqüências daí decorrentes, particularmente no que tange à realização dos direitos sociais, e forem considerados também uma série de vicissitudes que ainda maculam historicamente o pensamento jurídico brasileiro, algumas certezas estão consolidadas. A principal, entre outras, diz respeito ao fato de que a Carta Magna de 1988 não mais consagra, diferentemente das Constituições anteriores, o Liberalismo infenso à justiça social, mas sim, na pior da hipóteses, um social-Liberalismo, segundo o qual o Estado também atua como agente normativo e regulador da atividade econômica.

3. O multiculturalismo e as demandas constitucionais de última geração

3.1. MULTICULTURALISMO E IGUAL DIGNIDADE PELA DIFERENÇA

A visão de mundo acerca da estruturação social hegemonizada na Idade Média caracterizou-se fundamentalmente pela compreensão de que a teia social tinha, formalmente, seus lugares marcados, o que evidenciava a predominância principiológica, nas relações sociais, do princípio da desigualdade. Este paradigma tinha como motivo de fundo uma rede de privilégios estabelecidos a partir de articulações estabelecidas no âmbito de relações privadas.

Com o advento das construções filosóficas, políticas e jurídicas que marcaram os acontecimentos do liberalismo e do iluminismo, bem como a sucessão dos eventos revolucionários que marcaram profundamente o século XVIII, o princípio da igualdade, consagrado no plano teórico e projetado significativamente nas construções institucionais que possibilitaram a ruptura com o paradigma medieval, tornou-se um elemento fulcral de todo o imaginário ocidental moderno. A idéia de igualdade demandou a criação do espaço público para o desenvolvimento das relações sociais como forma de eliminação de alguma parte dos privilégios medievais. A cidadania moderna só foi possível no âmbito público.

Aproximadamente duzentos anos foram percorridos na história da humanidade, com a hegemonia, na cultura filosófico-político-jurídica ocidental, da idéia de igualdade, sendo ela um dos principais elementos geradores das instituições políticas e jurídicas que orientaram e normatizaram as ações sociais ao longo deste lapso histórico. Entretanto, tal idéia sempre esteve muito mais vinculada aos cânones filosófico-político-liberais do que a qualquer outro. Tivemos, assim, ao longo da modernidade, o predomínio de um igualdade formal, onde reconheceu-se muito mais a necessidade de todos participarem igualitariamente da vida política do que propriamente um reconhecimento acerca da necessidade de todos sermos considerados iguais apesar de pertencermos a grupos, comunidades ou outras culturas ou nações diversas.

Também a formação dos chamados Estados-nação, a partir das aglutinações absolutistas que precederam os surgimentos dos modelos estatais que constituem o paradigma moderno, reforçaram a idéia da necessidade de efetivação definitiva da igualdade formal, tendo como uma de suas conseqüências o sufocamento de culturas e grupos minoritários que habitavam partes dos territórios sobre os quais consolidaram-se os Estados nacionais. Houve com a formação dos Estados modernos um movimento geopolítico para evitar a desunião, a divisão e a fragmentação social, de forma a afastar qualquer possibilidade de falta de coesão e unidade de objetivos nacionais. Assim criaram-se "artificialmente" culturas nacionais homogeneizadoras que desprezaram completamente as diferenças de grupos que muitas vezes estavam e estão presentes na composição de Estados "nacionais".

Por outro lado, não podemos esquecer que os princípios do liberalismo e do iluminismo, construídos como culturas políticas e jurídicas localizadas, e instrumentalizadas para solucionar problemas locais europeus relativos ao exercício do poder, desprenderam-se de seus micorcosmos e universalizaram-se a partir de uma construção mítica de neutralidade. Com isto ocorreram historicamente reduções eurocêntricas de termos fundamentais como cultura, justiça, direito, cidadania e democracia, aparentemente inclusivas, mas que, na verdade, constituíram-se como altamente excludentes, especialmente ao estrangularem e até mesmo liquidarem outras culturas locais.

A partir da década de sessenta do século passado, com a agudização das lutas políticas de diferentes grupos que compunham as sociedades multifacetadas de países do norte, as ciências sociais passaram a teorizar acerca de tal complexidade, surgindo o que hoje se socializa como multiculturalismo. Há, para ser mais objetivo, reações culturais, comportamentais, políticas e filosóficas voltadas a propor noções mais inclusivas e, simultaneamente, respeitadoras da diferença de concepções alternativas da dignidade humana.

Sobre este cenário histórico acontecido nas últimas décadas do século passado, Boaventura de Sousa Santos, analisando-o sob o viés da separação e hegemonia dos países do Norte e do Sul do planeta, refere que "No período pós-colonial e no quadro dos processos de globalização das últimas décadas do século XX, com o aumento e o aprofundamento das desigualdades tanto no Norte quanto no Sul, a mobilidade crescente das populações do Sul, especialmente em direção ao Norte, e a diversificação étnica crescente das populações residentes nos países do Norte, a distinção entre os dois tipos de sociedades tornou-se cada vez mais difícil de manter".[280]

Dessa situação decorreu, segundo o sociólogo português, a partir da década de 1980, que as abordagens das ciências humanas e sociais convergiram para o campo transdisciplinar dos estudos culturais para pensar a cultura como um

---

[280] SANTOS, Boaventura de Sousa. Introdução: para ampliar o cânone do reconhecimento, da diferença e da igualdade. In: SANTOS, Boaventura de Sousa (org.). *Reconhecer para libertar. Os caminhos do cosmopolitismo multicultural*. Rio de Janeiro: Civilização Brasileira, 2003, p. 28.

fenômeno associado a repertórios de sentido ou de significado partilhados pelos membros de uma sociedade, mas também associado à diferenciação e hierarquização, no quadro de sociedades nacionais, de contextos locais ou de espaços transnacionais. A cultura, segundo ele, tornou-se, assim, um conceito estratégico central para a definição de identidades e de alteridades no mundo contemporâneo, um recurso para a afirmação da diferença e da exigência do seu reconhecimento e um campo de lutas e de contradições.[281]

Os teóricos do multiculturalismo, bem observa Nay, são às vezes confundidos com os filósofos comunitarianos. Alguns como Michael Walzer ou Charles Taylor, são, segundo a leitura de suas obras, classificados ora como comunitaristas, oras como multiculturalistas.[282] Tal zona de interseção pode ser creditada ao fato de que tanto comunitaristas quanto multiculturalistas pretendem que as comunidades concretas organizadas, consideradas como lugares essenciais onde se operam as trocas, a comunicação e a solidariedade da vida social, desempenham um papel determinante. Também convergem comunitarismo e multiculturalismo na contestação da vida abstrata do indivíduo proposta pela filosofia moderna. Se aproximam, da mesma forma, ao levarem em conta o papel das heranças (normativas, axiológicas, culturais etc.) na construção dos laços sociais, mas também no desenvolvimento da pessoa humana.

Entretanto, como destaca Nay, uma diferença importante separa as duas abordagens. Enquanto os comunitarianos se regozijam de uma condenação definitiva dos desvios individualistas do liberalismo, os adeptos do multiculturalismo não questionam absolutamente a herança liberal. Os principais pensadores do comunitarismo (Taylor, Kymlicka, Walzer) procuram conciliar os princípios fundamentais da sociedade norte-americana, como a liberdade individual e a igualdade de oportunidades, com o necessário reconhecimento da diversidade das culturas. Ademais, para eles não se trata de fazer a política descansar na busca de um "bem" fundado sobre valores morais partilhados, mas reconhecer "direitos" que protegem identidades sociais e culturais bem reais. Como defensores do pluralismo social, sustentam também o princípio de uma relatividade de valores. A abordagem multiculturalista é essencialmente pragmática ao pretender integrar a questão das pertenças culturais na reflexão geral sobre os direitos em democracia. A principal pretensão do multiculturalismo é por em prática uma nova organização social respeitosa de todas as comunidades culturais.[283]

Há, longe de qualquer dúvida, uma séria redefinição do conceito de igualdade, na medida em que se busca, pelas pretensões multiculturalistas, uma concepção de igualdade na diferença, ou seja, uma igual dignidade em sermos reconhecidos como

---

[281] SANTOS, Boaventura de Sousa, *Introdução: para ampliar o cânone do reconhecimento, da diferença e da igualdade*, p. 28.
[282] NAY, Olivier. *História das Idéias Políticas*, p. 515. Taylor, por exemplo, pode ser classificado como comunitaristas pelo teor de suas obra "AS fontes do self" ou multiculturalista se lermos "El multiculturalismo y las políticas de reconocimiento".
[283] *Idem*, p. 515-516.

diferentes.[284] Neste sentido é que Boaventura fala que as versões emancipatórias do multiculturalismo baseiam-se no reconhecimento da diferença e do direito à diferença e da coexistência ou construção de uma vida em comum além de diferenças de vários tipos.[285] Ou seja, devemos ser tratados igualmente em nossas diferenças.

Estas concepções emancipatórias de multiculturalismo geralmente estão ligadas, como notaram Edward Said e James Clifford, a "espaços sobrepostos" e "histórias entrelaçadas", produtos das dinâmicas imperialistas, coloniais e pós-coloniais que puseram em confronto metrópoles e territórios dominados e que criaram as condições históricas de diásporas e outras formas de mobilidade.[286] E esta idéia de movimento, de articulação de diferenças, de emergência de configurações culturais baseadas em contribuições de experiências e de histórias distintas tem levado, segundo Boaventura, a explorar as possibilidades emancipatórias do multiculturalismo, alimentando os debates e iniciativas sobre novas definições de direitos, de identidades, de justiça e de cidadania.[287]

Essa rediscussão e o conseqüente redimensionamento do princípio da igualdade, agora tratado, na perspectiva do multiculturalismo, como igualdade na diferença, traz consigo todo uma reestruturação significativa acerca do debate sobre direitos humanos, sobre a sua eurocentricidade e sobre as possibilidades de esses direitos poderem ser concebidos em termos multiculturais, sobre novas concepções de cidadania, de uma cidadania cosmopolita baseada no reconhecimento da diferença e na criação de políticas sociais voltadas para a redução das desigualdades, para a redistribuição de recursos e para a inclusão. Essa nova cidadania requer a invenção de processos dialógicos e diatópicos de construção de novos modos de intervenção política.[288]

Esses novos modos de intervenção política tem gerado sensações de estranhamento e angústia naqueles que vislumbram unicamente as formas tradicionais de intervenção da modernidade. Assim, por exemplo, as ações afirmativas, originárias do direito americano. Em tais tipos de ações processuais há uma concepção de fundo baseada numa compreensão diacrônica de igualdade, da qual decorre toda uma intervenção estatal no sentido de reequalizar situações históricas de desigualdade, geradas por processos de dominação imperialista que, por uma dinâmica natural do mercado, jamais seriam rearticuladas. Tais formas de intervenção estatal têm causado uma profunda irritação a todo um conjunto de mecanismos de estabilização de um sistema de significados que dura mais de duzentos anos.

---

[284] Vera respeito TAYLOR, Charles, "El multiculturalismo y las políticas de reconocimiento".

[285] SANTOS, Boaventura de Sousa, *Introdução: para ampliar o cânone do reconhecimento, da diferença e da igualdade*, p. 33.

[286] Ver a respeito CLIFFORD, James. *Routes and Translation in the Late Twentieth Century*. Cambridge: Harvard University Press, 1997 e SAID, Edward W. *Culture and Imperialism*. Londres: Vintage, 1994.

[287] SANTOS, Boaventura de Sousa, *Introdução: para ampliar o cânone do reconhecimento, da diferença e da igualdade*, p. 33.

[288] *Idem*, p. 34.

Em termos constitucionais, o que tem ocorrido é a positivação de uma série de novos direitos, erigidos à categoria de direitos fundamentais e que, em muitos casos têm não só colidido com a principiologia político-jurídica liberal, mas, no âmbito procedimental, exigido novas fórmulas de efetivação que em nada se parecem ou muito pouco podem aproveitar das fórmulas processuais do direito da modernidade.

3.2. MULTICULTURALISMO E DEMOCRACIA

Por outro lado, também a idéia de democracia dominante a longo dos mais de dois séculos de modernidade passou a sofrer uma série de questionamentos, especialmente a partir de uma alteração de percepção social desencadeada pelas lutas sociais de minorias realizadas a partir da década de sessenta do século passado. Durante a maior parte da modernidade a idéia de democracia esteve praticamente arraigada à concepção de regra da maioria. As minorias que desejassem participar da vida democrática de algum país ocidental, cujo modelo de participação política fosse de democracia liberal, deveriam adaptar-se aceitando as regras de um suposto esquema formal de neutralidade e de igualdade. As democracias liberais sempre tiveram a pretensão de impor às minorias que delas participavam um esquema de conformidade a uma cultura hegemônica.

Também não podemos deixar de anotar que a democracia nas "nações cívicas liberais", utilizando uma nomenclatura de Kymlicka, implicou, durante muito tempo, um divórcio entre o Estado e opções materiais que fugissem do padrão comportamental e étnico dominantes. Em outras palavras, supostamente os Estados ditos "cívicos liberais" eram neutros em relação à língua, à história, à literatura, ao calendário etc. Com isso tentou-se justificar a adoção de um modelo democrático neutro, onde a igualdade viria a ser o elemento fundante de justificação, e onde todos teriam, em tese, as mesmas possibilidades.

Entretanto, isto se constitui numa enorme falácia. Mesmo os países "cívicos liberais" adotaram uma postura parcializada em relação a inúmeros aspectos materiais da vida de seus cidadãos. A começar pela Inglaterra, que em seu processo de colonização sempre buscou a propagação da língua e da cultura anglo-saxônica. Da mesma forma a França e a Espanha. O que dizer, por exemplo do que aconteceu nas Américas, senão que praticamente exterminaram-se culturas locais para dar espaço à cultura das metrópoles.

Entretanto, contemporaneamente, o que se observa é a existência de sociedades cada vez mais multinacionais, com configurações caleidoscópicas, onde grupos minoritários, sob os mais diversos aspectos, convivem ao lado de núcleos étnicos, culturais e socioeconômicos dominantes. Culturas locais estranguladas voltam cada vez mais a respirar; grupos étnicos imigrantes buscam cada vez mais a manutenção de sua pertença cultural mesmo habitando Estados com uma cultura dominante; grupos comportamentais diversos da maioria consolidam suas posições políticas, suas opções, seus hábitos, mesmo diante de imensas dificuldades impostas por grupos hegemônicos.

Com a ciência de tal realidade sociológica e antropologicamente demonstrada, temos que considerar que se a concepção liberal de democracia ainda possui uma série de elementos conceituais ativos em nossas sociedades contemporâneas, especialmente em relação aos direitos de participação política e à necessidade de proteção de uma enorme gama de direitos individuais, por outro lado, há um leque bastante significativo de outros elementos que merece um novo posicionamento ou uma ampliação, especialmente por força das novas demandas colocadas em cena pelo multiculturalismo.

Não estamos aqui a dizer que o multiculturalismo esteja em franca oposição aos princípios que embasam a democracia liberal. Em muitos aspectos ele até mesmo busca aprofundar algumas visões de mundo liberais, notadamente quando evocamos a idéia totalmente liberal de tolerância. Os autores multiculturalistas, indistintamente – e talvez este seja um forte ponto de agregação desta nova vertente de pensamento e pesquisa –, entendem que toda comunidade cultural tem um direito fundamental a existir e exprimir-se livremente. A questão essencial, segundo eles, a qual deve ater-se a filosofia política moderna é a da tolerância para com as particularidades sociais e culturais. Assim, há nesta perspectiva uma permanência da tolerância em seu viés liberal, no sentido de garantir aos indivíduos o seu direito à liberdade, mas também um alargamento desta noção significando a possibilidade de construção da dignidade pelo reconhecimento da situação concreta dos indivíduos no mundo, com suas crenças, valores e identidade social e cultural.

O modelo clássico da cidadania liberal não conseguiu proteger a dignidade das culturas, dos comportamentos minoritários diferentes, dos grupos étnicos sufocados por processos de dominação. Este *standart* cívico, apoiado na também clássica dicotomia público/privado, ao exigir a participação dos indivíduos no espaço político (público), dota-os de direitos e deveres idênticos. A fim de não reproduzir as desigualdades da vida privada, os cidadãos devem aprender a viver em condições de igualdade estrita, sendo cada um neutro em suas relações com outros. Há no modelo clássico de cidadania, como resquício da formação dos Estados nacionais em torno de uma nação cultural, uma tendência de uniformização, voltada a evitar qualquer espécie de particularidade ligada a uma pertença social, filosófica, religiosa, étnica, lingüística ou comportamental. Filosofias orientais são bastante questionadas como tal pelas filosofias ocidentais; novas religiões, como os *new* evangélicos, são largamente contestadas por religiões tradicionais, especialmente pela igreja católica; povos e etnias de países colonizados e explorados por nações altamente desenvolvidas e predadoras são hoje rechaçados/segregados nos territórios dos colonizadores; minorias culturais estão vendo suas línguas serem tragadas por idiomas de povos dominadores como ingleses e espanhóis; minorias comportamentais sofrem profundas discriminações sociais e profissionais, como, por exemplo, os homossexuais, ou, então, de forma mais violenta, são punidos criminalmente como os consumidores de substâncias psicoativas consideradas ilícitas.

Ora, tudo isto representa a mais contundente manifestação de uma visão de mundo, de um paradigma homogeneizador, que, nos dias atuais, contraria qualquer perspectiva democrática em seu sentido substancial. A democracia do século XXI é uma construção política permanente que deve potencializar as mais diversas possibilidades de reivindicações políticas em favor do pluralismo cultural e comportamental.

Não podemos mais falar em fidelidade prioritária à nação, como pretendem as nações étnicas antiliberais, ou em amassamento étnico dentro de democracias liberais "neutras". Haveremos neste novo século de falar em nações multiétnicas, em proteger as pequenas nações que vivem em sociedades multinacionais, em resgatar direitos de nações avassaladas nos processos históricos de dominação realizados por povos que em determinados momentos souberam garantir uma hegemonia militar internacional. A democracia na perspectiva multicultural está assentada numa idéia de "diferencialismo igualitário", onde o reconhecimento das diferenças é posto ao serviço da proteção igual de todas as comunidades

As lutas e as reflexões democráticas da pós-modernidade, do pós-colonialismo, são batalhas e investigações multiculturais voltadas a desfazer processos de dominação e de hegemonização cultural. São lutas e reflexões contra as reduções eurocêntricas de noções de cultura, justiça, direito e cidadania. E tais embates, tanto no campo da política real quanto no âmbito acadêmico tem gerado tensionamentos pela exigência de reconhecimento da diferença como forma de realização da igualdade.

Esses tensionamentos têm sido objeto da reflexão na esfera do direito constitucional e têm se transferido pragmaticamente para as Cartas Políticas e para os espaços normativos infraconstitucionais de países que adotam o constitucionalismo como modelo de organização social, política, jurídica e administrativa.

3.3. CHARLES TAYLOR E A SUPERAÇÃO DA DIGNIDADE IGUALITÁRIA PELA POLÍTICA DA DIFERENÇA

Charles Taylor, juntamente com Michael Walzer e Wiil Kymlicka, são, sem dúvida alguma, três dos maiores nomes da filosofia contemporânea, que têm se dedicado ao problema da diferença. Ainda que estabeleça uma consistente crítica ao indivíduo atomizado e desprendido do liberalismo, ao insistir na necessidade de considerar o homem como um "ser moral" e um "sujeito social" incapaz de perseguir a felicidade fora de sua comunidade cultural, o que ele constrói a partir de uma releitura do pensamento hegeliano sobre a moral, Taylor não rejeita completamente o individualismo liberal e até mesmo adere ao projeto moderno de emancipação do sujeito. O que ele busca, como bem demonstra Nay é simplesmente revelar os limites do modelo liberal e mostrar a necessidade de completá-lo por um projeto social aberto para a pluralidade de culturas.[289] Taylor de afasta ds controvérsias políticas sobre o nacionalismo, o feminismo e o multiculturalismo para oferecernos uma perspectiva filosófica historicamente informada sobre o que está em jogo na exigência que fazem muitos para que sua identidade particular obtenha o reconhecimento das instituições públicas.

Em sua obra "El multiculturalismo y la política del reconocimiento", Taylor destaca as dificuldades que há na engenhosa tentativa de Rousseau e de seus seguidores por satisfazer a necessidade universal de reconhecimento público, convertendo a igualdade humana em identidade. A crítica vai no sentido de que a política rousseauniana de reconhecimento desconfia de toda diferenciação social e por sua vez é sensível às tendências homogeneizantes de uma política do bem comum, na qual este reflete a identidade universal de todos os cidadãos. Neste sentido, para Gutmann, reforçando as idéias de Taylor, as democracias liberais não podem considerar a cidadania como uma identidade universal geral, porque: 1) cada pessoa é única, é um indivíduo criativo e criador de si mesmo, como o reconheceram John Stuart Mill e Ralph Waldo Emerson; 2) as pessoas também são "transmissoras da cultura", e as culturas que transmitem diferem de acordo com suas identificações passadas e presente. A concepção única, autocriadora e criativa dos seres humanos não deve confundir-se com um quadro de indivíduos "atomistas" que criam sua identidade de novo e buscam seus próprios fins aparte dos demais. Parte da unicidade das pessoas resulta do modo em que integram, refletem e modificam sua própria herança cultural e a daqueles com quem entram em contato.[290]

Para Taylor, ainda quando se debruça sobre a obra de Rousseau, foi o pensador genebrino um dos iniciadores do discurso do reconhecimento, não porque ele empregara este termo, mas porque dói ele quem iniciou a estruturar teoricamente a importância do respeito igualitário e, em realidade, o considerou indispensável para a liberdade. Assim, para Taylor, Rousseau se encontra na origem de um novo discurso acerca da honra e da dignidade, e na perspectiva rousseauniana a luta pelo reconhecimento só pode encontrar uma solução satisfatória no regime de reconhecimento recíproco entre iguais.[291] Mas se Taylor reconhece o início das investigações sobre o problema da dignidade igualitária em Rousseau, a ele também dirige uma crítica bem pontuada. No pensamento rousseauniano a igualdade da estimação requer uma densa unidade de propósito que parece incompatível com qualquer diferenciação. Segundo Rousseau, a chave para um Estado livre parece

---

[289] Ver a respeito NAY, Olivier, *História das Idéias Políticas*, p. 519.
[290] GUTMANN, Amy. Introdução. In: TAYLOR, Charles. *El multiculturalismo e la política Del reconocimiento*. México D.F: Fondo de Cultura Económica, 2001. p. 18.
[291] TAYLOR, Charles, *El multiculturalismo e la política del reconocimiento*, p.75-76.

ser a rigorosa exclusão de toda diferenciação róis. E na sua construção teórica, três coisas parecem inseparáveis, anota Taylor: liberdade (não dominação), ausência de róis diferenciados e um propósito comum compacto. Assim, no pensamento rousseauniano, todos devemos depender da vontade geral para que não surjam formas bilaterais de dependência. Esta. Segundo Taylor, foi a fórmula para as formas mais terríveis de tirania homogeneizante.[292]

Partindo deste entendimento acerca da perniciosidade da vontade geral rousseauniana para qualquer construção ou pretensão política que vise proteger a diferença, Taylor parte de um ponto crucial em seu pensamento: a formação da identidade, para, posteriormente, trabalhar algumas questões envolvendo o reconhecimento e qual a melhor fórmula, nas sociedades contemporâneas, de conformar a proteção da diferença dentro de regimes democráticos.

Ao longo de suas obras, Taylor constrói uma reflexão sobre a construção da identidade. Para ele, esta última está no centro da consciência moderna. Ela é, portanto, uma das condições essenciais do desenvolvimento individual e, por conseguinte, da liberdade. Neste ponto, o filósofo canadense mostra a que a identidade implica um duplo processo de auto-realização: de um lado, a descoberta do "eu", quer dizer, a capacidade do indivíduo conceber a sua própria subjetividade; de outro lado, o reconhecimento de si na relação ao outro, quer dizer, a aptidão do indivíduo situar-se no meio ambiente social que lhe é dado. A realização concreta da liberdade implica em considerar esta dupla subjetividade. Ela descansa na consciência plena que o homem tem de ser Le mesmo – o que Rousseau chama de "o sentimento da existência".[293]

A tese exposta por Taylor é que nossa identidade se molda em parte pelo reconhecimento ou pela falta deste; freqüentemente, também, pelo falso reconhecimento de outros.[294] Para este pensador, o reconhecimento devido não só é uma cortesia que devemos aos demais: é uma necessidade humana vital.

Duas mudanças, segundo Taylor, fizeram, em conjunto, inevitável a moderna preocupação pela identidade e pelo reconhecimento. A primeira foi o desmonte das hierarquias sociais que costumavam ser a base da honra, termo ligado ao antigo regime e intrinsicamente vinculado ao problema da desigualdade. Contra este conceito de honra, a modernidade cunhou o conceito de dignidade, que hoje se emprega em um sentido universalista e igualitário quando falamos da "inerente dignidade dos seres humanos". Este conceito, para Taylor, é o único compatível com uma sociedade democrática. A segunda mudança incidiu diretamente sobre a importância e a intensificação do reconhecimento e consistiu na nova interpretação da identidade individual, surgida ao final do século XVIII.[295] Com esta segunda mudança, que Taylor qualifica como um giro subjetivo, como um deslo-

---

[292] TAYLOR, Charles, *El multiculturalismo y la política del reconocimiento*, p. 77.
[293] *Idem*, p. 49.
[294] *Idem*, p. 43.
[295] *Idem*, p. 46-47.

camento do acento moral, passamos a falar de uma identidade individualizada, da identidade como um ideal de autenticidade.

A caracterização do desenvolvimento dessa concepção de identidade como ideal de autenticidade consiste em poder localizar o ponto de partida no conceito de que todos os seres humanos foram dotados de um sentido moral, um sentido intuitivo do que é bom e do que é mal. Assim, o deslocamento do acento moral surge quando estar em contato com nossos sentimentos adota uma significação moral independente e decisiva. Para ser com plenitude, não precisávamos mais estar em contato com alguma fonte transcedental, mas sim com o mais profundo de nós mesmos.[296]

A compreensão da íntima conexão que existe entre a identidade e o reconhecimento exige, segundo Taylor, que tenhamos que tomar em conta um traço decisivo da condição humana: o seu caráter fundamentalmente dialógico. Compreendemos a nós mesmos e portanto somos capazes de definir nossa identidade por meio de nossa aquisição de enriquecedoras linguagens humanas para expressarmo-nos. Dessa forma, sempre definimos nossa identidade em diálogo com as coisas que nossos outros significantes desejam ver em nós, e às vezes, em luta com elas. Assim, não há como evitar dizer que Taylor define a identidade como sendo quem somos, de onde viemos. Nossa identidade depende, de forma crucial, de nossas relações dialógicas com os demais.[297]

Se em épocas passadas o reconhecimento nunca representou um problema, dado que o reconhecimento geral estava integrado na identidade socialmente derivada, em virtude do fato mesmo de se baseava numa sociedade de lugares marcados, de onde provinha a honra que demandava reconhecimento, para a identidade moderna, pessoal e internamente derivada, passou a ser um problema, visto que não havia um reconhecimento *a priori*. Este deveria ser ganho por meio de um intercâmbio, e este intento poderia fracassar. Nesse sentido, para Taylor o que surgiu com época moderna não é a necessidade de reconhecimento, mas a ponderação das condições em que a entativa de ser reconhecido pode fracassar.[298]

Hoje bem sabemos que a importância do reconhecimento é universalmente reconhecida em uma ou outra forma, tanto no plano íntimo quanto no plano social. Particularmente no plano social, a interpretação de que a identidade se constitui em um diálogo aberto, que não se forme por modelos sociais pré-definidos, fez com que a política de reconhecimento igualitário ocupe um lugar mais importante e de maior peso. E especial destaque, neste caminho histórico, ganhou a preocupação acercada projeção sobre outro de uma imagem inferior ou humilhante, o que pode ela acarretar, deformando ou oprimindo até o grau em que essa imagem seja internalizada.

---

[296] TAYLOR, Charles, *El multiculturalismo y la política del reconocimiento*, p. 48.
[297] *Idem*, p. 55.
[298] *Idem*, p.56.

Com esta percepção, Taylor constrói um discurso acerca do reconhecimento, centrando sua atenção no nível da esfera pública em que se dá esse problema. Para este autor, o discurso do reconhecimento igualitário deu-se, historicamente, em dois níveis, chegando a significar duas coisas completamente distintas, relacionadas com duas mudanças fundamentais. A primeira, com o trânsito da honra para a dignidade como justificação do reconhecimento, sobreveio a política do universalismo que sublinha a igual dignidade de todos os cidadãos, e o conteúdo desta política foi a equalização dos direitos e dos títulos. É a concepção formal moderna da igualdade, cuja principal fórmula jurídica veio a ser o inquestionável princípio de que "todos são iguais perante a lei". O segundo câmbio e, conseqüentemente, o segundo significado do reconhecimento, veio com o desenvolvimento do conceito moderno de identidade, o qual fez surgir a política da diferença que, segundo ele, também possui uma base universalista. E este é o ponto diferenciador do que hoje podemos chamar de filosofia do multiculturalismo. Em ambas, tanto na política da dignidade igualitária quanto na política da diferença, cada um deve ser reconhecido por sua identidade única. Entretanto, as semelhanças para aqui. Com a política da dignidade igualitária o que se etabelece pretende ser universalmente o mesmo, uma gama de direitos e imunidades; com a política da diferença o que pedimos que seja reconhecido é a identidade única deste indivíduo ou deste grupo, o fato que de que é distinto dos demais. Com a política da diferença o que é exigido é que demos reconhecimento e *status* a algo que não é universalmente compartilhado. Ou, em outras palavras, somente concedemos reconhecimento ao que está universalmente presente – cada um tem uma identidade – mediante o reconhecimento do que é peculiar em cada um. A demanda universal, segundo Taylor, impele a um reconhecimento da especificidade. Neste perspectiva, a política da diferença brota organicamente da política da dignidade universal por meio de um desses giros com os quais desde tempos atrás estamos familiarizados, e neles uma nova interpretação da condição social humana imprime um significado radicalmente novo a um princípio velho.[299]

Assim, hoje surgem conflitos similares em torno da política da diferença. Enquanto que a política da dignidade universal lutava por formas de não discriminação inteiramente cegas aos modos em que diferem os cidadãos, em câmbio a política da diferença freqüentemente redefine a não discriminação exigindo que façamos destas distinções a base do tratamento diferencial.[300]

Assim, o que vemos é que estes dois modos de política que compartilham o conceito básico de igualdade de respeito entram em conflito. Para um, o princípio do respeito igualitário exige que tratemos as pessoas em uma forma cega à diferença. A intuição fundamental de os seres humanos merecem este respeito se centra no que é igual para todos. Para o outro, havemos de reconhecer e ainda fomentar a particularidade. A crítica que o primeiro faz ao segundo, de acordo com

---
[299] TAYLOR, Charles, *El multiculturalismo e la política del reconocimiento*, p. 62.
[300] *Idem, ibidem.*

Taylor, é justamente que viola o princípio da não discriminação. A crítica que o segundo faz ao primeiro é que nega a identidade quando constringe às pessoas para introduzir-las em um molde homogêneo que não lhes pertence.

O que precisa ficar claro, e nisto o multiculturalismo está coberto de razão, é que esse conjunto de princípios cegos à diferença – supostamente neutro –, da política da dignidade igualitária é, em realidade, o reflexo de uma cultura hegemônica, pois o que resulta é que somente culturas minoritárias ou suprimidas são constrangidas a assumir uma forma que lhes é alheia.

Também não podemos olvidar que o liberalismo, berço cultural da concepção de dignidade igualitária, é ele próprio uma cultura particular, com origem européia e com uma função histórica bem marcada, qual seja, a necessidade de superação de um modelo social e de uma visão de mundo onde o reconhecimento esta vinculado a padrões sociais previamente estipulados.

3.4. TRANSFERÊNCIAS DA FILOSOFIA MULTICULTURALISTA PARA O CAMPO DA TUTELA JURÍDICA. O CASO DA CONSTITUIÇÃO BRASILEIRA DE 88

Ao longo desses quase trinta anos nos quais se estruturou o que hoje conhecemos como filosofia da multiculturalidade, as construções teóricas formuladas por seus diversos pensadores não ficaram restritas ao universo das discussões acadêmicas filosóficas, mas com movimentos concretos sobre o mundo da vida articularam-se e foram transferidas com considerável sucesso para o plano prático do direito e da política.

Inúmeras Constituições, textos legais infraconstitucionais e decisões judiciais do mundo todo abrigam conteúdos que reconhecem as identidades das mais diversas minorias.

No Brasil, o sistema jurídico foi pródigo na recepção dos postulados multiculturais. Comecemos pelo Preâmbulo da Magna Carta, onde princípios fundantes da filosofia política multiculturalista aparecem manifestamente. Vale repeti-lo: "Nós, representantes do povo brasileiro, reunidos em Assembléia Nacional Constituinte, para instituir um Estado Democrático de Direito, destinado a assegurar o exercício dos direitos sociais e individuais, a liberdade, a segurança, o bem-estar, o desenvolvimento, a igualdade e a justiça como valores supremos de uma sociedade fraterna, *pluralista* e *sem preconceitos*, (...)" (grifo nosso). Tais termos presentes no texto constitucional revelam, sem qualquer espécie de dúvida, que o projeto político constitucional não admite hegemonias culturais, comportamentais, étnicas etc. Mais do que isso. Ao constarem tais previsões no Preâmbulo, surgem elas como cânones hermenêuticos a serem adotados em todo e qualquer movimento jurídico que venha a ser feito dentro do sistema jurídico do País.

Mas o texto constitucional vai mais longe. Diferentemente de outras Constituições brasileiras que se revestiram de um caráter altamente autoritário, o texto de 1988 contemplou como fundamentos da República Federativa do Brasil a cidadania, a dignidade da pessoa humana e o pluralismo político.

As idéias de cidadania e de dignidade da pessoa humana devem ser lidas e compreendidas dentro da totalidade de um novo projeto de sociedade, Estado e direito, com a positivação de diferentes núcleos de direitos fundamentais – individuais e coletivos –, como nunca ocorrera anteriormente na vida constitucional do País. Devem ter seu sentido construído a partir de uma significativa ampliação da complexidade axiológica constitucional, onde não mais prevalece uma ideologia liberal ou social, mas fragmentos de todas compõem um quadro democrático caleidoscópico, onde todos são iguais perante a lei, inclusive em suas diferenças.

A idéia de pluralismo político também vai ao encontro de todo este arcabouço de multiplicidades que está abrigado no texto constitucional de 1988. E nem poderia ser diferente. O pluralismo político é uma condição de possibilidade principiológica para que toda e qualquer pretensão política possa se fazer representar dentro do sistema democrático representativo. Não faria sentido haver a projeção de uma sociedade pluralista no Preâmbulo se em algum outro momento não houvesse uma previsão que instrumentalizasse a possibilidade desta pluralidade social fazer-se representar no quadro democrático.

Especificando ainda mais o Preâmbulo o artigo 3º, em seu inciso IV, prevê que constituem objetivos fundamentais da República Federativa do Brasil, dentre outros, promover o bem de todos, sem preconceitos de origem, raça, sexo, cor, idade e outras formas de discriminação. Este dispositivo, somado aos previstos no artigo 5º, incisos XLI e XLII, os quais prevêem, respectivamente, que a lei punirá qualquer discriminação atentatória dos direitos e liberdades fundamentais e que a prática do racismo constitui crime inafiançável e imprescritível, sujeito a pena de reclusão, nos termos da lei, consagra definitivamente a recepção pela Constituição brasileira dos postulados filosófico-políticos do multiculturalismo, da política da diferença.

Como se isto não bastasse, vemos a adoção de ações afirmativas pelo poder executivo, especificamente através da implementação das políticas de cotas, e, fechando o círculo, a confirmação, pelos mais diversos tribunais de nosso País, da constitucionalidade de tais medidas. Mais ainda, uma série de leis infraconstitucionais vieram capilarizar a tutela à não-discriminação, como por exemplo, a lei Maria da Penha, a lei do racismo, o estatuto do idoso.

Também não poderíamos deixar de declinar a especial atenção que a atual Constituição deu aos povos indígenas no País, garantindo-lhes territórios tradicionalmente ocupados, organização social, costumes, línguas e crenças.

Assim, é inevitável destacar que o multiculturalismo e a política da diferença foram trazidos definitivamente para a seara das preocupações constitucionais brasileiras. Teve o legislador constituinte a sensibilidade de perceber a necessidade de garantir espaços de felicidade a uma variedade de minorias que compõem a totalidade da sociedade brasileira.

Compreendendo tudo isto, temos que concluir que o direito constitucional brasileiro, assim como muitos outros no mundo todo, especialmente aqueles que adotaram o paradigma democrático e social de Direito, cumpriu com uma exigência incontornável de racionalidade aos sistemas jurídicos constitucionais contemporâneos: a obrigação de não-discriminação, tal como exposta por Carducci em sua proposta por um direito constitucional altruísta.[301]

Outro elemento fundante vital para a compreensão da totalidade do projeto político de felicidade positivado na Constituição brasileira de 88 é a indicação formal de um sentido de igualdade nela presente. Apesar da propositura de uma igualdade formal no artigo 5º, que equaliza a posição de todos os cidadãos perante a lei, a maior potencialidade desta indicação está no sentido de uma igualdade complexa, mais ou menos nos termos construídos em "As Esferas da Justiça" de Michael Walzer. Este filósofo, que rejeita qualquer espécie de rótulo, mas que é também um daqueles que pode ora ser qualificado como comunitarista ora como multiculturalista, constrói a idéia de igualdade complexa tangenciando-a com o pluralismo, e tentando instrumentalizá-la com uma perspectiva de justiça distributiva a qual está uma teoria dos bens. Para ele a sociedade humana é uma comunidade distributiva. E esta idéia de justiça distributiva guarda relação tanto com o ser e o fazer como com o ter, com a produção tanto como com o consumo, com a identidade e o *status* tanto como com o país, o capital ou as posses pessoais. Neste viés, entende que nenhuma sociedade humana madura escapou da multiplicidade e o exame dos bens e das distintas maneiras de distribuição deve ser feito em muitos lugares e épocas.[302]

Entretanto, destaca Walzer, não existe uma via de acesso única a este mundo de ideologias e procedimentos distributivos. Nunca houve um meio universal de intercâmbio. Desde o declínio da economia de troca, o dinheiro Foi o meio mais comum. Mas a velha máxima de que há coisas que o dinheiro não pode comprar, é não só normativa mas também faticamente verdadeira. Assim, para este pensador, o mercado nunca foi um sistema distributivo completo.

Propostas de sistema distributivos únicos, como, por exemplo, a posição original de Rawls, com seu véu de ignorância, pressuporiam um conjunto abstrato de bens, o que se distanciaria demasiadamente da realidade.

Para Walzer, o problema mais grave para a composição de um sistema distributivo não está na particularidade do interesse, mas nas particularidades da história, da cultura e do pertencimento a grupos. Assim, o que necessitamos para explicar e limitar o pluralismo das possibilidades distributivas é uma teoria dos bens, e sua proposta está centrada em seis proposições que contemplam uma igualdade complexa:

---

[301] Ver a respeito CARDUCCI, Michele. *Por um Direito Constitucional Altruísta*. Porto Alegre: Livraria do Advogado, 2003, p. 30 e segs.

[302] WALZER, Michael, *Las Esferas de La Justicia*, p. 17.

1. Todos os bens que a justiça distributiva considera são bens sociais. Os bens no mundo têm significados compartilhados porque a concepção e a criação são processos sociais. Pela mesma razão, os bens têm distintas significações em distintas sociedade;

2. Os indivíduos assumem identidades concretas pela maneira em que concebem e criam – e logo possuem e empregam – os bens sociais;

3. Não existe um só conjunto de bens básicos ou primários concebível para todos os mundos morais e materiais;

4. É a significação dos bens que determina seu movimento. Toda distribuição é justa ou injusta em relação com os significados sociais dos bens de que se trate;

5. Os significados sociais possuem caráter histórico, da mesma forma que as distribuições; e, por fim,

6. Quando os significados são distintos, as distribuições devem ser autônomas. Todo bem social ou conjunto de bens sociais constitui, por assim dizer, uma esfera distributiva dentro da qual somente certos critérios e disposições são apropriados.[303]

Ainda que esta proposta de Walzer esteja cunhada a partir de cânones liberais e sendo, por isso, alvo de críticas, serve como referencial crítico para a superação de uma idéia formal de igualdade que há muito não mais satisfaz as necessidades e anseios de um mundo multifacetado. Sob alguns aspectos podemos considerar a idéia de igualdade complexa uma referência nos textos constitucionais democráticos e um novo modo de compreender a igualdade, distante dos cânones liberais tradicionais.

---

[303] WALZER, Michael, *Las Esferas de La Justicia*, p. 21-23.

Em modo de encerramento do texto

Heidegger, na composição de sua analítica existencial em *Ser e Tempo*, fala acerca do *ser-no-mundo* como constituição ontológica do *dasein*. Na apresentação de *Ser e Tempo*, Emmanuel Carneiro Leão esclarece eficazmente esta questão, dizendo o seguinte:

> É que o homem só se realiza na pre-sença. Pre-sença é uma abertura que se fecha e, ao se fechar abre-se para a identidade e diferença na medida e toda vez que o homem se conquista e assume o ofício de ser, quer num encontro, quer num desencontro, contudo que ele é e não é, que tem e não tem. É essa pre-sença que joga originariamente nosso ser no mundo. Mas ser-no-mundo não quer dizer que o homem se acha ao lado da natureza, ao lado de árvores, animais, coisas e outros homens. Ser-no-mundo não é nem um fato nem uma necessidade no nível dos fatos. Ser-no-mundo é uma estrutura de realização. Por sua dinâmica, o homem está sempre superando os limites entre o dentro e o fora. Por sua força, tudo se compreende numa conjuntura de referências. Por sua integração, instala-se a identidade e a diferença no ser quando, teórica ou praticamente, se diz que o homem não é uma coisa simplesmente dada nem uma engrenagem numa máquina nem uma ilha no oceano.[304]

Para Heidegger, a expressão composta "ser-no-mundo", já na sua cunhagem, mostra que pretende referir a um fenômeno de unidade. A impossibilidade de dissolvê-la em elementos que podem ser posteriormente compostos, não excluem a multiplicidade dos momentos estruturais que compõem esta constituição,

---

[304] LEÃO, Emmanuel Carneiro. Apresentação. In: Heidegger, Martin. *Ser e Tempo*. 8. ed. Tradução de Márcia de Sá Cavalcanti. Petrópolis: Editora Vozes, 1999, parte I, p. 20. O termo "pre-sença" é utilizado nesta tradução em substituição ao *Dasein* empregado por Heidegger em suas escrituras. Comumente se encontra nas versões de línguas latinas, especialmente para espanhol, a equivalência de D*asein* por ser-aí, que em nossa opinião expressa melhor a idéia originária do *dasein* heideggeriano. O *Dasein* é usado por Heidegger em Ser e Tempo para: a) o ser dos humanos, e b)o ente ou pessoa que possui este ser. Nas preleções, segundo Inwood, ele muitas vezes fala de *das menschliche Dasein*, "o Dasein humano", e isto também pode significar tanto o ser dos humanos quanto o ser humano. Como infinitivo substantivado, *Dasein* não tem plural. Refere-se a todo e qualquer ser humano, de modo semelhante àquele pelo qual *das Seiende*, lit. "aquele que é", refere-se a qualquer e todo Ser. Quando mais de uma pessoa está em cena, Heidegger fala de (os) outro(s) ou Dasein-com (com-presença, *Mitdasein*). Retoma o sentido original da palavra, "ser-aí", escrevendo freqüentemente *Da-sein* para frisá-lo. *Dasein* está essencialmente no mundo e ilumina a si mesmo e ao mundo. O "aí [das Da] é o espaço que abre e ilumina: "o 'aí [Das 'Da']' não é um lugar [...] que contrasta com um 'lá' ['dort']; Da-sein significa não estar aqui em vez de lá, nem mesmo aqui ou lá, mas é a possibilidade, a condição de ser orientado por um estar aqui e estar lá. Mais tarde, Da-sein significa às vezes não "estar aí", mas "aí onde o ser reside", quando ele chega: "Este onde como o aí da morada pertence ao próprio ser, 'é' o próprio ser, sendo assim chamado Da-sein". Em Ser e Tempo, todo homem, ainda que inautêntico, é Dasein. "Homem" (*Mensch*) inclui as mulheres. Ver a respeito Inwood, Michael. *Dicionário Heidegger*. Rio de Janeiro: Jorge Zahar, 2002, p. 29.

a saber, numa tríplice visualização: 1. o *"em-um-mundo"*; 2. o *ente* que sempre é, segundo o modo de ser–no-mundo; 3. o *se-em* como tal.

Para esclarecer o que significa *ser-em* Heidegger completa a expressão dizendo: ser "em-um mundo". Alerta Heidegger que nos vemos tentados a compreender o ser-em como um estar "dentro de...". Com esta última expressão Heidegger frisa o modo de ser de um ente que está em um outro, como a água está no copo, a roupa no armário. Com este "dentro" Heidegger indica a relação recíproca de ser de dois entes extensos "dentro" do espaço, no tocante ao seu lugar neste mesmo espaço. Água e copo, roupa e armário estão igualmente "dentro" do espaço "em" um lugar. Esta relação de ser, para Heidegger, pode-se ampliar, por exemplo: o banco na sala de aula, a sala na universidade, a universidade na cidade e assim por diante até: o banco "dentro do espaço cósmico". Na perspectiva Heideggeriana, estes entes, que podem ser determinados como estando um "dentro" do outro, tem o mesmo modo de ser do que é simplesmente dado, como coisa que ocorre "dentro" do mundo. Ser simplesmente dado "dentro" de um dado, o ser simplesmente dado junto com algo dotado do mesmo modo de ser, no sentido de uma determinada relação de lugar, são caracteres ontológicos que Heidegger chama de categorias. Tais caracteres pertence ao ente não dotado do modo de ser do *Dasein*. O ser-em, ao contrário, significa para Heidegger uma constituição ontológica do *Dasein* e é um *existencial*. O ser-em, alerta Heidegger, não pode indicar que uma coisa simplesmente dada está, espacialmente, "dentro de outra" porque, em sua origem, o "em" não significa de forma alguma uma relação espacial desta espécie; "em" deriva de *Innan-*, morar, habitar, deter-se; "an" significa: estou acostumado a; habituado a, familiarizado com, cultiva alguma coisa; possui o significado de habito. O ente, ao qual pertence o ser-em, neste sentido, é o ente que sempre eu mesmo sou. A expressão "sou" se conecta a "junto"; "eu sou", diz por sua vez: eu moro, me detenho junto(...) ao mundo, como alguma coisa que, deste ou daquele modo, me é familiar.

Por que Heidegger neste fechamento de um texto de filosofia política, quando, em toda sua trajetória, sua grande preocupação foi restrita ao âmbito da filosofia do conhecimento? Em primeiro lugar, utilizando alguns argumentos da filosofia hermenêutica, a Constituição é um *existencial*, termo técnico específico da filosofia heideggeriana, trazido para o campo da investigação jurídica por Lenio Streck, através de construções teóricas chamadas por este autor, em seu conjunto, de "Nova Crítica do Direito. Mas o que é um *existencial*. Em *Ser e Tempo*, Heidegger define um existencial como uma estrutura que compõe o ser do homem a partir da existência em seus desdobramentos advindos do *Dasein*, do ser-aí.[305] Em outras palavras, as Constituições, na modernidade, são estruturas axiológico-normativas que compõe, moldam, esculpem o ser dos homens. Na medida em que prevêem como importantes determinados bens para a vida dos indivíduos, de grupos, coletividades ou comunidades, as Constituições têm uma relevante funciona-

---

[305] Ver acerca do significa *existencial* na filosofia hermenêutica de heideggeriana HEIDEGGER, Martin, *Ser e Tempo*, p. 20, 80, 81 e 311.

lidade na moldagem do ser humano. Podemos ser mais ou menos éticos, podemos ser mais ou menos humanistas, ecológicos, tolerantes, solidários etc. segundo um modelo constitucional. Enfim, as Constituições estabelecem parâmetros de uma vida boa que em referência a eles podemos ser de um ou de outro modo.

Em segundo lugar, as Constituições ficam melhor entendidas e interpretadas a partir de uma analítica existencial, a partir dos modos de ser do homem, do *Dasein*, na linguagem de Heidegger. Ou seja, Constituições devem ser entendidas, compreendidas, interpretadas como estruturas da existência humana, num mundo concreto. Aqui entra a questão antes levantada, no início deste encerramento, qual seja, o problema do *ser-no-mundo*. A Constituição, como existencial, nos possibilita *ser-junto* a uma série de coisas importantes para uma vida boa; nos possibilita cultivar essas coisas importantes (p. ex. tolerância, saúde, educação, não-violência, respeito, dignidade, cidadania etc.). Nesse sentido é que as Constituições, ao positivarem uma série de novas tutelas a bens que são valiosos para a concretização de uma existência feliz, se constituem em meios simbólicos de aproximação e familiarização com modelos históricos de felicidade e tudo aquilo que para eles são indispensáveis.

Nesta perspectiva, somente somos felizes dentro de um enredo de referências, de ligações com o mundo que articulam uma estrutura de antecipação de sentido. E nisso a filosofia hermenêutica se constitui numa importante referência teórica para demonstrar a impropriedade do liberalismo quando este propugna esquemas igualitários abstratos, com total desprezo às teias de amarração dos indivíduos ao mundo. O contratualismo foi pródigo nisto.

As conquistas das diferentes gerações de direitos humanos e suas positivações constitucionais são o resultado desse *"ser-junto-ao-mundo"*, de um empenho no mundo por projetos de felicidade que mudaram historicamente, conforme filósofos e líderes revolucionários se detiveram criativamente em sua angústia, em sua ansiedade, em seu desconforto diante das violações perpetradas em relação àquilo que em determinadas épocas se fazia valoroso para uma vida boa.

É por esse empenhar-se no mundo que hoje visualizamos algumas correções de rota que o constitucionalismo começa a fazer no alvorecer do século XXI. Se ainda há uma angústia pela não concretização de direitos individuais e coletivos, hoje a filosofia e as lutas sociais nos clarearam outro foco de preocupações: os direitos de minorias, povos e nações excluídos, segregados e não reconhecidos, cuja perda ou esfacelamento da identidade traduz-se numa perda do sentido vital, numa perda da capacidade de projeção, no esquecimento de seu próprio ser, no estilhaçamento dos espelhos simbólicos que permitem a construção diária de suas autonomias como sujeitos históricos reconhecidos por seus laços culturais e comunitários, por habitação junto a um articulado de referências incontornáveis.

As conquistas constitucionais do liberalismo, da social-democracia ou, contemporaneamente, do multiculturalismo, são avanços civilizatórios armados em uma temporalidade marcada por demandas específicas. Somente compreendendo a funcionalidade das instituições constitucionais em sua temporalidade é que, de fato, poderemos compreender, crticamente, a pertinência de suas manutenções ou a necessidade de seus afastamentos por um processo dialético de síntese em permanente reconstrução, em permanente temporalização.

Cremos que com este texto, tenhamos contribuído para os estudiosos do direito constitucional, no sentido de oferecer-lhes uma escritura que esclareça em boa medida as origens filosófico-políticas do direito constitucional. Acredito, também, que com este trabalho possa ter colaborado para um processo de conscientização dos estudiosos do Direito acerca da importância e necessidade de estudarmos filosofia no Direito, pois é daquela que surgem as grandes e revolucionárias soluções para o mundo jurídico.

Referências bibliográficas

ALMEIDA MELLO, Leonel Itaussu. John Locke e o individualismo liberal. In: WEFFORT, Francisco C. (org.). *Os Clássicos da Política*. São Paulo: Ática, 1989. v. 01.

ANDRADE VIEIRA, José Carlos. *Os direitos fundamentais na Constituição Portuguesa de 1976*. Coimbra: Almedina, 1998.

ARAÚJO JÚNIOR, João Marcelo. Os grandes movimentos de política criminal de nosso tempo – aspectos. In: *Sistema penal para o terceiro milênio*. Atos do colóquio Marc Ancel. Rio de Janeiro: Revan, 1991.

ARISTÓTELES. *Ética à Nicômaco*. 4. ed. Brasília: UnB, 2001.

——. *Política*. São Paulo: Martin Claret, 2000.

AUBERT, V. The Rule Of Law and the Promotional Function of the Law in the Welfare State. In: TEUBNER G. (org.). *Dilemmas of law in the Welfare State*. Berlim: Walter de Gruyter, 1985.

——. The Rule of Law. In: *In Search of Law*. Oxford: Martin Robertson, 1983.

BARILE, Paolo. Garanzie costituzionali e diritti fondamentali: un'introduzione. In: MIRANDA, Jorge (org.). *Perspectivas Constitucionais nos 20 anos da Constituição de 1976*. Coimbra: Coimbra, 1997. v. II.

BERCOVICI, Gilberto. A Constituição Dirigente e a Crise da Teoria da Constituição. In: *Teoria da Constituição*. Rio de Janeiro: Lumen Juris, 2002.

——. *Desigualdades Regionais, Estado e Constituição*. São Paulo: Max Limonad, 2003.

BOBBIO, Norberto. *Direito e Estado no pensamento de Kant*. Brasília: UnB, 1984.

——. *Liberalismo e Democracia*. São Paulo: Brasiliense, 1999.

——. *Liberalismo e Democracia*. São Paulo: Brasiliense, 1988.

——. *Estudos sobre Heigel. Direito e sociedade civil e Estado*. São Paulo: Brasiliense/Unesp, 1991.

——; MATTEUCCI, Nicola; PASQUINO, Gianfranco. *Dicionário de Política*. 6. ed. Brasília: UnB, 1994. 2. v.; v. 2.

BONAVIDES, Paulo. *Curso de Direito Constitucional*. 7. ed. São Paulo: Malheiros, 1998.

——. *Do Estado Liberal ao Estado Social*. 4. ed. Rio de Janeiro: Forense, 1980.

BRESCIANI, M. Stella M. *Londres e Paris no século XIX*: o espetáculo da pobreza. São Paulo: Brasiliense, 1985.

CABRAL DE MOCADA, L. *Filosofia do Direito e do Estado*. Coimbra: Coimbra, 1995. v. 02.

CANOTILHO, José Joaquim Gomes. *Constituição Dirigente e Vinculação do Legislador*. Coimbra: Coimbra, 1994.

CANTO-SPERBER, Monique (org.) *Dicionário de Ética e Filosofia Moral*. Verbete "materialismo". São Leopoldo: Unisinos, 2003. v. 02.

CAPELLA, Juán Ramón. Fruto Proibido. *Uma aproximação histórico-teórica ao estudo do Direito e do Estado*. Porto Alegre: Livraria do Advogado, 2002.

CASTRO HENRIQUES, Mendo. Introdução à política de Aristóteles. In: Aristóteles. *Política*. Lisboa: Veja, 1998.

CASTORIADIS, Cornelius. *A Instituição Imaginária da Sociedade*. 3. ed. Rio de Janeiro: Paz e Terra, 1982.

CASTRO HENRIQUES, Mendo. Introdução à Política de Aristóteles. In: *Aristóteles*. Política. Lisboa: Veja, 1998.

CHÂTELET, François; DUHAMEL, Olivier; PISIER-KOUCHNER, Evelyne. *História das Idéias Políticas*. Rio de Janeiro: Jorge Zahar, 1994.

CHAUÍ, Marilena. *Convite à Filosofia*. 9. ed. São Paulo: Ática, 1997.
CITTADINO, Gisele. Pluralismo, Direito e Justiça Distributiva. *Elementos da Filosofia Constitucional Contemporânea*. Rio de Janeiro: Lúmen Júris, 1999.
CLIFFORD, James. *Routes and Translation in the Late Twentieth Century*. Cambridge: Harvard University Press, 1997.
CORSALE, M. *Certeza del Diritto e Crisi de Legitimita*. Milão: Giuffrè, 1979.
COX, Richard H. Hugo Grocio. In: STRAUSS, Leo; CROPSEY, Joseph (org.). *História da Filosofia Política*. Mexico: Fondo de Cultura Económica, 1996.
DAVIS. K. C. *Discretionary Justice*. Connecticut: Greenwood Press Publishers, 1980.
DE LA CUEVA, Mario. *La idea del Estado*. 5. ed. México: Fondo de Cultura Económica, 1996.
DUMONT, Louis. *Ensaios sobre o individualismo*. Uma perspectiva antropológica sobre a ideologia moderna. Lisboa: Publicações Dom Quixote, 1992.
DWORKIN, Ronald. *Ética Privada e Igualitarismo Político*. Barcelona: Paidós, 1993.
———. *Uma questão de princípio*. São Paulo: Martins fontes, 2001.
ENGELS, Frederic; MARX K. *Manifesto Comunista*. Paris: Costes, 1947.
FERRAJOLI, Luigi. Stato Sociale e Stato de Dirittto. In: *Política del Diritto*. Roma, 1982. v. 1.
———. *Derechos y Garantías*. Madrid: Trotta, 1999.
FINNIS, John. *Ley Natural y Derechos Naturales*. Buenos Aires: Abeledo-Perrot, 1992.
FLEINER-GERSTER, Thomas. *Teoria geral do Estado*. São Paulo: Martins Fontes, 2006.
FORSTHOFF. E. Concepto y esencia del Estado Social de Derecho. In: *El Estado Social*. Madrid: Centro de Estudios Constitucionales, 1986.
———. *El Estado em la sociedade industrial*. Madrid: Instituto de Estúdios Políticos, 1975.
———. *Stato de Diritto em transformazione*. Milão: Giuffrè, 1973.
FULLER, L. *The Morality of Law*. 2. ed. New Haven: Yale University Press, 1964.
GADAMER, Hans-Georg. *Verdad y Método*. Salamanca: Sigueme, 1977. v. I.
———. *Verdad y Metodo*. Salamanca: Sigueme, 1999. v. I.
GALBRAITH, John Keneth. *A Era da Incerteza*. São Paulo: Pioneira e UnB, 1979.
GARGARELLA, Roberto. *Las teorías de la justicia después de Rawls*. Barcelona: Paidós, 1999.
GAUDEMET, Jean. *Instituitions de l'Antiquité*. Paris: Sirey, 1968.
GERMAIN, Alice. Prólogo. In: CONTE-SPONVILLE, André; DELUMEAU, Jean; FARGE, Arlette. *A mais bela história da felicidade*. A recuperação da existencia humana diante da desordem do mundo. Rio de Janeiro: Difel, 2006.
GOYARD-FABRE, Simone. *Dicionário de Ética e Filosofia Moral*. Verbete "Lei Natural. São Leopoldo: Unisinos, 2003. 2. v.; v. 2.
GUILLARME, Bertrand. Justiça e democracia. In: Renault, Alan. *História da Filosofia Política*. As filosofias políticas contemporâneas. Lisboa: Instituto Piaget, [s.d.]. v. 5.
GUTHRIE, W. K. C. *Os Sofistas*. São Paulo: Paulus, 1987.
GUTMANN, Amy. Introdução. In: Taylor, Charles. *El multiculturalismo y "la política del reconocimento"*. México: D. F. Fondo de Cultura Económica, 2001.
HÄBERLE, Peter. *Hermenêutica Constitucional*. Porto Alegre: SAFe, 1997.
HABERMAS, J. *Between Facts and Norms*. Cambridge: Polity Press, 1996.
———. Derecho y Moral. In: *Facticidad y Validez* (Sobre el Derecho y el Estado Democrático de Derecho en términos de Teoria del Discurso). Madrid: Trotta, 1998.
———. *The Structural Transformation of the Public Sphere*. Cambridge: Mit Press, 1989.
HANDLER, J. Discretion in the Social Welfare: The Uneasy Position in the Rule of Law. In: *The Yale Law Journal*, n. 92. New Haven: Yale University Press, 1983.
HARNECKER, Marta. *Os conceitos elementais do materialismo histórico*. Santiago, Chile, 1971.
HARTNEY, M. Some Confunsions Concerning Colletive Rights. In: KIMLICKA, Will (comp.). *The Right of Minority Cultures*. Oxford: Oxford University Press, 1995.
HAYEK, Frederic. *Camino de servidumbre*. Traduzido por J. Vergara. Madrid: Alianza, 1978.
HEGEL, GWF. *Fundamentos de la Filosofia del Derecho*. Madrid: Libertarias/Prodhufi, 1993.
———. *Propedêutica Filosófica*. Traduzido por Artur Morão. Lisboa: Edições 70, 1989.

――――. *Enciclopédia das ciências filosóficas em epítome*. Lisboa: Edições 70, 1969.
HEIDEGGER, Martin. *Ser e Tempo*. 6. ed. Petrópolis: Vozes, 1997.
――――. *Introdução à Metafísica*. 4. ed. Rio de Janeiro: Tempo Brasileiro, 1999.
HESSE, Konrad. *A força normativa da Constituição*. Porto Alegre: SAFe, 1991.
HOBSBAWN, Eric. *História do Marxismo*. 2. ed. Rio de janeiro: Paz e Terra, 1983. 7. v.
HOBBES, Thomas. *Leviatã*. 2. ed. Lisboa: Imprensa Nacional/Casa da Moeda, 1959.
HÖFFE, Otfried. Aristóteles. In: RENAULT, Alain (dir.). *História das idéias políticas. A liberdade dos antigos*. V. 1. Lisboa: Instituto Piaget, 1999.
HUBERMAN, Leo. *História da Riqueza do Homem*. Rio de Janeiro: Zahar, 1964.
HUMBOLDT, Wilhelm von. *Escritos Políticos*. México: Fondo de Cultura Econômica, 1943.
KANT, Immanuel. *Crítica da Razão Prática*. Lisboa: Edições 70, 1994.
――――. *Crítica da Razão Pura*. 4. ed. Traduzido por Manuela Pinto dos Santos e Alexandre Fradique Morujão. Lisboa: Fundação Calouste Gilbenkian, 1997.
――――. *Metafísica dos costumes*. Bauru: Edipro, 2003.
KIMLICKA, Will. Comunitarismo. In: CANTO-SPERBER, Monique. (org.). *Dicionário de Ética e Filosofia Moral*. São Leopoldo: Unisinos, 2003.
KIMLICKA, Will. *Filosofia Política Contemporánea*. Ariel: Barcelona, 1995.
――――. *Multicultural Citizenship*. A liberal theory of minority rights. Oxford: Oxford University Press, 1995.
KOLM, Serge-Cristophe. *Teorias Modernas da Justiça*. São Paulo: Martins Fontes, 2000.
KUKATHAS, Chandran; PETIT, Philip. *Rawls*: uma teoria da justiça e seus críticos. Lisboa: Gradiva, 1995.
LAKS, André. Platão. In: RENAULT, Alain (dir.). *História da Filosofia Política. A liberdade dos antigos*. V. 1. Lisboa: Instituto Piaget, 1999.
LANZONI, Augusto. *Iniciação às ideologias políticas*. São Paulo: Ícone, 1986.
LASKI, Harold J. *O Liberalismo europeu*. São Paulo: Mestre Jou, 1973.
LOCKE, John. *Dois Tratados sobre o Governo Civil*. São Paulo: Martins Fontes, 1998.
――――. *Dois Tratados sobre o Governo*. São Paulo: Matins Fontes, 1998.
LORD, Carnes. Aristóteles. In: STRAUSS, Leo; CROPSEY, Joseph (Comp.) *Historia de la Filosofia Política*. México: Fondo de Cultura Econômica, 1996.
MACINTYRE, Alasdair. *Além da virtude*. São Paulo, Loyola, 1991.
――――. *Justiça de Quem? Qual racionalidade?* 2. ed. São Paulo: Loyola, 1991.
MAGRIDIS, Roy. *Ideologias Políticas Contemporâneas*. Brasília: UnB, 1982.
MARCUSE, Herbert. *Razão e Revolução*. 2. ed. Rio de Janeiro: Paz e Terra, 1978.
MARX, Karl. *O Capital*. Traduzido por Gesner Wilton Morgado. Edição condensada. Rio de Janeiro: Melso, 1961.
MATTEUCCI, Nicola et al. *Dicionário de Política*. 6. ed. Brasília: UnB, 1994. 2. v.; v. 2.
――――. *Organización del Poder y Libertad*. Madrid: Trotta, 1998.
MELLOS, Koulas. A filosofia política anglo-americana contemporânea. In: RENAULT, Alan (dir.). *História da Filosofia Política. As Filosofias Políticas Contemporâneas*. Lisboa: Instituto Piaget, 2002. v. 5.
MENZEL, Adolf. *Calicles. Contribución a La história de la teoria del derecho de los mas fuerte*. México: UNAM, 1964.
MERQUIOR, José Guilherme. *O liberalismo antigo e moderno*. Rio de Janeiro: Nova Fronteira, 2001.
MÉSZÁROS, István. Marx Filosófico. In: HOBSBAWN, Eric J. (org.) *História do Marxismo*.
MIGUEL, Alfonso Ruiz. *Una filosofia del derecho en modelos históricos. Da antiguidade a los inicios del constitucionalismo*. Madrid: Trotta, 2002.
MILL, John Stuart. *Sobre a Liberdade*. Petrópolis: Vozes, 1991.
MODUGNO, F. *Il Concetto di constituzione*. In: Scritti in onore di C. Mortali. Vol. 1. Milano, 1977.
MONTESQUÉU. *O espírito das Leis*. São Paulo: Martins Fontes, 1996.
MORAIS, Jose Luis Bolzan de. *Dos direitos difusos e coletivos*. Porto Alegre: Livraria do Advogado, 1996.
――――. *Do Direito Social aos Interesses Transindividuais. O Estado e o Direito na Ordem Contemporânea*. Porto Alegre: Livraria do Advogado, 1996.
MOREIRA, Vital. *Economia e constituição. Para o conceito de constituição econômica*. 2. ed. Coimbra: Coimbra Editora, 1979.

MORRISON, Wyne. *Filosofia do Direito. Dos gregos ao pós-modernismo*. São Paulo: Martins Fontes, 2006.
NAGEL, Thomas. *Igualdad y Parcialidad*. Bases éticas de la teoria política. Barcelona: Paidós, 1996.
NAY, Olivier. *História das idéias políticas*. Petrópolis: Vozes, 2004.
NEDER, Gizlene. *Discurso Jurídico e Ordem Burguesa no Brasil*. Porto Alegre: SAFE, 1995.
NESTLE, Wilhelm. *Historia del Espíritu Griego*. Barcelona: Ariel, 1987. cap. IX.
NOZICK, Robert. *Anarquia, Estado e Utopia*. Rio de Janeiro: Jorge Zahar, 1994.
———. *Anarquia, Estado e Utopia*. Traduzido por Ruy Jungmann. Rio de Janeiro: Jorge Zahar, 1991.
OHLWEILER, Otto Alcides. *Materialismo Histórico e Crise Contemporânea*. Porto Alegre: Mercado Aberto, 1984.
PADOVANI, Humberto; CASTAGNOLA, Luís. *História da Filosofia*. 7. ed. São Paulo: Melhoramentos, 1967.
PALMA, Maria Fernanda. Constituição e Direito Penal. As questões inevitáveis. In: *Perspectivas Constitucionais nos vinte anos da Constituição de 1976*. Coimbra: Coimbra Editora, 1997. v. II.
PAREJO, L. *Crisis y renovación de Derecho Público*. Madrid: Centro de Estudios Constitucionales, 1991.
PARIJS, Philippe van. *O que é uma sociedade justa?* São Paulo: Ática, 1991.
PEÑA FREIRE, Antonio Manuel. *La garantia en el Estado constitucional de derecho*. Madrid; Trotta, 1997.
PÉREZ LUÑO, Antonio-Enrique. Derechos Humanos y Constitucionalismo en la Actualidad. In: ———. (coord.). *Derechos Humanos e constitucionalismo ante el tercer milenio*. Madrid: Marcial Pons, 1996.
PIETTRE, André. *Marxismo*. Traduzido por Paulo Mendes Campos e Waltensir Dutra. Rio de Janeiro: Zahar Editores, 1967.
PLATÃO. *Protágoras*. Lisboa: Inquérito, 1950.
———. *República*. São Paulo: Nova Cultural, 1997.
———. *Criton*. Tradução castelhana de J. Calonge. Madrid: Gredos, vol. I, 1981
POSSONY, S. *The Procedural Constitution*. In: Festscrift für Ferdinand Hermens. Berlim, 1976.
PRZEWORSKI, Adam. La democracia como resultado contingente de conflictos. In: ELSTER Jon; SLAGSTAD (org.). *Constitucionalismo y Democracia*. México: Fondo de Cultura Económica, 1999.
RAMETTA, Gaetano. Poder e liberdade na filosofia política de Kant. In: DUSO, Giuseppe (org.). *O poder. História da filosofia política moderna*. Petrópolis: Vozes, 2005.
RAWLS, John. *Liberalismo político*. 2. ed. Traduzido por Dinah de Abreu Azevedo. São Paulo: Ática, 2000.
———. *Uma Teoria da Justiça*. Traduzido por Vamireh Chacon. Brasília: UnB, 1981.
RAWLS, John. *História da Filosofia Moral*. São Paulo: Martins Fontes, 2005.
RAZ, Joseph. *The Morality of Freedom*. Oxford: Oxford University Press, 1986.
REALE, Giovanni; ANTISERI, Dario. *História da Filosofia*. 5. ed. São Paulo: Paulus, 1990. v. 01.
———. *História da Filosofia Antiga*. São Paulo: Loyola, 1994.
REALE, Miguel. *O Estado Democrático de Direito e o Conflito de Ideologias*. São Paulo: Saraiva, 1998.
RIBEIRO, Eduardo Ely Mendes. *Individualismo e Verdade em Descartes*. O processo de estruturação do sujeito moderno. Porto Alegre: EdiPUC-RS, 1995.
ROUSSEAU, Jean-Jacques. *O Contrato Social*. São Paulo: Cultrix, [s.d.].
———. *Oeuvres Completes*. Paris: Gallimard, 1962.
RUSSEL, Bertrand. *O Poder. Uma nova análise social*. São Paulo: Companhia Editora Nacional, 1957.
SABINE, George H. *A History of Political Theory*. 3. ed. Londres: Cambridge, 1985.
SAID, Edward W. *Culture and Imperialism*. Londres: Vintage, 1994.
SANDEL, Michael. *Liberalism and the Limits of Justice*. Cambridge: Cambridge University Press, 1982.
SANTOS, Boaventura de Souza. (org.). *Reconhecer para libertar. Os caminhos do cosmopolitismo multiculturais*. Rio de Janeiro: Civilização Brasileira, 2003.
SCHEURMANN, W. *Between the Norm and the Exception*. The Frankfurt School and the rule of Law. Massachusets: MIT Pres, 1994.
———. The Rule of Law and the Welfare State: Toward a New Synthesis. In: *Politics and Society*, v. 22, n. 02, jun. 1994.
SILVA, José Afonso. *Curso de Direito Constitucional Positivo*. 17. ed. São Paulo: Malheiros, 2000.
STEIN, Ernildo. *História e Ideologia*. Porto Alegre: EdiPUCRS, 1993.

STRAUSS, Leo; CROPSEY, Joseph. *Historia de la Filosofia Política*. México: Fondo de Cultura Económica, 1996.

STRECK, Lenio Luiz; MORAIS, Jose Luis Bolzan de. *Ciência Política e Teoria Geral do Estado*. Porto Alegre: Livraria do Advogado, 2000.

———. *Hermenêutica Jurídica e(m) Crise*. Uma exploração hermenêutica da construção do Direito. 5. ed. Porto Alegre: Livraria do Advogado, 2004.

———. *Jurisdição Constitucional e Hermenêutica*. Porto Alegre: Livraria do Advogado, 2002.

———; MORAIS, Jose Luis Bolzan de. *Ciência Política e Teoria Geral do Estado*. 2. ed. Porto Alegre: Livraria do Advogado, 2001.

TAYLOR, Charles. *Argumentos Filosóficos*. São Paulo: Loyola, 2000.

———. *As fontes do self*. A construção da identidade moderna. Traduzido por Adail Ubirajara Sobral e Dinah de Abreu Azevedo. São Paulo: Loyola, 1994.

———. Atomism. In: *Philosophical Papers*. Cambridge: Cambridge University Press, 1985. v. 02.

———. *El multiculturalismo y "la política del reconocimento"*. México: D. F. Fondo de Cultura Económica, 2001.

TOURAINE, Alan. *Crítica da Modernidade*. 7. ed. Petrópolis: Vozes, 2002.

TOVAR, Antonio. *Vida de Sócrates*. Madrid: Revista de Occidente, 1966.

VERDÚ, Pablo Lucas. La lucha por el Estado de Derecho. In: *Studia Albornotiana*, XX. Madrid: Tecnos/ Publicacioneds del Real Colegio de España, 1975.

VIEIRA, Daniela Arantes. *Alasdair MacInteyre e a crítica da modernidade*. Uma contribuição para o debate liberais *versus* comunitários. Porto Alegre: SAFE, 2002.

VILLE, Michel. *A formação do pensamento jurídico moderno*. São Paulo: Martins Fontes, 2006.

WALZER, Michael. *Las Esferas de la Justicia*. México: Fondo de Cultura Económica, 1997.

WATKINS, Frederic; KRAMNICK, Isaac. *A idade da ideologia*. Brasília: UnB, 1981.

WEBER, Max. *Economia y Sociedad*. México: D. F. Fondo de Cultura Económica, 1998.

WOLF, Francis. *Aristóteles e a Políticas*. São Paulo: Discurso Editorial, 2001.

WOLKMER, Antônio Carlos. *Ideologia, Estado e Direito*. São Paulo: RT, 1989.

WRIGHT, Erik Olin et al. *Reconstruindo o Marxismo*. Petrópolis: Vozes, 1993.

ZAFFARONI, Eugenio Raúl. *Tratado de Derecho Penal*. Buenos Aires: Ediar, 1981, t. I.

ZAGREBELSKY, Gustavo. *El derecho dúctil*. Madrid: Trotta, 1999.

Impressão e Acabamento
Rotermund
Fone/Fax (51) 3589-5111
comercial@rotermund.com.br